国家出版基金项目
NATIONAL PUBLICATION FOUNDATION

欧亚历史文化文库

总策划 张余胜

兰州大学出版社

蒙元时代的蒙古族文学家

丛书主编 余太山

顾世宝 著

图书在版编目(CIP)数据

蒙元时代的蒙古族文学家/顾世宝著.—兰州:
兰州大学出版社,2012.5
(欧亚历史文化文库/余太山主编)
ISBN 978-7-311-03910-3

Ⅰ.①蒙… Ⅱ.①顾… Ⅲ.①蒙古族—作家—人物研
究—中国—元代 Ⅳ.①K825.6

中国版本图书馆 CIP 数据核字(2012)第 098317 号

总 策 划 张余胜

书　　名	蒙元时代的蒙古族文学家
丛书主编	余太山
作　　者	顾世宝　著
出版发行	兰州大学出版社　(地址:兰州市天水南路 222 号　730000)
电　　话	0931-8912613(总编办公室)　　0931-8617156(营销中心)
	0931-8914298(读者服务部)
网　　址	http://www.onbook.com.cn
电子信箱	press@lzu.edu.cn
印　　刷	兰州人民印刷厂
开　　本	710mm×1020mm　1/16
印　　张	14.25
字　　数	190 千
版　　次	2012 年 6 月第 1 版
印　　次	2012 年 6 月第 1 次印刷
书　　号	ISBN 978-7-311-03910-3
定　　价	42.00 元

(图书若有破损、缺页、掉页可随时与本社联系)

出版说明

　　随着 20 世纪以来联系地、整体地看待世界和事物的系统科学理念的深入人心，人文社会学科也出现了整合的趋势，熔东北亚、北亚、中亚和中、东欧历史文化研究于一炉的内陆欧亚学于是应运而生。时至今日，内陆欧亚学研究取得的成果已成为人类不可多得的宝贵财富。

　　当下，日益高涨的全球化和区域化呼声，既要求世界范围内的广泛合作，也强调区域内的协调发展。我国作为内陆欧亚的大国之一，加之 20 世纪末欧亚大陆桥再度开通，深入开展内陆欧亚历史文化的研究已是责无旁贷；而为改革开放的深入和中国特色社会主义建设创造有利周边环境的需要，亦使得内陆欧亚历史文化研究的现实意义更为突出和迫切。因此，将针对古代活动于内陆欧亚这一广泛区域的诸民族的历史文化研究成果呈现给广大的读者，不仅是实现当今该地区各国共赢的历史基础，也是这一地区各族人民共同进步与发展的需求。

　　甘肃作为古代西北丝绸之路的必经之地与重要组

成部分,历史上曾经是草原文明与农耕文明交汇的锋面,是多民族历史文化交融的历史舞台,世界几大文明(希腊—罗马文明、阿拉伯—波斯文明、印度文明和中华文明)在此交汇、碰撞,域内多民族文化在此融合。同时,甘肃也是现代欧亚大陆桥的必经之地与重要组成部分,是现代内陆欧亚商贸流通、文化交流的主要通道。

基于上述考虑,甘肃省新闻出版局将这套《欧亚历史文化文库》确定为2009—2012年重点出版项目,依此展开甘版图书的品牌建设,确实是既有眼光,亦有气魄的。

丛书主编余太山先生出于对自己耕耘了大半辈子的学科的热爱与执著,联络、组织这个领域国内外的知名专家和学者,把他们的研究成果呈现给了各位读者,其兢兢业业、如临如履的工作态度,令人感动。谨在此表示我们的谢意。

出版《欧亚历史文化文库》这样一套书,对于我们这样一个立足学术与教育出版的出版社来说,既是机遇,也是挑战。我们本着重点图书重点做的原则,严格于每一个环节和过程,力争不负作者、对得起读者。

我们更希望通过这套丛书的出版,使我们的学术出版在这个领域里与学界的发展相偕相伴,这是我们的理想,是我们的不懈追求。当然,我们最根本的目的,是向读者提交一份出色的答卷。

我们期待着读者的回声。

总序

　　本文库所称"欧亚"(Eurasia)是指内陆欧亚,这是一个地理概念。其范围大致东起黑龙江、松花江流域,西抵多瑙河、伏尔加河流域,具体而言除中欧和东欧外,主要包括我国东三省、内蒙古自治区、新疆维吾尔自治区,以及蒙古高原、西伯利亚、哈萨克斯坦、乌兹别克斯坦、吉尔吉斯斯坦、土库曼斯坦、塔吉克斯坦、阿富汗斯坦、巴基斯坦和西北印度。其核心地带即所谓欧亚草原(Eurasian Steppes)。

　　内陆欧亚历史文化研究的对象主要是历史上活动于欧亚草原及其周邻地区(我国甘肃、宁夏、青海、西藏,以及小亚、伊朗、阿拉伯、印度、日本、朝鲜乃至西欧、北非等地)的诸民族本身,及其与世界其他地区在经济、政治、文化各方面的交流和交涉。由于内陆欧亚自然地理环境的特殊性,其历史文化呈现出鲜明的特色。

　　内陆欧亚历史文化研究是世界历史文化研究中不可或缺的组成部分,东亚、西亚、南亚以及欧洲、美洲历史文化上的许多疑难问题,都必须通过加强内陆欧亚历史文化的研究,特别是将内陆欧亚历史文化视做一个整体加以研究,才能获得确解。

中国作为内陆欧亚的大国,其历史进程从一开始就和内陆欧亚有千丝万缕的联系。我们只要注意到历代王朝的创建者中有一半以上有内陆欧亚渊源就不难理解这一点了。可以说,今后中国史研究要有大的突破,在很大程度上有待于内陆欧亚史研究的进展。

古代内陆欧亚对于古代中外关系史的发展具有不同寻常的意义。古代中国与位于它东北、西北和北方,乃至西北次大陆的国家和地区的关系,无疑是古代中外关系史最主要的篇章,而只有通过研究内陆欧亚史,才能真正把握之。

内陆欧亚历史文化研究既饶有学术趣味,也是加深睦邻关系,为改革开放和建设有中国特色的社会主义创造有利周边环境的需要,因而亦具有重要的现实政治意义。由此可见,我国深入开展内陆欧亚历史文化的研究责无旁贷。

为了联合全国内陆欧亚学的研究力量,更好地建设和发展内陆欧亚学这一新学科,繁荣社会主义文化,适应打造学术精品的战略要求,在深思熟虑和广泛征求意见后,我们决定编辑出版这套《欧亚历史文化文库》。

本文库所收大别为三类:一,研究专著;二,译著;三,知识性丛书。其中,研究专著旨在收辑有关诸课题的各种研究成果;译著旨在介绍国外学术界高质量的研究专著;知识性丛书收辑有关的通俗读物。不言而喻,这三类著作对于一个学科的发展都是不可或缺的。

构建和发展中国的内陆欧亚学,任重道远。衷心希望全国各族学者共同努力,一起推进内陆欧亚研究的发展。愿本文库有蓬勃的生命力,拥有越来越多的作者和读者。

最后,甘肃省新闻出版局支持这一文库编辑出版,确实需要眼光和魄力,特此致敬、致谢。

余太山

2010 年 6 月 30 日

目 录

1 蒙元时代蒙古族文学
发展概貌

蒙古高原,古称"大荒"、"荒外",东起大兴安岭,西至阿尔泰山,北抵贝加尔湖,南达阴山山脉,面积约 300 万平方公里,是一块四面环山、平均海拔在千米以上的荒漠高原。蒙古高原属寒温带沙漠草原气候,夏短冬长,且干燥少雨,不利于农耕,却适于畜牧,在古代就是世界著名的游牧文化区域。这块辽阔的原野是我国古代北方游牧民族活动的舞台,根据文献记载,从公元前 2000 年开始,猃狁、东胡、匈奴、鲜卑、柔然、突厥、回鹘、契丹、女真,这些不同种属的部族先后出现在这片高原,各自称雄一时,然后又迁徙远方,可谓你方唱罢我登场,却都没有能够居留下来成为本地主体民族。只有崛起于 12 世纪末 13 世纪初的蒙古民族,扎根在这茫茫草原,定居在这浩浩大漠,从而使这片高原以他们的族名来命名。这个彪悍的游牧民族突然崛起,不仅仅成为蒙古草原的主人,他们的铁骑西征南伐,在不到 100 年的时间里,控制了欧亚大陆的大部分区域,建立起世界历史上空前绝后的大帝国。这个英勇善战的马上民族打通了欧亚大陆,扫除了丝绸之路上的障碍,为东西方文化交流铺平了道路。同时,在和其他民族交往的过程中,蒙古民族自身的文化得以飞速发展,迅速改变落后面貌,进入了历史的快车道。尤其是征服南宋之后,蒙古帝国的重心南移,大量蒙古族人进入中原内地,接受发达的汉文化熏陶,蒙元时代中华民族文化艺术的各个领域涌现出一大批蒙古族人的身影,尤其是在文学领域,蒙古族文学家群体以其创作实绩织成了一道独特的风景线。我们这本书,就是要谈谈蒙元时代蒙古族文学家(主要是在汉语文坛)所取得的光辉成就。

1.1　元代文学发展的显著特点

元代是我国历史上第一个由少数民族统一全国的朝代,对我国历史的发展留下了深刻的印迹。公元1206年,蒙古族的民族英雄与杰出领袖铁木真大会蒙古诸部,于斡难河(今蒙古国境内之鄂嫩河)畔召开忽里台[1]大会,即大汗之位,号称成吉思汗,建立大蒙古国,使蒙古草原上原本松散的各部落凝聚起来,形成了一个强大的军事性国家。成吉思汗颁布大札撒[2],建立怯薛[3],并分封九十五千户,确立了蒙元时代最基本的行政制度。通过这些制度,成吉思汗将数十万引弓之民组织成为一架庞大的战争机器。在成吉思汗和他的子孙的率领下,蒙古铁骑东征西讨,征服了大半个欧亚大陆,建立起世界历史上空前绝后的辽阔帝国。

公元1260年,成吉思汗的孙子——雄才大略的忽必烈,登上了大汗之位,他定都汉地燕京(后改称大都),建立年号中统,大力推行汉法,并于1271年改国号为大元(取自易经"大哉乾元"之意)。忽必烈的元朝开始俨然以中华正统王朝的接班者自居了。公元1279年,元朝军队在汉人将领张弘范的率领下,击溃困居于南海厓山孤岛的残宋帝昺流亡政权的20万部队,南宋彻底灭亡。元朝由此结束了中华大地300余年的南北分裂,完成了全国的统一。古老的赤县神州,面临着历史上一次最具广度的民族大融合的契机。元朝的疆域"北逾阴山,西极流沙,东尽辽左,南越海表",超过汉唐盛时,加上名义上臣服的金帐汗国和伊利汗国等,大元的声威远及内陆欧亚的茫茫草原,它是名副其实的我国古代历史上疆域最为辽阔的朝代。

---

〔1〕忽里台,蒙古语"聚会"之意,元代汉译"大朝会",源于蒙古部落议事会。凡征伐等大事,必召开会议。蒙古各大汗之立,形式上皆须经忽里台推戴。元朝建立后,新帝即位,亦例行召开,宗王驸马、文武大臣与会,宣读祖训大法,颁发赏赐。

〔2〕札撒,蒙古语"法度"之意。成吉思汗依蒙古习惯法颁布法律,称大札撒。元朝奉为祖宗大法。新帝即位,必隆重宣读。

〔3〕怯薛,汉译"宿卫",蒙古、元朝禁卫军。成吉思汗建立万人怯薛,征调千户、百户、十户那颜子弟及其随从为之。此后蒙古、元朝怯薛大致有万余人。

然而,元朝在建立之初,就潜伏着一个难以解决的矛盾,即元朝皇帝同时又是蒙古大汗。这使得最高统治者在中原汉法和草原旧法之间徘徊,两种政治理念之间的冲突一直没有停息过。终元一代,拥护祖宗旧制的漠北草原蒙古贵族对"留汉地、建城郭"的大汗的质疑之声从未断绝,而且多次出现西北诸王兴兵争夺汗位的情况,如延续数十年的海都之乱等,使这个庞大的帝国难以得到安宁。而在朝廷内部,继承制度上的新旧矛盾,更是成为元代政治生活中的雷区。从元世祖忽必烈开始到元顺帝妥懽帖睦尔,元朝共经历11位皇帝(我们的统计包括与元文宗争位失败的天顺帝阿速吉八),除了仁宗违背武宗遗志[1]传位给自己的儿子英宗为顺意传承外,每一次皇位的更迭都会剑拔弩张,甚至兵连祸结。从公元1294年到1333年,在不过40年的时间里,竟然有9位皇帝"你方唱罢我登场"。到元代最后一位君主顺帝妥懽帖睦尔上台之时,大元帝国已是积弊丛生、满目疮痍。妥懽帖睦尔也不是那种能够力挽狂澜的雄主明君,虽一度有振作朝纲的意思,但他日久心息,以致国势每况愈下。至正十一年(1351)的贾鲁开河,导致黄河大堤上"石人一只眼,挑动黄河天下反",红巾军遍地而起,"东逾齐鲁,西出函秦,南过闽广,北抵幽燕",方国珍、张士诚、陈友谅……到处是割据一方的军事力量。最终,朱元璋的西吴政权剪灭群雄,平定大江南北。公元1368年年初,这位草根英雄在应天(今江苏南京)登上皇位,随即对元朝宣布死刑,派遣徐达率师北伐,同年八月明军兵临大都城下,元顺帝未作抵抗便放弃大都,仓皇逃往塞外草原,元朝结束了它在中原大地的统治。从公元1271年元世祖建立大元国号,到元室北遁大都易主,元朝仅得97年;若从南宋彻底灭亡的公元1279年算起,则仅有89年。

元朝地域广大和立国短暂这一对呈现矛盾态势的特点,深刻影响了元代文化的发展,当然也对元代文学影响甚巨。先是宋辽对峙100

---

〔1〕武宗为表彰其弟爱育黎拔力八达拥立之功,传位给他,并命他以后叔侄相传。爱育黎拔力八达即位后,凭借其母答己太后的支持,斥逐武宗之子,立己子硕德八剌为太子。

·欧·亚·历·史·文·化·文·库·

余年,接着宋金时战时和 100 余年,长时间的分裂,使南北文化行进在不同的道路上,文学的发展也是南北殊途。唐代魏征曾在《隋书·文学传》的序言中指出:

> 江左宫商发越,贵于清绮;河朔词义贞刚,重乎气质。气质则理胜其词,清绮则文过其意,理深者便于时用,文华者宜于咏歌,此其南北词人得失之大较也。若能掇彼清音,简兹累句,各去所短,合其两长,则文质斌斌,尽善尽美矣。

我国疆域辽阔,各地风俗不同,南北文学的差异是客观事实。而国家的统一,为不同文学风格的交流与融合提供了契机,唐代文学就是在综合南北的基础上进行创新,经过长足的发展,取得了让后世景羡的成就。元代地域之辽阔,超过唐代,在如此辽阔的疆域内,民族情况也更为复杂,不仅民族种类繁多,而且不同民族之间文化差异很大。除了居于主体地位的汉族之外,北方大漠为蒙古族游牧之地;东北地区有契丹、女真、高丽等族杂居;西北地区有畏兀、唐兀、回回、葛逻禄等民族;西南地区则有吐蕃、罗罗等世居民族。蒙古大军 3 次西征,更带回数目庞大的中亚、西亚等地的人士,其中有突厥、波斯、大食等族人。江山一统使不同地域、不同民族之间的文化交流不再受到相互敌对政权的阻隔,变得非常活跃。这使元代文学处在一个新的历史契机面前,在统一的多民族国家里,文学的发展呈现出一种前所未有的局面,一批少数民族文学家登上了汉语文坛,留下了大量传世佳作。

元末明初的江浙文人戴良在为色目诗人丁鹤年所作的《鹤年吟稿序》中称:

> 昔者成周之兴,肇自西北,而西北之诗,见之于《国风》者,仅自豳、秦而止。王化之所不及,民俗之所不通,固不得系之列国,以与邶、鄘、曹、桧等矣。我元受命,亦由西北而兴。而西北诸国如克烈、乃蛮、也里可温、回回、西番、天竺之属,往往率先臣顺,奉职称藩。其沐浴休光,沾被宠泽,与京国内臣无少异。积之既久,文轨日同,而子若孙,遂皆舍弓马而事诗书。至其以诗名世,则马公伯庸、萨公天锡、余公廷心其人也。论者谓马公之诗似商隐,萨公之

诗似长吉，而余公之诗则与阴铿、何逊齐驱而并驾。此三公者，皆居西北之远国，其去崤、秦盖不知其几万里。而其为诗，乃有中国古作者之遗风，亦足以见我朝王化之大行，民俗之丕变，虽成周之盛莫及也。

戴良在文中所谈的虽是元代色目文人的情况，但蒙古、色目人士都是怀带异质文化因子进入中原汉地文化圈的，他们当中很多都出身武将家族，大多经历过"舍弓马而事诗书"的转变过程。这些蒙古、色目文人带着一种粗犷的塞外风沙之气南下中原，为南宋末年疲弱已极的汉语文坛注入了新的活力，使元代文学散发出一种与此前各朝各代均有所不同的特殊光彩。

同时，我们也应看到，元代文学的发展又受到立国短暂这一因素的限制。历史上文化昌盛的大一统封建王朝，往往都要经过百年涵育，才能养成大量的文学人才，用他们的歌喉咏唱太平盛世，如果要求由少数民族统治的元朝在短短89年的时间里来完成这些，肯定是强人所难。因此，元代的正统文学形式——抒情为主的散文与诗歌，均未形成鲜明特点，取得惊人成就。所谓的"元诗四大家"——虞集、杨载、范梈、揭傒斯，或者以文名著称元代的"儒林四杰"——虞集、揭傒斯、黄溍、柳贯，都很难进入中国文学的大家之列。元末文人叶子奇在《草木子》中就这样批评过元代文学：

> 传世之盛，汉以文，晋以字，唐以诗，宋以理学，元之可传，独北乐府耳。宋朝文不如汉，字不如晋，诗不如唐，独理学之明，上接三代。元朝文法汉，欧阳玄（玄功）、虞集（伯生）是也；字学晋，赵孟頫（子昂）、鲜于枢（伯机）是也；诗学唐，杨载（仲弘）虞集是也；道学之行，则许衡（平仲鲁齐先生）、刘因（静修先生梦吉）是也。亦皆有所不逮。

元代诗文确实不能与唐宋并驾齐驱。不过，对于这一情况要客观地分析，我们不妨将元代之前的宋代和元代之后的明代拿来比较。宋代文学和明代文学自然都取得了很高的成就，但在这两个朝代开国89年之内，文学发展都比较平淡，并未出现整体繁荣的局面。宋初以文学著名者仅有王禹偁(954—1001)等少数几人,欧阳修(1007—1073)虽然在这一时期已有相当成就,但还没有进入其文学创作的高峰期。明初虽有天才绝艳的大诗人高启(1336—1373),但其人实际生长于元代,入明仅6年就被朱元璋腰斩,其他同辈文学家的成就则远低于高启,生于明朝的文学家也没有形成气候。因此,将元代的89年与宋初、明初的89年相比,不仅不为逊色,甚至更加精彩。比如在当时人们不甚看重的新兴文学体裁——戏曲方面,元人就取得了令人艳称的成就,造就了元代文学的高峰,以至被王国维在《宋元戏曲史》序文中称为可与唐诗宋词并列的"一代之文学"。此外,在元代,另外一种文学体裁——小说也逐渐崛起,为明清时代小说的蔚为大国创下了筚路蓝缕之功。正如著名元代文史专家杨镰先生所言:"元代文学有两大显著特点:作家族属出身广泛,作品体裁四种齐备。"这一高屋建瓴的结论,正是本书研究的出发点。

1.2 元代民族政策对文学发展的影响

忽必烈征服南宋之后,为了保证蒙古贵族和色目世臣的利益,在全国实行了民族等级制,即按照降附先后顺序和政治可靠程度将全国的民族分为四个等级,依次为:

蒙古。蒙古为征服民族,称为"国族",移居中原者三四十万人,其中少数为贵族和官僚,多数为军户。

色目。色目并非一个民族,而是一个族群,多为中亚、西亚移居中原者,主要包括汪古、畏兀、唐兀、吐蕃、回回、钦察、康里等族。蒙古人用他们协助统治、牵制汉族。

汉人。汉人也是一个族群,指淮河以北,原金朝境内居民,多为汉族,亦包括业已汉化的契丹、女真、高丽等族。

南人。南人这一族群,用来指原南宋境内居民,绝大多数是汉族。

各个族群所受的待遇差别很大,如在任官方面,蒙古、色目人拥有极大的优势。据《元史》卷6《世祖纪三》载,至元二年(1264)元廷曾规定:"以蒙古人充各路达鲁花赤,汉人充总管,回回人充同知,永为定制。"地方的最高权力掌握在蒙古国族手中,元廷还用色目人对汉人进行制衡,以维护蒙古人的统治。此外,在政治、经济和文化等方面,还有许多民族不平等的法律规定。

但是族群分等级,并不意味着族群隔离,各族人民之间的迁徙、杂居和交往甚至通婚并未受到限制。清代的赵翼在《陔余丛考》中指出:"元制,蒙古、色目人随便居住。"当时很多蒙古、色目人由于任官、屯戍、经商等原因而在中原、江南落户,也有不少汉族人因屯戍,或遭俘掠、流放而移居漠北、西域。因此,元代是我国历史上少见的民族混居的时代。虽然元廷不愿"下从臣仆之谋,改就亡国之俗",但是民族之间的融合并不是政治阻挠所能隔绝的。分布在全国各地的蒙古、色目人生活在汉人居于主体地位的环境中,客观上难免接受汉族主流文化的影响。汉文化以其自身独特的魅力,吸引了大量蒙古、色目精英进行学习。元代蒙古、色目研习汉文化的学者人数与日俱增,很多蒙古、色目文士用汉语进行文学创作,为元代文坛增添了一种别样的光辉。蒙古人中,泰不华的诗文、阿鲁威的散曲、杨讷的杂剧皆可跻于名家之列。色目文士的成就更大,如诗人萨都剌、马祖常、余阙、迺贤、丁鹤年,曲家贯云石、薛昂夫,不仅是少数民族文学家中的佼佼者,而且可与同时代的汉族名家相颉颃。这些蒙古、色目文士并不是独立于汉族士大夫阶层之外的,而是和汉族士人交往密切,相互之间存在着千丝万缕的联系,形成了中华民族历史上前所未有的多民族士人文化圈。

关于元代蒙古族人的汉化程度和汉文水平,前代学者的评价一直不高。如清代赵翼的观点就影响很大,他在《廿二史札记》卷30"元诸帝多不习汉文"条中称:"元起朔方,本有语无字。太祖以来,但借用畏吾字以通文檄。世祖始用西僧八思巴造蒙古字。然于汉文,则未习也。"

赵翼引用《元史》世祖本纪为证:至元二十三年(1286),翰林承旨撒里蛮言"国史院纂修太祖累朝实录,请先以畏吾字翻译进读,再付纂定"。此外,还有不少散见于元代各位名臣传记之中的史料,如世祖问徐世隆以尧、舜、禹、汤为君之道,世隆取书传以对,帝喜曰"汝为朕直解进读"。书成,令翰林承旨安藏译写以进。曹元用曾奉旨译唐人《贞观政要》为国语。元明善奉武宗诏"节《尚书》经文,译其关于政事者"。明善乃举文升同译,每进一篇,帝必称善。虞集在经筵,取经史中有益于治道者,用国语、汉文两进读,译润之际,务为明白,数日乃成一篇。马祖常亦曾译《皇图大训》以进。赵翼总结说:"是凡进呈文字必皆译以国书,可知诸帝皆不习汉文也。"

但是这毕竟只是元代开国之初的情况,随着时间的推移,久居汉地的蒙古帝王,不可能不与汉族士人打交道,学习汉文对他们处理汉族相关事务无疑是非常有用的。例如,忽必烈的太子真金,早年从名儒姚枢、窦默受《孝经》。及长,则侍经幄者,如王恂、白栋、李谦、宋道等,皆长在东宫备咨访。中庶子伯必以其子阿八赤入见,太子谕令入学,伯必即令入蒙古学。逾年再见,问所读何书,以蒙古书对,太子曰:"我命汝学汉人文字耳!"可见真金非常留心汉学。不幸的是,这位一心汉化的皇太子,竟然因为触怒其父忧惧而死,未能登上皇帝宝座,否则元代的历史也许会呈现出另外一种面貌。所幸此后元代的皇帝全部从真金的后裔中产生,有这样的祖风,后代产生几位熟谙汉文的帝王就不足为奇了。

例如,我们在第3章将详细介绍的热心汉文化的元仁宗爱育黎拔力八达,在汉字书法方面很有造诣,曾亲自书写"秋怀"二字赐给助他登上皇位的汉臣李孟;元文宗图帖睦尔能用汉文作诗,所作诗歌富有情韵;亡国之君元顺帝妥懽帖睦尔有数首汉文诗作传世,他的太子爱猷识理达腊也是一位诗人。这些最高统治者以帝王之尊,对汉文化乐此不疲,起到一种良好的垂范作用。在他们的影响下,大量蒙古族人成为汉语文坛的热情参与者,其中还有不少作出了值得称道的成绩,而且越到元代末期,蒙古族文学家群体人数越多,成就越丰,对于一个百年以前还没有书面文学的马上民族来说,蒙古人民极大地发挥了"拿来主义"的精神,在很短的时间里就形成了一种文学领域空前的盛况。这种盛况随着元室北遁被生生打断了,致使此后三四百年里,蒙古文学的发展都处在比较沉寂的状态,直到清朝中叶才有所发展。这也从反面说明了蒙古民族文学在元代取得的成绩是何等可贵!

赵翼在对元代帝王的汉学进行评价时,所采用的标准无疑是很高的,他还曾特意将元代与金代的情况进行比较:

> 金则国族人多有汉名,元则汉人多有蒙古名,两代习尚各不同。盖金自太祖开国,其与辽往复书词,即募有才学者为之,已重汉文。至熙宗以后,无有不通汉文者。熙宗尝读《尚书》,及夜观辽史,自悔少时失学。海陵才思雄横,章宗词藻绵丽,至今犹传播人口。有元一代诸君,惟知以蒙古文字为重,直欲令天下臣民皆习蒙古语,通蒙古文,然后便于奏对,故人多学之,既学之,则即以为名耳。

诚如赵翼所言,元代诸帝的汉学修养和金代诸帝相比还有一定差距。但是赵翼鄙夷元代君王对蒙古文字的重视,则是出于汉族本位的偏见了,任何一个民族珍视自身的语言文化都是无可厚非的。

元代诸帝对蒙古文字相当重视,在全国各地创办为数众多的蒙古字学就是一个明证。但其主要目的是培养大量的翻译人才(通事和译史),为施政行令所用,而且统治阶层对汉族一向戒心颇重,希望忠心的汉臣掌握蒙古文"便于奏对"容或有之,却并不希望"天下臣民皆习蒙古语,通蒙古文"。顺帝后至元年间(1335—1340)权臣伯颜当政时,元廷还一度试图禁止汉人、南人学习畏兀、蒙古文字,正是害怕为数众多的汉族人士掌握蒙古文,不利于维持蒙古国族的特殊地位。不过元代统治者在蒙古族中一直大力推行蒙古文字的教学,这为本族的文化水平发展和文学素质提高提供了持续的动力。今天我们所知的元代蒙古族文学家当中,掌握蒙、汉双语的占多数,其中包括泰不华、月鲁不花这样的重要作家。

在进入中原之前,蒙古族自身文化发展水平并不高,但是这个马背上的民族有一种明显的优点,就是善于学习周边先进民族的文化。如成吉思汗不远万里遣使前往金朝统治下的山东聘请丘处机,又让道士冯志亨等在燕京开设学校教授蒙古子弟,这些事例都从不同侧面说明这位"一代天骄"并不是"只识弯弓射大雕"的。作为一位戎马倥偬的军事统帅,却能如此关心文化教育事业,成吉思汗无疑是蒙古民族历史上一位功德无量的英雄,他的所作所为,自然垂范于后世子孙。成吉思汗的继承者们,尤其是后来留居汉地身兼蒙古大汗和中原皇帝双重身份的忽必烈—真金一系,更是将祖先开创的文化发展之路发扬光大,最终形成了元代多元文化共同繁荣的良好局面。

通过下面一个有趣的现象,我们也能看出元代帝王,对于"借才异代"以振兴本朝文化是相当重视的。元世祖忽必烈对金、宋两国留下的状元郎王鹗和留梦炎都加以重用。

王鹗是金朝正大元年(1224)第一甲第一名进士,仕至尚书左右司郎中。金亡将被杀,元将张柔闻其名,救之,馆于家。后被举荐于世祖,擢任翰林学士承旨,元初的制诰典章,皆为他所裁定。

留梦炎是南宋淳祐四年(1244)第一甲第一名进士,咸淳(1265—1274)中知潭州(今湖南长沙),兼湖南安抚使,德祐元年(1275),官至右丞相兼枢密使。宋亡遁去,入元亦被授为翰林学士承旨,受到重用。

虽然任用状元只是一个特例,但是元代帝王对前代遗贤的兼收并蓄之意已经昭然若揭,所以元初文坛虽不能说特别繁荣,倒也并不沉寂。一大批成长于金末或宋末的文人,如前金官员耶律楚材、前宋官员赵孟頫等纷纷出山仕元,开始在新朝发出他们的歌唱。

1.3　元代蒙古色目文学群体的繁荣

其实,往往给人以粗鄙无文之感的蒙古贵族的统治,并没有使元代文坛失去繁荣局面。在赵翼的《廿二史札记》中有一条"元季风雅相尚":

> 元季士大夫好以文墨相尚,每岁必联诗社,四方名士毕集,燕赏穷日夜,诗胜者辄有厚赠。饶介为淮南行省参政,豪于诗,自号醉樵,尝大集诸名士,赋醉樵歌。张简诗第一,赠黄金一饼;高启次之,得白金三斤;杨基又次之,犹赠白金一镒。(见《明史·文苑

传》)然此犹仕宦者之提倡也。

贯酸斋工诗文，所至士大夫从之若云，得其片言尺牍，如获拱璧。（见《元史·小云石海涯传》）浦江吴氏结月泉社，聘谢皋羽为考官，春日田园杂兴题，取罗公福为首。（见《怀麓堂诗话》）松江吕璜溪尝以金帛，聘四方能诗之士，请杨铁崖为主考，第其甲乙，厚有赠遗，一时文人毕至，倾动三吴。（见《四友斋丛说》）

又顾仲瑛玉山草堂，杨廉夫、柯九思、倪元镇、张伯雨、于彦成诸人尝寓其家，流连觞咏，声光映蔽江表。（见《元诗选》）此皆林下之人扬风扢雅，而声气所届，希风附响者，如恐不及。

其它以名园别墅、书画古玩相尚者，更不一而足。如倪元镇之清閟阁，杨竹西之不碍云山楼，花木竹石，图书彝鼎，擅名江南，至今犹有艳称之者。

独怪有元之世，文学甚轻，当时有九儒十丐之谣，科举亦屡兴屡废，宜乎风雅之事，弃如弁髦。乃缙绅之徒，风流相尚如此。盖自南宋遗民故老相与唱叹于荒江寂寞之滨，流风余韵久而弗替，遂成风会，固不系乎朝廷令甲之轻重也欤！

赵翼特别标举元末文坛盛况，其实有元一代莫不如此，文酒交欢，诗坛校艺，从元初到元末从来就没有停止过。最著名者如元初的月泉吟社"春日田园杂兴"大型同题集咏，元末昆山顾瑛玉山草堂持续十几年的诗酒雅集，都是元代文学中耀眼的华章。大大小小的其他雅集更是不计其数，其中不乏蒙古、色目文士的身影。比如元末贡师泰《玩斋集》中载有一次于至正二十一年（1361）在福州城外举行的"春日玄沙寺小集"，参加者共有廉公亮、李景仪、答道夫、海清溪和贡师泰5人，除海清溪族属不详外，其余4人中，答道夫（答禄与权）为蒙古人，廉公亮（廉惠山海牙）为色目人，李景仪（李国凤）为汉人，贡师泰为南人，元代四大族属竟然聚齐了！正所谓尝鼎一脔、窥豹一斑，从这个事例中我们可以看出，元代统治者虽然在政治生活中设置了不同族属的差别权利界限，但是在文化生活中，这种界限却是不甚分明，甚至是可以忽略的。元史专家萧启庆先生认为，在元代社会，随着多民族之间文化交流的深入进行,已经形成了一个多族士人文化圈。元代文史专家杨镰先生认为,元代是中华民族形成的一个关键时期。在综合上述两种观点的基础上,我们认为,正是多民族士人以汉语为媒介的文化交往形成的文化圈,为中华民族这个伟大族群的最终成型充当了提供源动力的坚强内核。中华民族内部诸民族也许在人种、语言、风俗各方面存在这样那样的差异,但这个稳定的文化核心产生出强大的向心力,数百年来在维护民族团结和国家统一中发挥了无可替代的作用。

在这个多族士人文化圈中,蒙古、色目文人群体是非常活跃的力量,他们带着异质文化的新鲜气息登上华夏文坛,努力吸收博大精深的汉族文化,形成了别具特色的文学风貌。在元代,不少蒙古、色目文学家都在文学上作出了很大的贡献。其中名声最著者如贯云石、薛昂夫、萨都剌、马祖常、廼贤、余阙、丁鹤年及泰不华等,无疑都占据着元代文坛的一线位置。他们的诗歌创作风格各异,精彩纷呈,置之整个历史时期的少数民族文学家之林亦毫无愧色。在《元诗选》、《诗渊》、《御选元诗》等大型元代诗歌选集中,都保存有不少这些蒙古、色目文学名家的作品,为我们今天判断他们的文学成就提供了文献依据。

纵观元代蒙古、色目文人的文学创作,可以归纳出如下几个特点:

首先,元代蒙古、色目文人是深受汉族文化吸引,而主动学习汉文化,用汉语进行文学创作的,且随着时间的发展,这些文人的整体创作水平呈不断提高之势,文人群体从而日趋繁盛。如赵孟頫《松雪斋文集》卷6《薛昂夫诗集序》云:

> 嗟夫!吾观昂夫之诗,信乎学问之可以变化气质也。昂夫西戎贵种,服游袤,食腫酪,居逐水草,驰骋射猎,饱肉勇决,其风俗固然也。而昂夫乃事笔砚,读书属文,学为儒生,发而为诗乐府,皆激越慷慨,流丽闲婉,或累世为儒者有所不及,斯亦奇矣。盖昂夫尝执弟子礼于须溪先生之门,其有得于须溪者,当不止于是。而余所见者词章耳,他日昂夫为学日深,德日进,道义之味,渊乎见于词章之间,则余爱之敬之,又岂止于是哉!

薛昂夫作为色目贵族,却向南宋遗民刘辰翁虚心问学,诚心学习汉文化。以前有很多论者,将元代蒙古、色目文学群体的繁荣,归因于元代恢复科举,认为这些文人为了求取功名而不得不进行汉文化学习。关于这一点,陈垣先生在《元西域人华化考》卷4中曾明确指出:

> 元时西域人华学之盛,论者辄谓与科举有关,吾谓不然也。当延祐未兴科举前,如不忽木、回回、巙巙等,文采斐然,何尝由于科举! 然此犹谓不由科举而由学校也。若廉希宪、赡思、赵世延等,又何尝出身学校! 即以科举既兴论,贯云石、迺贤、丁鹤年等,又何尝出身科举! 马祖常等出身科举矣,而延祐首科即已中选,其文章学问,必早蓄于未兴科举之前,岂为科举而求学也。薛昂夫亦生于元初,科举未兴,未尝入国学,徒以爱慕华学,执业于宋遗民刘辰翁之门,其华学遂灿然有烂,赵孟頫所以惊为奇事,而深信学问之可以变化气质也。

诚然,仅仅将科举功名作为蒙古、色目文学发展的推动力,肯定是说服力不够的,汉文化自身的魅力才是决定性的因素。

其次,元代蒙古、色目文人,作为登上汉语文坛的新生力量,没有受到一些束缚当时汉族文人文学创作的传统观念的影响,他们的文学创作不因循于宋或金,而是选择中华文学宝库中最为精彩的篇章作为学习对象。如很多蒙古、色目诗人直接师法唐人,从唐诗汲取营养,从而实现了对宋代讲究理趣的诗风的反动,甚至为以后明代的宗唐诗风廓清了道路。明人李东阳在《怀麓堂诗话》中指出:"宋诗深,却去唐远;元诗浅,去唐却近。"这是很有见地的观点。元人不喜欢宋诗,"宗唐得古"是元代诗歌的一个基本特点,元代蒙古、色目诗人也不例外。如迺贤以学习白居易新乐府见长;马祖常喜爱李商隐的诗;萨都剌善于学习李贺的手法。

再次,元代蒙古、色目文人取得了很高的艺术成就,元代少数民族文人在元代文学史上占有非常重要的地位。以萨都剌、贯云石为代表的元代少数民族文人群体足以和同时代的汉族文人相比肩,而且他们在我国少数民族文学发展史上的成就也是空前的,称得上是一个高峰。元末著名文人戴良所作《丁鹤年集》序中总结道:

我元受命,西北诸国若回回、吐蕃、康里、畏吾儿、也里可温、唐兀之属,率先臣顺,奉职称藩。积之既久,文轨日同,而子孙遂皆舍弓马而事诗书。至其以诗名世,则贯公云石、马公伯庸、萨公天锡、余公廷心,其人也。论者以马公之诗似商隐,贯公、萨公之诗似长吉,而余公之诗,则与阴铿、何逊齐驱而并驾。他如高公彦敬、嶤公子山、达公兼善、雅公正卿、聂公古柏、斡公克庄、鲁公至道、三公廷珪辈,亦皆清新俊拔,成一家言。此数公者皆居西北之远国,其去齾秦,盖不知其几千万里,而其为诗,乃有中国古作者之遗风,足见我朝王化之大行,虽成周之盛莫及也。

戴良以汉族文人的眼光来加以评判,对蒙古、色目诗人群体非常推崇,可见这些草原来客的汉语文学成就是得到汉族文人认同的。

此外,元代色目作为一个族群,其中包括很多来自不同地域、信仰不同宗教和拥有不同文化的民族,这些民族都有用汉语进行诗歌创作并取得一定成就的诗人,如萨都剌是回回人、马祖常是雍古人、廼贤是葛逻禄人、余阙是唐兀人;萨都剌是答失蛮(伊斯兰教徒)、马祖常是也里可温(基督教徒),这种特殊信仰的文学家在其他朝代是很少见的。元代少数民族文人来源之广,在我国的封建社会,可以说是空前绝后的。

但是,我们也应该看到,元代蒙古、色目文人群体在取得巨大成就的同时,还存在很多不足之处。第一,元代持续时间较短,正当元代蒙古、色目文人的整体水平不断提高的时候,元末战乱给文化带来极大的破坏,很多文人或死或隐,在文坛销声匿迹。而明初施行的对蒙古、色目人的强制同化政策,更是将蒙古、色目文人逼入困境,民族之间的文化融合又遇到新政权的障碍,出现停滞乃至倒退的现象。第二,元代重武轻文的文化政策和按族群分等级的民族政策对蒙古、色目文人学习汉族文化造成了很大的消极影响,尤其是居于统治地位的蒙古人作为"国族",对汉文化的掌握比色目人低,文学成就也相对较低。第三,元代不同民族之间的跨文化融合,以少数民族受汉族文化影响为主,而少数民族文化对汉族的影响有限。陈垣先生在其名作《元西域人华化考》的绪论中指出："以蒙古等文化幼稚,其同化华族不奇……惟畏吾儿、突厥、波斯、大食、叙利亚等国,本有文字,本有宗教,畏吾儿外,西亚诸国去中国尤远,非东南诸国比,然一旦入居华地,亦改从华俗,且于文章学术有声焉,是真前所未所闻,而为元所独也。"这种元代特有的文化现象,使我们对汉文化的特有魅力感到自豪,也为这种文化交流的单向性色彩太强而稍感遗憾。

元代蒙古、色目文人的汉语文学创作,是在国家统一和民族融合的基础上绽放出的一朵奇葩,为元代文学增添了特别的光辉,也给中华民族不同民族之间文化交流的宝库增加了一笔巨大的财富。我们对元代蒙古族文学家进行的研究,正是建立在这一认识的基础上的。

·欧·亚·历·史·文·化·文·库·

2 蒙元时代早期的
文学发展状态

在大蒙古国建立之前的相当长的历史时期里,蒙古族文学停留在口耳相传的初级阶段。茫茫草原造就了蒙古人彪悍的民族性格,也养成了他们对歌吟的热爱。读者不妨试想一下,"天苍苍,野茫茫,风吹草低见牛羊"的草原风光,乍看之下充满迷人色彩,但是如果一个单身放牧的牧人,每天面对的都是一眼望不到边际的草地,只有牛羊陪伴,大概也会有一种寂寞涌上心头吧。这样的时候,哼上一些曲韵悠扬的调子,无疑能够舒缓心情。所以,对牧人来说,牧歌是必备的技能。蒙古族最初的文学形式,正是萌芽于草原牧歌之中的,这些牧歌或抒情或叙事,是蒙古民族精神文化不可或缺的组成部分。

2.1 蒙元时代早期的口头文学

很多蒙古口头文学作品,不仅具有音乐的美感,还有着曲折动人的情节。例如《成吉思汗殡天的历史传说》就是一篇不可多得的口头文学佳作,闪耀着史诗的光辉。

《成吉思汗殡天的历史传说》记载了 1227 年成吉思汗于攻灭西夏途中病逝后遗体被送回漠北故乡安葬的过程,这一传说在佚名《黄金史纲》、萨冈彻辰《蒙古源流》、罗桑丹津《黄金史》等重要的蒙古族历史文学作品中均有保存。《成吉思汗送葬歌》是《成吉思汗殡天的历史传说》中最精彩的部分,它包括近卫侍臣吉鲁格台把阿秃儿按照蒙古传统丧葬礼仪在成吉思汗弥留之际请求这位圣主留下遗言(包括劝谏成吉思汗收回要众大臣殉葬的谕旨)、在辒车启动时对圣主之灵的献歌和行至毛尼山陷入泥淖中时召唤圣主的灵魂回归故土这样三段歌词,歌词运用了多种修辞手法,具有很强的文学色彩,富有感染力。

根据史书记载,成吉思汗去世之际,正是蒙古大军围困西夏国都兴庆府(今宁夏银川)的关键时期,由于害怕蒙古军统帅成吉思汗的死讯影响战局,臣子们决定秘不发丧,将遗体金枢秘密运回漠北禁地起辇谷安葬。到忽必烈至元"三年秋九月,始作入室神主,设祐室"。《成吉思汗殡天的历史传说》中成吉思汗的遗言中,有"忽必烈出语不凡,你们遵照他的话行事"的内容,这是值得推敲的。成吉思汗去世时,忽必烈年仅13岁,且在孙子辈中,以贤以长,均未形成任何明显优势。成吉思汗死前已经决定由第三子窝阔台继承汗位,根本不可能考虑第四子拖雷的第二子忽必烈的隔代继承问题,这样的遗言只可能是忽必烈在位时期,为了增加其政权的合法性增饰而成的。因此可以推测,这一传说应该产生于成吉思汗去世后不久,一开始或许以叙事歌谣的形式在蒙古族中传唱,而到了忽必烈统治时期,由于汗位是通过战争手段夺得的,而且中亚草原上还活跃着海都等质疑其政权合法性的诸王,忽必烈需要从祖父那里搜求能够说明自身汗位合理的证据,有可能利用其政权在文化发展水平上的优势,让御用文人改造一些历史传说,为己所用。像《成吉思汗殡天的历史传说》这样原本在蒙古族人中有重大影响的佳作,自然就成为加工和润饰的对象。于是,一个不符合历史发展逻辑的"隔代储君"忽必烈就在文学作品中出现了!这也为西方学者克罗齐那个著名论断——"一切历史都是当代史",提供了一个例证。从《成吉思汗殡天的历史传说》产生到被纳入17世纪先后成书的《黄金史纲》等历史文学著作的约400年时间里,这一作品自然是以口头或者书面形式单独流传的,被纳入《黄金史纲》时才得以定型和书面化。其中的《成吉思汗送葬歌》无疑可以代表13世纪初叶蒙古族民间文学所能达到的水平。

作品第一部分,当成吉思汗弥留之际,在神志不清中发出要求众大臣为自己殉葬的令旨时,聪明机智而且娴于辞令的吉鲁格台把阿秃儿机敏应对,晓之以理,动之以情。他说如果众大臣都为成吉思汗殉葬:

你的玉成之邦将要寂寞的，
你可爱的孛儿帖格勒津薛禅哈屯将要殉节的，
你的合撒儿、别勒古台二人将要服丧的，
你聚集经略的众百姓将要属于他人而失散的；

你的兴隆之邦将要没落的，
你永结良缘的孛儿帖格勒津薛禅哈屯将要辞世的，
你的窝阔台、拖雷二子将要孤独的，
你聚集经略的众百姓将要属于他人而离析的；

你的似山之邦将要衰败的，
你幸结良缘的孛儿帖格勒津薛禅哈屯将要亡故的，
你的斡赤斤、合赤温二人将要分散的，
你为大家聚集经略的众百姓将要流布山野的；

沿杭爱山而迁移的，
你的后妃皇子会嚎啕哭丧的，
请予彼以有益的教言吧！

沿兀鲁回温都儿而迁移的，
你的皇子皇女会嚎啕哭丧的，
请予彼以有益的教言吧！

年轻人的身体是一时毁坏不了的，
如果毁坏了，
我们还能相见于涅槃之境吗？

健康者的身体是难以毁坏的，

如果毁坏了，

我们还能相见于天堂之中吗？

为你的遗孀孛儿帖格勒津薛禅哈屯，

为你的遗孤窝阔台、拖雷二人，

平川之地指示水源吧！

崎岖之境指示道路吧！

　　吉鲁格台把阿秃儿的劝谏，使成吉思汗收回成命，留下遗言逝去。当运载成吉思汗金柩返回故土安葬的辒车启动时，吉鲁格台把阿秃儿念诵送葬歌词：

你竟似飞翔的鹰翼而逝去吗？我的主。

你竟成了辚辚之车的载负吗？我的主。

你竟似翱翔的鹰翼而逝去吗？我的主。

你竟成了转轮之车的载负吗？我的主。

你竟似啼鸣的鹰翼而逝去吗？我的主。

你竟成了隆隆之车的载负吗？我的主。

　　这是在召唤成吉思汗的灵魂回归故土安息，呼唤中充满了悲怆之情，行文也营造了一唱三叹的效果。当运载金柩的辒车行至毛尼山陷入泥淖不能前行时，吉鲁格台把阿秃儿又向成吉思汗的英灵进行劝谏：

我的受长生天所命而降生的英杰圣主，

你抛弃普土大国驾返而去了。

你生前服绥定统的邦基，

你肇基立纲的国家，

你所庇护的后妃皇子，

你所诞育的山岳土地和水流乃在彼处。

你清明兴建的汗统，
你威武创立的国家，
你可亲可爱的后妃皇子，
你的黄金官阙乃在彼处。

你巧妙构置的邦基，
你有缘际遇的后妃皇子，
你从前经营的百姓，
你的宗亲、知己乃在彼处。

你繁荣的国家、百姓，
你净身的水和雪，
你的众蒙古人民，
你所降生的斡难河迭里温孤山乃在彼处。

你那用枣骝马鬃编制的旗纛"苏勒德"，
你的战鼓、号角、军笳，
你的诸种语言的百姓，
你所居住的怯禄涟河阔迭兀阿剌勒山乃在彼处。

你的建立丰功以前结缡的孛儿帖哈屯，
你的不峏罕山和土地、水流、营盘，
你的二位忠信的伴侣博尔术和木华黎，
你的完整而伟大的邦基、法律乃在彼处。

你的由于神启而邂逅的忽兰哈屯，
你的琴瑟、歌舞，
你的普土大国的属民，
你的永恒的山水土地乃在彼处。

为了哈尔固纳山的温暖，

为了古尔伯勒津的美貌，

为了夏国的人庶众多，

你就把可爱的故土蒙古国遗弃了吗？

你的可怜的黄金之命即使超升，

由我们将你那玉宝般的灵柩载还故土，

请你那皇后孛儿帖格勒津观看吧！

让你那全体人民瞻仰吧！

这些歌词内容非常丰富、政治色彩特别浓厚、音韵格律相当整饬，不像出自下层人民之口，只有像吉鲁格台把阿秃儿这样有机会受教育的侍卫近臣才能创作出来，而且在流传和书面化的过程中应该是经过文人加工的。由于成吉思汗去世时整件事情的保密性，以及文献资料的缺乏，我们已经无法判断这位吉鲁格台把阿秃儿是否确实在成吉思汗的送葬队伍中，甚至无从得知在历史上是否实有其人，我们也无法考证出该歌词的原始作者和秉笔加工的文人究竟是谁，但这些歌词的作者无疑是一些具有相当高的文学修养的蒙古族作家，他们对成吉思汗这位民族英雄抱有深厚的崇敬之情。虽然这些作家的名字早已湮没在历史的长河里，但他们留下的这一壮丽诗篇必将流传下去，使后人得以借之体会蒙古民众对成吉思汗这位千古英雄的深切怀念。

2.2　不朽的史诗《蒙古秘史》

蒙古人非常珍视自己民族的历史。历代蒙古大汗的宫廷内都有专门人员记录君主的言行，这些历史记录是用畏兀字蒙古文写成的，被称为"脱卜赤颜"（蒙古语"历史"之意）。现在被统称为《蒙古秘史》的这一部分脱卜赤颜，主要记录成吉思汗祖先谱系、历史传说，以及成吉思汗和窝阔台汗的事迹。

《蒙古秘史》是蒙古民族的珍贵文献,历来受到中外学者的推崇。前苏联学者符拉基米尔佐夫在其所撰的《蒙古社会制度史》中说:"如果可以说在中世纪没有一个民族像蒙古人那样吸引史学家们的注意,那么也应该指出,没有一个游牧民族保留像《蒙古秘史》那样形象地、详尽地刻画现实生活的纪念作品。"《蒙古秘史》具有独特的史料价值,是研究蒙古诸部的社会发展、社会组织、社会经济、政治军事制度、部落战争、社会心理、风俗习惯、原始宗教信仰、习惯法等方面的原始材料,也是研究蒙古族的起源、形成和成吉思汗、窝阔台汗的历史,以及大蒙古国的政治、军事、经济、文化、法律等方面最重要的史料之一。

《蒙古秘史》不仅是蒙古民族的珍贵史料,同时也是一部文学名著。它在蒙古文学史上的地位,堪与《史记》在汉族文学史上的地位相比。它在记叙历史事件时经常使用文学手法,行文散整相间,不少地方运用排比,造成一唱三叹的感觉,并且文中不时插入富有韵味的歌唱,可见作者在语言技巧方面是相当高明的。同时,《蒙古秘史》非常善于通过对话来表现历史人物的性格,刻画出很多个性鲜明的形象,使读者觉得"如闻其声,如见其人"。从文学角度来说,《蒙古秘史》不愧是蒙古民族的不朽史诗。

例如,《蒙古秘史》在记叙铁木真与太阳汗的大决战时,所采用的行文结构充满了文学色彩,单独摘出来可以当做一篇叙事诗欣赏,兹摘余大钧先生的译文以飨读者。

太阳汗(看到铁木真的士兵前来进攻时)向札木合问道:

"那些像狼入羊群的是些什么人?"

札木合答道:

"是我的铁木真安答用人肉喂养、用铁索拴着的四条猛犬。驱赶我军哨兵的就是他们。

那四条猛犬,

额似铜铸,

嘴像凿子,

舌如锥子;

有铁一般的心，

拿环刀当鞭子；

饮用朝露解渴，

骑着疾风而行。

在厮杀的时候，

吃的是人肉；

在交战的时候，

以人肉为粮。

如今放开了铁索，因没有拘束而高兴，奋勇追来了。若问那四条猛犬是谁？这两个是哲别、忽必来，那两个是者勒蔑、速不台。就是他们四人。"

太阳汗说：

"那样的话，就离那些家伙远一点吧，免得受其凌辱！"

说着，就往后撤退，把阵地移到了山坡上。

太阳汗又看到他们（哲别等人）后面有些人欢跃着绕着圆圈似的冲上前来，就又向札木合问道：

"那些是什么人？像清晨放出的马驹，咂完了母马的奶，围绕在母马周围，扬尘欢跃，绕成圆圈似的奔驰而来的，是些什么人？"

札木合答道：

"他们是追赶拿枪的男子，杀了他们而夺其财物的那些人。他们是追赶拿环刀的男子，把他们砍倒而夺其财物的那些人。他们被称为兀鲁兀人、忙兀人。如今他们不是欢跃着杀来了吗？"

太阳汗说：

"那样的话，就离那些家伙远一点吧，免得受其凌辱！"

说着，就往后撤退，把阵地移到了山上。

太阳汗又向札木合问道：

"在他们后面，像饿鹰扑食般地奋锐当先而来的是谁？"

札木合答道：

"来的这个人，就是我的安答铁木真。

·欧·亚·历·史·文·化·文·库·

他浑身上下以生铜铸成,

用锥子去扎,

找不到空隙;

他全身用精铁锻成,

用针去刺,

找不到缝儿。

我的铁木真安答,恰似饿鹰扑食,奋锐当先而来,你看到了吧?乃蛮伙伴们曾说:如果遇到了蒙古人,要〔把他们消灭干净,〕连羊羔的皮和蹄子也不剩下。〔如今,〕你好好看看吧!"

太阳汗说:

"哎呀,真可怕,把阵地再往山上退吧!"

就又往山上后退。

太阳汗又向札木合问道:

"那〔铁木真〕后面率领众多人马冲过来的是谁?"

札木合答道:

"那就是诃额仑妈妈用人肉喂养的儿子。

他身高三庹,

能吃下三岁小牛;

身披三层铠甲,

拽得动三头犍牛。

把带弓箭的人整个咽下,

不会碍着喉咙;

把一个男子汉完全吞下,

还不够当点心。

他发怒弯弓,

射出铁箭,

飞过山岭,

能把一二十人穿透;

他开弓射箭,

24

飞过旷野，

能够射穿敌人。

他猛力拉弓，

能射九百庹远；

他稍微用力，

能射五百庹远。

他生得与众不同，身躯高大壮实如同巨蟒。名叫拙赤·哈撒儿的就是他！"

太阳汗说：

"那样的话，咱们继续上山，到山上高处去吧。"

就继续登山，将阵地移到山上高处。

太阳汗又向札木合问道：

"在他们之后，来的又是谁？"

札木合答道：

"那是诃额仑妈妈最小的儿子，人称孝义斡赤斤。他早睡晚起，但打起仗来从不落后！"

太阳汗说：

"那样的话，咱们到山顶去吧！"

这段文字，描写的是铁木真与乃蛮部太阳汗之间的一场决战。战前，乃蛮人认为蒙古诸部人少马瘦，可一旦两军对起阵来，太阳汗却被蒙古将士旺盛的士气吓得节节后退。《蒙古秘史》行文巧妙，不直接刻画蒙古将士是如何战斗的，而是通过敌酋太阳汗的眼及札木合的口，来反映蒙古将士的勇猛。在战斗中，充当先锋的"四犬"（哲别、忽必来、者勒蔑、速不台四将）率领着探马赤军[1]在前冲锋陷阵；蒙古大汗铁木真亲自居中指挥；铁木真的兄弟作为后合进行策应。这些战术安排，通过太阳汗和札木合的对话，清清楚楚得展现在读者面前，应该就是战场上的实际情况。可见，《蒙古秘史》所记载的内容是符合历史逻

---

〔1〕探马赤军即先锋之意，由兀鲁兀、忙兀、札剌亦儿、弘吉烈、亦乞烈斯等五投下组成。

25

辑的,虽有夸张之处,仍然可做"信史"对待。同时,《蒙古秘史》让札木合在描述这些蒙古将士时,采用丰富的比喻及夸张的手法,极力渲染这些将士的勇猛,使用的语言整散结合,并以韵语为主,富有诗的特点。因此,我们称之为"史诗"是毫不过分的。通观《蒙古秘史》全书,这样的精彩章节并不少见。

《蒙古秘史》的作者到底是谁?今天我们已经无法考证,但是可以确知的是,他们是一群蒙古族文人。蒙古族进入中原之后,有不少汉人学习蒙古语文,以便于和蒙古族进行交流,而且掌握蒙古语文也是帮助汉人踏入仕途的一个得力工具,从中央的蒙古国子学到地方的各级蒙古字学,也为汉人学习蒙古语文提供了便利条件,因此在蒙元时代精通蒙古语文的汉族文人是很多的。然而,在古代社会,国史乃是不可轻易示于外人的"邦之利器",尤其元代居于统治地位的蒙古族只占全国总人口的百分之五左右,对数量上占有绝对优势的汉族,他们自然不敢失去戒心。所以,虽则汉族文人中精通蒙汉双语者众多,可以参与《辽史》、《金史》、《宋史》的编写,但是对于蒙古民族本身的早期历史,蒙古族统治者却非常谨慎,不让汉族文人捉刀代笔,而是请本民族文人,用哪怕是稍显稚嫩的笔法将其写出来。当然,到了元代中后期,文化制度逐渐完备,用汉文编写各朝实录渐渐由汉族"大手笔"主持,但是蒙古文的"脱卜赤颜"一直是蒙古国族文人的禁脔。

将《蒙古秘史》的文风和上节《成吉思汗送葬歌》等口头文学的特点结合起来看,我们可以明显看出《蒙古秘史》的文学手法受到蒙古传统口头文学的影响,那种排比的大量运用、带着夸张的叙述、螺旋递进的结构,都是非常神似的。我们当然可以说《蒙古秘史》的笔法还不是十分成熟,但是作为一个刚刚结束无文字状态的马背民族,能够产生这样的作品,已经是非常了不起的了。弓马娴熟的蒙古铁骑席卷欧亚大陆,所到之处摧枯拉朽,这段波澜壮阔的生动历史为蒙古文学提供了最新鲜最丰富的养料。《蒙古秘史》的作者们,这群最初的蒙古族文学家,正是扎根在现实生活的沃土之中,借鉴民族传统的口头文学创作技巧,为我们呈现了这样一部法国学者伯希和所推崇的"第一流文献"。

　　经过近百年的征服战争,蒙古政权为蒙古文学提供了一个"北逾阴山,西极流沙,东尽辽左,南越海表"的广阔舞台,年轻的蒙古族文学家群体带着一股源自茫茫草原的豪迈之气,就要在这个舞台上唱出他们嘹亮的歌声。

·欧·亚·历·史·文·化·文·库·

3　蒙古族文化教育的发展

　　蒙古民族以强弓快马东征西讨,建立起规模空前的强大帝国。但天下可以马上得之,却不可以马上治之,大蒙古国的统治者们经过摸索渐渐明白了这个朴素的道理,对教育日益重视起来,设置了很多便利条件以使蒙古国族子弟得到更多更好的学习机会。蒙元时代蒙古族的教育发展,历经三个重要节点:文字的创制,学校的兴办和科举的复兴。这些重大历史转变对蒙古民族整体文化水平的提高起到了关键性的作用,也使得蒙古族文学家的后备军数量越来越庞大,因而整个元代蒙古族文学家群体从数量到质量都呈明显的上升态势。

3.1　蒙古文字的创制

　　在蒙古族文化发展历程中,本民族文字的创制无疑是一件具有里程碑意义的大事。提到蒙古文字的创制,离不开两个人,那就是成吉思汗和畏兀人塔塔统阿。

　　《元史》卷124《塔塔统阿传》的记载颇为简略:

　　　　塔塔统阿,畏兀人也。性聪慧,善言论,深通本国文字。乃蛮大敭可汗尊之为傅,掌其金印及钱谷。太祖西征,乃蛮国亡,塔塔统阿怀印逃去,俄就擒。帝诘之曰:"大敭人民疆土,悉归于我矣,汝负印何之?"对曰:"臣职也,将以死守,欲求故主授之耳。安敢有他!"帝曰:"忠孝人也!"问是印何用,对曰:"出纳钱谷,委任人材,一切事皆用之,以为信验耳。"帝善之,命居左右。是后凡有制旨,始用印章,仍命掌之。帝曰:"汝深知本国文字乎?"塔塔统阿悉以所蕴对,称旨,遂命教太子诸王以畏兀字书国言。

　　铁木真攻灭蒙古草原西端的乃蛮部,结束乃蛮末代君主太阳汗

（引文中的大敫汗）的统治，是在公元 1204 年。当时大蒙古国尚未建立，但铁木真经过连年征战，连续击败札木合、王汗等主要对手，俨然已经是蒙古草原上最强大的一支力量了。这位马上得天下的明主雄王，并没有轻视读书识字的文士，而是宽容相待、虚心下问，并命令塔塔统阿以畏兀文字书写蒙古语言，这实在是标准的"拿来主义"——借助畏兀文字现成的音韵系统，蒙古民族从此拥有了自己语言的书写方式。铁木真俘获塔塔统阿，本是征服乃蛮过程中的一个意外收获，而畏兀蒙古字的创制，则使蒙古社会的发展得到一个全新的机遇。读者试想，如果没有畏兀蒙古字，蒙古文化如何能够在 13 世纪上半叶飞速发展。对塔塔统阿这样的降虏，铁木真能够青眼有加，委以重任，足见其雄才大略，原非一般草莽英雄可比，而令塔塔统阿以畏兀文表达蒙古语，又是一种行之有效的创新。有了文字的帮助，蒙古文学的发展从此插上了翅膀。

元代蒙古民族使用的文字，还有所谓的八思巴文，那是在元世祖至正年间创立的。在忽必烈看来，当时大元帝国各项制度建设已经比较完善，而文字尚且借助畏兀字母体系，有点不成体统，于是请求他最为尊敬的宗教导师、大元首任帝师——藏传佛教萨迦派教主八思巴创立蒙古新字（故称八思巴文）。至元六年（1269），八思巴字创制成功，忽必烈非常高兴，为八思巴加尊号为"皇天之下一人之上开教宣文辅治大圣至德普觉真智佑国如意大宝法王西天佛子大元帝师"，并诏令天下，凡降诏皆用蒙古新字，而各以其国字副之。元世祖以国家政权的力量推行蒙古新字，官方文件都强制使用八思巴文。以现存文献来考察，八思巴文有一套相当成熟的音韵系统，足以表达蒙古语言的诸般音韵变化，但由于畏兀蒙古字已经投入使用半个世纪以上，为一般蒙古族人所习用，民间使用的蒙古文还是以畏兀字书写为多。

蒙古文字创立之后，不仅蒙古族人加以学习，许多汉族人士也加入学习队伍之中，因为学会这种统治者的官方文字，无疑对仕途发展有利。史料中不乏汉臣因为懂得蒙古语言文字而备受皇帝青睐的例子，其尤著者为贺仁杰、贺胜、贺惟一祖孙三代，贺氏因为精通蒙古语言文字,一直被委以重任,以至其家族世袭上都留守的要职。当然这种汉人学习蒙古语言文字的过程,也不是一直没有遇到过阻力的。据《元史》卷182《许有壬传》记载:"顺帝至元中,禁汉人、南人勿学蒙古、畏吾字书。"后至元年间乃蒙古守旧贵族伯颜独揽大权的时期,这位权臣对汉人倍加猜忌,曾提出过诛杀李王张赵刘五大姓汉人的荒谬建议,他生怕汉族人士学会蒙古文字对蒙古国族不利,因此希望加以禁止。幸亏有汉人中书参知政事许有壬据理力争,才使成命收回。

3.2　学校教育的兴起

有了文字,蒙古民族的文化发展从此插上了翅膀,也使得学校教育有了实现的可能。蒙元时期的蒙古族学校教育可以分成中央的国子学系统和地方学校系统,这两个系统相辅相成,对提高蒙古族文化发展起到了非常重要的作用,也加速了蒙古族和汉族之间的文化互动。大量的元代蒙古族文学家正是通过学校教育读书识字,掌握了与汉族文士交流的语言文字工具,从而走上使用汉文创作的道路,尤其是元代中后期的蒙古文士几乎莫不经由学校教育而学习汉文。

3.2.1　燕京国子学的开办

国子学是我国封建社会历朝历代培植贵胄子弟的机构,有时与太学并立,有时独立存在。国子学不仅承担教育的任务,还具有重大的政治意义,其兴衰变化往往可以反映出一个朝代文化教育的发展历程。

蒙古入主中原,占据金朝故土,其政权组织形式多仿效金朝。金朝是女真贵族建立的征服王朝,和一般汉族王朝有所不同,在教育方面,需要兼顾汉文化教育和本民族文化教育,金朝统治者设有国子学、太学及女真国子学。金代国子学招收三品以上官员子弟,太学招收五品以上官员子弟,均不拘种族,讲授内容为汉文经典与辞赋;女真国子学则以女真子弟为招生对象,以女真语文授课。元代不设太学,但分设国子学、蒙古国子学、回回国子学。国子学兼收各族官员子弟,以汉文典籍进行教学;蒙古和回回国子学的学生也不限种族,但分别以蒙古和波斯语文授课,充分体现了元代文化多元的特色。

　　开办国子学延请汉族儒士教授蒙古子弟是蒙古统治者提倡学习汉文化的重要举措,其影响非常深远,这一意义重大的制度建设是在第二任蒙古大汗窝阔台的手中完成的。早在大蒙古国时期太宗五年(1233),窝阔台就诏谕燕京官员朵罗歹、石抹咸得不及十投下官员,挑选蒙古子弟18人与汉人子弟22人,在燕京开办了国子学。关于燕京国子学的情况,《元史·选举志》有简要记载:"太宗六年癸巳,以冯志常为国子总教,命侍臣子弟十八人入学。"又说:"国初,燕京始平,宣抚王楫请以金枢密院为宣圣庙。太宗六年,设国子总教及提举官,命贵臣子弟入学受业。"但熊梦祥《析津志》的记载为:"太宗五年癸巳,初立四教读,以蒙古子弟令学汉人文字,仍以燕京夫子庙为国学。"《析津志》还引录了《蛇儿年六月初九日圣旨》石刻原文,介绍的情况更为详细:

　　皇帝圣旨:道与朵罗歹、咸得不、绵思哥、胡土花小通事、合住、迷速门,并十役管匠人官人,这必者赤一十个孩儿,教汉儿田地里学言语文书去也。不选。但是,可以学底公事呵也。教学者,宣谕文字。但是你每官人底孩儿每,去底十八个蒙古孩儿门根底,你每孩儿每内,更拣选二十二个做牌子,一同参学文书弓箭者。若这二十个孩儿内,却与歹底孩儿,好底孩儿隐瞒下底,并断案打曳罪戾。这孩儿每学得汉儿每言语文书会也,你每那孩儿亦学底蒙古言语弓箭也会也。粘哥千僧奴底孩儿亦一同学者,若底学会呵,不是一件立身大事那甚么!教陈时可提领选拣好秀才二名管勾,并见看守夫子庙道人冯志亨,及约量拣选好秀才二,通儒道人二名,分作四牌子教者。

　　该石刻圣旨是典型的元代硬译文体,大概意思是令燕京官员选择优秀汉人子弟22人,与选送来的蒙古子弟18人一起学习。蒙古子弟学习汉人语言文字,汉人子弟则学习蒙古语言及弓箭。这样的教学以语言文字为主,重在培养翻译人才,学校规模也比较小,但为日后大规模办学积累了经验,对蒙汉文化交流起到了良好的推动作用。

　　到了忽必烈时代,各项典章制度都比较健全,朝中文化教育人才

众多,蒙古国子学建立起来,国子学也开始步入正轨,元代官办教育得到飞速发展。据《元史》卷81《选举一·学校》记载:

> 世祖至元八年春正月,始下诏立京师蒙古国子学,教习诸生,于随朝蒙古、汉人百官及怯薛歹官员,选子弟俊秀者入学,然未有员数。以《通鉴节要》以蒙古语言译写教之,俟生员习学成效,选子弟俊秀者入学,出题试问,观其所对精通者,量授官职。

蒙古国子学设立于至元八年(1272),并不是只针对蒙古子弟,而是兼收蒙汉学生,但教学用的是蒙古语文,这些学生如果学业有成,就有机会直接获得官职,这里好像有些宋代"三舍法"[1]的影子。元朝国子学的正式创办反而要比蒙古国子学晚。如前所述,太宗五年(1233)即以冯志常为国子学总教,以燕京宣圣庙址立国学,但彼时尚无定制。世祖至元七年(1271),即忽必烈定国号为"元"开始以中华正统自居的那年,朝廷曾命侍臣子弟11人到上述燕京宣圣庙国学入学,而以许衡、王恂等汉儒为之师。国子学的定制是在至元二十四年(1288),根据《元史》卷81《选举一·学校》记载:

> 设博士,通掌学事,分教三斋生员,讲授经旨,是正音训,上严教导之术,下考肄习之业。复设助教,同掌教事,而专守一斋;正、录,申明规矩,督习课业。凡读书必先孝经、小学、论语、孟子、大学、中庸,次及诗、书、礼记、周礼、春秋、易。博士、助教亲授句读、音训,正、录、伴读以次传习之。讲说则依所读之序,正、录、伴读亦以次传习之。次日,抽签,令诸生复说其功课。对属、诗章、经解、史评,则博士出题,生员具稿,先呈助教,俟博士既定,始录附课簿,以凭考校。其生员之数,定二百人,先令一百人及伴读二十人入学。其百人之内,蒙古半之,色目、汉人半之。

国子学创立初期的100名学生中,蒙古子弟竟然占了一半,而色

---

〔1〕三舍法,是北宋王安石变法科目之一,即用学校教育取代科举考试。具体为:把太学分为外舍、内舍、上舍三等,外舍2000人,内舍300人,上舍100人。官员子弟可以免考试即时入学,而平民子弟需经考试合格入学。"上等以官,中等免礼部试,下等免解。"后来地方官学也推行此法,反映了班级教学的特色。这一改革措施,事实上将太学变成了科举的一个层次,学校彻底变成了选官制度的一个组成部分。

目、汉人分别只占四分之一。想一想元代社会的不同民族人口构成情况,这一比例是严重失调的。根据学者赵文林、谢淑君《中国人口史》的研究,至元二十七年(1290)的全国人口在7530万左右。在如此众多的人口中,汉族(包括"汉人"的大部分和"南人"的大部分)是绝对的主体,进入中原的蒙古族人只有三四十万,不到总人口数的二十分之一,但是在作为全国最高学府的国子学中,却要占到一半的名额。这无疑是统治民族在行使他们的特权,照顾本族学子。这种明显的倾斜政策给蒙古子弟带来了教育上的便利条件,使他们更容易接受最好的教育。如后文我们将谈到的蒙古族文士拜住,就曾在国子学就读,得到一代大儒黄溍的精心指导,后来在科举考试中大放异彩,成为一名状元郎。

3.2.2 不忽木兴学之议

元代蒙古族学校教育的兴盛,离不开一位蒙古化的色目人士的建言献策,他就是不忽木,元代中前期政坛举足轻重的康里族政治家。不忽木向元世祖忽必烈上疏建议兴学时,尚且是一名国子学生。根据《元史》卷130《不忽木传》的记载:

至元十三年,(不忽木)与同舍生坚童、太答、秃鲁等上疏曰:

臣等闻之《学记》曰:"君子如欲化民成俗,其必由学乎!""玉不琢不成器,人不学不知道。"故古之王者,建国君民,教学为先。盖自尧、舜、禹、汤、文、武之世,莫不有学,故其治隆于上,俗美于下,而为后世所法。降至汉朝,亦建学校,诏诸生课试补官。魏道武帝起自北方,既定中原,增置生员三千,儒学以兴。此历代皆有学校之证也。

臣等今复取平南之君建置学校者,为陛下陈之。晋武帝尝平吴矣,始起国子学。隋文帝尝灭陈矣,俾国子寺不隶太常。唐高祖尝灭梁矣,诏诸州县及乡并令置学。及至太宗数幸国学,增筑学舍至千二百间,国学、太学、四门学亦增生员,其书、算各置博士,乃至高丽、百济、新罗、高昌、吐蕃诸酋长亦遣子弟入学,国学之内至八千余人。高宗因之,遂令国子监领六学:一曰国子学,二曰太学,三曰四门学,四曰律学,五曰书学,六曰算学,各置生徒有差,皆承高祖之意也。然晋之平吴得户五十二万而已,隋之灭陈得郡县五百而已,唐之灭梁得户六十余万而已,而其崇重学校已如此,况我堂堂大国,奄有江岭之地,计亡宋之户不下千万,此陛下神功,自古未有,而非晋、隋、唐之所敢比也。然学校之政,尚未全举,臣窃惜之。

臣等向被圣恩,俾习儒学。钦惟圣意,岂不以诸色人仕宦者常多,蒙古人仕宦者尚少,而欲臣等晓识世务,以任陛下之使令乎?然以学制未定,朋从数少,譬犹责嘉禾于数亩,求良骥于数马,臣等恐其不易得也。为今之计,如欲人才众多,通习汉法,必如古昔遍立学校然后可。若曰未暇,宜且于大都弘阐国学。择蒙古人年十五以下、十岁以上质美者百人,百官子弟与凡民俊秀者百人,俾廪给各有定制。选德业充备足为师表者,充司业、博士、助教而教育之。使其教必本于人伦,明乎物理,为之讲解经传,授以修身、齐家、治国、平天下之道。其下复立数科,如小学、律、书、算之类,每科设置教授,各令以本业训导。小学科则令诵读经书,教以应对进退事长之节;律科则专令通晓吏事;书科则专令晓习字画;算科则专令熟闲算数。或一艺通然后改授,或一日之间更次为之。俾国子学官总领其事,常加点勘,务要俱通,仍以义理为主,有余力者听令学作文字。日月岁时,随其利钝,各责所就功课,程其勤惰而赏罚之。勤者则升之上舍,惰者则降之下舍,待其改过则复升之。假日则听令学射,自非假日,无故不令出学。数年以后,上舍生学业有成就者,乃听学官保举,蒙古人若何品级,诸色人若何仕进。其未成就者,且令依旧学习,俟其可以从政,然后岁听学官举其贤者。能者,使之依例入仕。其终不可教者,三年听令出学。凡学政因革、生员增减,若得不时奏闻,则学无弊政,而天下之材亦皆观感而兴起矣。然后续立郡县之学,求以化民成俗,无不可也。

臣等愚幼,见于书、闻于师者如此,未敢必其可行,伏望圣慈下臣此章,令诸老先生与左丞王赞善等,商议条奏施行,臣等不胜至愿。

这篇奏疏被元史研究者称为《兴举学校疏》。不忽木虽为康里人，但其家族从祖父海蓝伯开始，就追随成吉思汗黄金家族，不忽木之父燕真幼时还曾被拖雷嫡妻唆鲁禾帖尼鞠养，蒙古化程度很深，受到蒙古国族一般的待遇。不忽木在这样的环境中长大，对蒙古民族自然充满认同感。不忽木与坚童、太答、秃鲁这些蒙古子弟一起，在国子学师从汉儒许衡、王恂等，学习儒家经典，对教育的重要性有着深刻的认识，对中国封建王朝官办教育的发展历程也有了比较透彻的了解。他们站在维护蒙古族自身利益、希望元朝长治久安的立场，向忽必烈上此奏疏，希望这位最高统治者能够充分重视学校教育，建立和完善元代的中央和地方官学系统。从后来的史实来看，不忽木的这些建议大部分是得到忽必烈的采纳的。

这篇奏疏，对推进元朝学校教育体系的建设发挥了一定的作用。元朝国子学的制度完善，不忽木有不小的功劳。

3.3 科举的复兴

学校教育的广泛推行，对蒙古民族整体文化修养的提高起到了非常重要的作用。一方面，它为蒙古子弟培养文字使用能力，使蒙古民族中能读会写者大量增加，从而使蒙古口头文学有机会通过文人加工实现书面化，也会有不少使用蒙古语文的作家从口头文学中吸取营养开展更多的创作，蒙古文学因此得到数量和质量双双提升的机会。另一方面，蒙古语文学校教育系统中的师长和学生，并不是仅有蒙古本族人，而是还有大量其他民族的文士担任教学职务，以及前来学习蒙古语文的异族子弟，这本身就是一个民族融合的小熔炉。而且教学语言虽为蒙古的，但教学内容却是大多译自汉族文化经典，这样在蒙古学校就读的学生，他们在精神上其实也受到汉文化的潜移默化，这就为他们日后与占文坛主体地位的汉族文士进行交流扫除了障碍。

科举的复兴则对蒙古文人提高汉文写作能力提供了极大的推动

·欧·亚·历·史·文·化·文·库·

力。从国子学中选拔出来进入仕途的蒙古学子毕竟人数不多,而且出仕起点一般不会太高。相比之下,科举考试的成功者则要荣耀得多,很多蒙古进士仕途都非常顺遂。"一举成名天下闻"的精神荣誉和物质利益,刺激了大量蒙古子弟刻苦学习儒家经典,努力锻炼写作能力。

是否复兴科举,是在忽必烈时代就屡次被提起讨论的一个热门话题,然而一直没有得到一个有力的结论。半个世纪过去了,历史将复兴科举的使命交到了元仁宗爱育黎拔力八达手上。这位热衷汉文化的皇帝上台之后,首先铲除武宗朝遗留下来的尚书省及其中的一批顽固守旧蒙古贵族,为革新政治扫除了障碍,随即提拔自己的老师汉臣李孟为中书省平章政事,并召回郝天挺等一批儒臣加以重用,使得汉法在中书省占据上风。所以他颁布复科诏书,没有受到任何阻挠。《元史》卷81《选举一·科目》录有该诏书:

> 惟我祖宗以神武定天下,世祖皇帝设官分职,征用儒雅,崇学校为育材之地,议科举为取士之方,规模宏远矣。朕以眇躬,获承丕祚,继志述事,祖训是式。若稽三代以来,取士各有科目,要其本末,举人宜以德行为首,试艺则以经术为先,词章次之。浮华过实,朕所不取。爰命中书,参酌古今,定其条制。其以皇庆三年八月,天下郡县,兴起贤者能者,充赋有司,次年二月会试京师,中选者朕将亲策焉。具合行事宜于后:
>
> 科场,每三岁一次开试。举人从本贯官司于诸色户内推举,年及二十五以上,乡党称其孝悌,朋友服其信义,净明行修之士,结罪保举,以礼敦遣,贡诸路府。其或徇私滥举,并应举而不举者,监察御史、肃政廉访司体察究治。
>
> 考试程式:蒙古、色目人,第一场经问五条,大学、论语、孟子、中庸内设问,用朱氏章句集注。其义理精明,文辞典雅者为中选。第二场策一道,以时务出题,限五百字以上。汉人、南人,第一场明经经疑二问,大学、论语、孟子、中庸中出题,并用朱氏章句集注,复以己意结之,限三百字以上;经义一道,各治一经,诗以朱氏为主,尚书以蔡氏为主,周易以程氏、朱氏为主,已上三经,兼用古注疏,

春秋许用三传及胡氏传,礼记用古注疏,限五百字以上,不拘格律。第二场古赋诏诰章表内科一道,古赋诏诰用古体,章表四六,参用古体。第三场策一道,经史时务内出题,不矜浮藻,惟务直述,限一千字以上成。蒙古、色目人,愿试汉人、南人科目,中选者加一等注授。蒙古、色目人作一榜,汉人、南人作一榜。第一名赐进士及第,从六品,第二名以下及第二甲,皆正七品,第三甲以下,皆正八品,两榜并同。

所在官司迟误开试日期,监察御史、肃政廉访司纠弹治罪。

流官子孙荫叙,并依旧制,愿试中选者,优升一等。

在官未入流品,愿试者听。若中选之人,已有九品以上资级,比附一高,加一等注授。若无品级,止依试例从优铨注。

乡试处所,并其余条目,命中书省议行。

於戏!经明行修,庶得真儒之用;风移俗易,益臻至治之隆。咨尔多方,体予至意。

这份诏书从继承祖先遗志的角度出发,讲明科举的重要意义,并对科举的一些重要制度作了规定。中书省很快制定出具体执行的条目,对科举的时间安排和名额分配详加说明:

乡试,八月二十日,蒙古、色目人,试经问五条;汉人、南人,明经经疑二问,经义一道。二十三日,蒙古、色目人,试策一道;汉人、南人,古赋诏诰章表内科一道。二十六日,汉人、南人试策一道。

会试,省部依乡试例,于次年二月初一日试第一场,初三日第二场,初五日第三场。

御试,三月初七日,前期奏委考试官二员、监察御史二员、读卷官二员,入殿廷考试。每举子一名,怯薛歹一人看守。汉人、南人,试策一道,限一千字以上成。蒙古、色目人,时务策一道,限五百字以上成。

乡试,行省一十一:河南,陕西,辽阳,四川,甘肃,云南,岭北,征东,江浙,江西,湖广。宣慰司二:河东,山东。直隶省部路分四:真定,东平,大都,上都。

天下选合格者三百人赴会试,于内取中选者一百人,蒙古、色目、汉人、南人分卷考试,各二十五人。蒙古人取合格者七十五人:大都十五人,上都六人,河东五人,真定等五人,东平等五人,山东四人,辽阳五人,河南五人,陕西四人,甘肃三人,岭北三人,江浙五人,江西三人,湖广三人,四川一人,云南一人,征东一人。

元代科举最鲜明的特色无过于在不同族群间的名额分配。根据葛剑雄《中国人口发展简史》的研究,元代中期全国总人口在 9000 万左右,其中绝大多数为汉人和南人,进入中原内地的蒙古族人不过三四十万,他们也和人数以千万计的汉人、南人一样获得每科 75 名进士的份额,这当然是统治民族得到的特别照顾。蒙古族最高统治者希望以科举为杠杆,使本民族文化教育取得更大的进展。而此后的历史事实告诉我们,他们的做法是非常成功的。

自元仁宗延祐二年(1315)首科到元顺帝至正二十六年(1366)末科,除去顺帝后至元年间因守旧贵族权相伯颜秉政暂停两科,元代先后开科 16 次,每科额定取 100 人,但大多年份名额不满,16 科共录取进士 1139 人。按照规定每科蒙古族人占四分之一,所以整个元代录取的蒙古进士在 300 人左右。元代进士的登科录、题名碑之类史料存世甚少,其中只有《元统元年进士录》载有进士的姓名、族别、籍贯、家世等详细信息,使得这一科的蒙古族进士比较容易考证。另外尚有 3 种材料只载有姓名和登科名次,由于蒙古、色目人名相近,且部分蒙古人使用汉式姓名,导致这些姓名之中哪些为蒙古族,已经很难分辨,只能在浩如烟海的历史记载中加以考求,这对我们全面了解元代蒙古族进士的情况造成了很大困难。

元代科举,为了体现国族的优越地位,各科右榜进士只能是蒙古人,正如元人程端礼《送朵郎中使还序》中所云,"惟蒙古生得为状元,尊国人也"。故此,元代共产生 16 名蒙古族状元,《元史》卷81《选举一》及卷92《百官八》附录中有记载,这些状元分别为:

护都沓儿,延祐二年(1315)状元;

忽都达儿,延祐五年(1318)状元;

达普化,至治元年(1321)状元;

八剌,泰定元年(1324)状元;

阿察赤,泰定四年(1327)状元;

笃列图,至顺元年(1330)状元;

同同,元统元年(1333)状元;

拜住,至正二年(1342)状元;

普颜不花,至正五年(1345)状元;

阿鲁辉帖木儿,至正八年(1348)状元;

朵列图,至正十一年(1351)状元;

薛朝晤,至正十四年(1354)状元;

倪征,至正十七年(1357)状元;

买住,至正二十年(1360)状元;

宝宝,至正二十三年(1363)状元;

赫德溥化,至正二十六年(1366)状元。

　　这16位状元郎,可谓蒙古族在中国科举史上的第一批成功者,他们的名字有幸被历史铭记。但是同为状元及第,他们影响力的差别很大。有的比较幸运,有比较完整的生平事迹传世,如忽都达儿、达普化、笃列图、普颜不花等。忽都达儿,作为第二科右榜状元,知名度较高,此人有散文传世,第8章我们会详细介绍。达普化,即泰不华(达普化为原名,泰不华为元文宗赐名),为元代蒙古进士之中文学成就最高者,活跃于元代后期文坛,与当时名家多有交往,关于他的文献资料甚多,第6章会有专节论述。笃列图,少年登科,受到当时著名文臣马祖常的爱重,妻以其妹,却因为英年早逝而功业不显,元末文人王逢曾作《故内御史捏古氏笃公挽词》,并有序文简述笃列图生平经历。普颜不花则于至正初年登第,且出身勋贵世家,仕途比较顺遂,江淮红巾军起,他受命以江南经略使身份与治书侍御史李国凤一道经略江南,所在多有战功,至正二十七年(1367)战死益都(今山东青州),尽忠殉职,因此被列入《元史·忠义传》。

　　还有一些状元,则声名不彰,仅在史籍中留有一鳞半爪的印记。如护都沓儿、阿察赤、同同、拜住、朵列图、薛朝晤等。护都沓儿曾跋王羲之《快雪时晴帖》，后署名"延祐五年四月三日，赐进士及第、翰林待制、承直郎兼国史院编修官护都沓儿奉敕恭跋"。护都沓儿在翰林院任职，应该与其状元身份有一定关系。阿察赤，曾被元中期著名文臣欧阳玄《喜门生中状元诗》的诗序中提到："泰定丁卯八月十二日崇天门传胪赐进士，右榜第一人阿察赤、左榜第一人李黼，皆肄业国学日新斋，余西厅授业生也。"则阿察赤出身国子学，乃名师之高足。同同，据《元统元年进士录》记载，出身于真定（今河北正定）普通军户，登科之后，授集贤修撰，他曾参与《西湖竹枝集》唱和，第7章我们将会述及。拜住的生平在元代文献之中较为隐晦，但桂栖鹏《元代蒙古状元拜住事迹考略》[1]一文，征引郑麟趾《高丽史》，考出其颇具传奇色彩的经历。拜住，字明善，逊都思氏，出身仕宦家庭，及第前曾在国子学学习，历任南台监察御史、山东廉访司佥事，仕至枢密副使。晚年流寓高丽，高丽恭愍王赐名韩复，在高丽仕至进贤馆大学士，为中朝文化交流作出了一定贡献。朵列图的情况，据萧启庆《元至正十一年进士题名记校补》研究，他字仲容，籍贯为济宁路，家世簪缨，其父尝为黄岩州达鲁花赤。朵列图及第后，得授集贤修撰、承务郎，至正十七年（1357）五月，自翰林待制擢为兵部郎中，宣慰江南，还朝升任某部尚书，卒于至正二十年（1360）前后。薛朝晤，在《福建金石志》中能够找到他的身影，可知他字子颙，至正二十五年（1365）活动于福建一带，与后来为元守节的色目文人王翰为好友。

此外的6位状元——八剌、阿鲁辉帖木儿、倪征、买住、宝宝、赫德溥化则文献无征。其中后4位为末四科状元，当时天下大乱，南北阻绝，元代科举考试已是惨淡经营，得士质量明显下滑，且元朝很快就宣告结束，使得这些本该风光之极的状元郎也变得籍籍无名，他们是否进行过文学创作也不得而知。

状元尚且如此，一般的蒙古进士就更难青史留名了。前面已经说

---

〔1〕见桂栖鹏《元代进士研究》附录。

到,元代十六科,所取蒙古进士在 300 人左右,至今有事迹可考者除上述状元外,只有 30 余人。萧启庆《元统元年进士录校补》和桂栖鹏《元代进士研究·元代的蒙古进士》中有专门考证,因这些进士多无作品传世,难以确定其文学家身份,兹不一一赘述。唯月鲁不花兄弟、达溥化及答禄与权等人文学创作实绩较大,下文会有详细论述。

顾嗣立在《元诗选·初集》庚集的泰不华小传中说:"自科举之兴,诸部子弟,类多感励奋发,以读书稽古为事。"元代十六科共取士 1100 多名,其中蒙古族约占四分之一,接近 300 人。而天下每科乡试取 300 人赴京会试,乡试登榜而会试、廷试落选的蒙古士子起码 3 倍于进士及第的幸运儿,而那些在乡试中不幸失败的士子可能 10 倍于此。科举的诱惑,使得上万蒙古子弟埋首经籍、投身场屋,企图通过学问来换取官位,对于蒙古族人学习汉文化具有极大的推动作用。

4　元代帝王诗人

　　长期以来,在元代文学研究领域存在一个误区,即认为元代蒙古人粗朴无文,蒙古族文学无甚轻重,因此,对元代蒙古族文学家的研究一直没有得到足够的重视,而元代帝王中的文学家更是无人问津。近年来,元代历史研究领域不断取得进展,研究者对一些原本有了"定论"的问题有了新的认识,元代蒙古族在文学领域取得的成绩日渐引起学界的关注。我国台湾著名学者萧启庆先生,长期致力于元代历史研究,对元代蒙古人的汉化问题用功很深,其《元代蒙古人的汉学》、《元代蒙古人的汉化》等一系列论文,为元代文化、文学研究打开了新的视角,引起国内外元史学界的重视。台湾学者姜一涵的专著《元代奎章阁及奎章人物》,也在学界引起一定的反响。内地从事元代文学研究的学者,也逐渐解放思想、打破藩篱,用更全面、更客观的视角,来看待元代蒙古族文学家取得的成就,对元代皇室的文学成就也开始重视起来。中央民族大学云峰教授,作为一名蒙古族学者,在这方面用功尤勤,在其一系列著作《蒙汉文学关系史》、《元代蒙汉文学关系研究》中,以丰富的材料、新颖的思路,论证了元代蒙古族文学家取得的巨大成就,并专门对元代皇室中的诗人进行介绍。本章是在前哲的基础上,从不同朝代比较的角度,重新审视一向被认为未能成功汉化的元代帝王的汉文创作成就。

4.1　历代帝王诗歌略说

　　"秦王扫六合,虎视何雄哉!"秦始皇统一六国,自认为功迈三皇、德逾五帝,于是去掉王号,改称始皇帝,建立起专制的中央集权制度。皇帝作为封建国家的最高统治者,在历史的发展过程中有其不可低估的特殊作用。在文学发展史上,我们也可以看到,帝王的喜好和倡导往往会对一个朝代的文学发展起到一定的推动作用。我国历史上还有一些帝王亲自进行文学创作,留下不少值得传诵的作品,为自己赢得在文学史上的地位。在我国,诗歌一直是主流文学表达形式,很多帝王也都选择诗歌作为文学创作的主要领域。纵观古代诗歌史,自汉朝以后,几乎历朝历代都有帝王诗人点缀华夏诗坛。

现存最早的皇帝诗作是汉高祖刘邦的《大风歌》:

大风起兮云飞扬,威加海内兮归故乡,安得猛士兮守四方!

此诗质朴自然,不假雕饰,自有一种开国帝王的慷慨气象。相比之下,其竞争对手——一度号令天下的西楚霸王项羽的《垓下歌》则显得儿女情长、英雄气短:

力拔山兮气盖世,时不利兮骓不逝。骓不逝兮可奈何,虞兮虞兮奈若何!

一代雄主汉武帝不仅武功赫赫,而且能诗善文,其名作《秋风辞》:

秋风起兮白云飞,草木黄落兮雁南归。兰有秀兮菊有芳,怀佳人兮不能忘。泛楼船兮济汾河,横中流兮扬素波。箫鼓鸣兮发棹歌,欢乐极兮哀情多。少壮几时兮奈老何!

此诗载于旧题班固撰《汉武故事》,据称为武帝行幸汾阴(在今山西万荣县),泛舟汾水,与群臣宴于舟中时所作。词气清壮深婉,不失帝王风度。

降至魏晋,帝王诗人屡见不鲜,如魏代的"三祖陈王",均为当时文坛重要诗人,其中尤以与帝位失之交臂的曹植成就最高,足称中国诗史上的第一流人物。曹氏家族的成就广为人知,相关研究成果很多,这里恕不赘述。

此后的宋齐梁陈,帝王多称能诗,而梁陈"宫体"盛行,像梁简文帝《咏内人昼眠诗》与陈后主《玉树后庭花》那样的绮靡侧艳之作,一向被认为是典型的亡国之音。正如唐人李山甫在《上元怀古》一诗中所嘲笑的那样:"南朝天子爱风流,尽守江山不到头。总是战争收拾得,却因歌舞破除休。"

·欧·亚·历·史·文·化·文·库·

与南朝对峙的北方政权,则由射生饮血的游牧民族所建立,所谓"五胡乱华",固然使中原农业区域受到一定程度的冲击,其实也是民族融合的一次崭新契机。匈奴、鲜卑、羯、氐、羌,你方唱罢我登场,16个地域性政权相继覆灭,而崛起于朔漠的鲜卑拓跋氏统一了中国北方,建立了北魏。正如恩格斯的科学论断,"野蛮的征服者总是被那些他们所征服的民族的较高文明所征服",北魏统治者接触到中原农耕文明之后,便被深深吸引。英明果断的孝文帝拓跋宏改用汉姓"元",并离开塞外高寒之地,自平城(今山西大同)迁都洛阳(今属河南),以中原正统继承者自居。几代以后,元魏帝室已经摆脱了大漠风沙的粗豪之气,出现了能诗者,如孝庄帝有《临终诗》:

> 权去生道促,忧来思路长。怀恨出国门,含悲入鬼乡。隧门一时闭,幽庭岂复光。思鸟吟青松,哀风吹白杨。昔来闻死苦,何言身自当。

此诗为孝武帝为叛臣尔朱兆所弑前吟咏,直抒胸臆,辞意悲苦,极写傀儡皇帝的无奈之感。

此外尚有节闵帝的《朱门久可患》:

> 朱门久可患,紫极非情翫。颠覆立可待,一年三易换。时运正如此,唯有修真观。

节闵帝死于军阀高欢之手,与孝武帝同病相怜,诗作中也是同样的伤感滋味。

同样由鲜卑族建立的北周政权,据有关陇之地,其帝室亦有能诗者。如北周明帝有《和王褒咏梅花》:

> 玉碗承花落,花落碗中芳。酒浮花不没,花含酒更香。

王褒为陷身北朝的江南文士,明帝以帝王之尊亲自与降臣唱和,足见其对文学的喜爱。

隋朝灭陈之后,江山一统,南北文学得到重新融合的契机。隋炀帝这位历史上著名的昏君,却深得江南文风熏陶,擅长清绮之音,如那联"寒鸦飞数点,流水绕孤村",无疑是北宋词人秦观千古名句"斜阳外,寒鸦数点,流水绕孤村"的源头所在。隋炀帝作诗很多,佳句还有不少。

唐代很多制度都是沿用隋代旧制,好像连帝王作诗也受前代影响。千古雄主唐太宗,青年登基,也曾受到宫体诗的影响,诗风清丽。他还曾因喜作艳诗,受到近臣谏止。不过唐代毕竟气魄宏伟,远非杨隋可比,一如李白所言:"圣代复元古,垂衣贵清真。"唐太宗留下的100余首诗歌中绝大部分都是浩然正大之作,具有帝王风范,如《赠萧瑀》:

> 疾风知劲草,板荡识诚臣。勇夫安识义,智者必怀仁。

特别值得一提的是,中国历史上唯一的女皇帝武则天也热心奖掖文学之士,如著名诗人宋之问就是她的文学侍从。而且武则天本人亦能诗善赋,著有《金轮集》、《垂拱集》等,可惜今已散佚,只有少量诗作保存在《全唐诗》中。她的诗作如《早春夜宴》:

> 九春开上节,前门敞夜扉。兰灯吐新焰,桂魄朗圆辉。送酒惟须满,流杯不用稀。务使霞浆尽,方乘泛洛归。

该诗描写夜宴之奢靡,颇具太平太子之雍容风度,真可谓"休言女子非英物"、"一代红妆照汗青"!

唐代帝王能诗者尚多,如开创开元盛世的唐玄宗,在他的统治时期,我国古典诗歌的双子星座李白、杜甫辉映一世,为千秋后世所艳称。唐玄宗本人精通音律,雅好诗文,他的《经邹鲁祭孔子而叹之》历来广为传诵,后来入选清代蘅塘退士选编的《唐诗三百首》:

> 夫子何为者,栖栖一代中。地犹鄹氏邑,宅即鲁王宫。叹凤嗟身否,伤麟怨道穷。今看两楹奠,当与梦时同。

此诗为开元中期所作,当时的玄宗任用贤相张九龄等,励精图治,亲赴邹鲁祭奠先圣,在孔庙前抒发感想。

五代十国,群雄割据,生灵涂炭,但也有一些国家注重文学,如南唐、西蜀等南方小国的君主,大多擅长诗词。最著名的莫过于南唐后主李煜,一首《虞美人》将家国之恨、身世之感写得凄美无比:

> 春花秋月何时了,往事知多少。小楼昨夜又东风,故国不堪回首月明中。　雕栏玉砌应犹在,只是朱颜改。问君能有几多愁,恰似一江春水向东流!

正所谓"亡国之音哀以思"！作为开国之君的宋太祖赵匡胤就很不欣赏这样的声调，据陈岩肖《庚溪诗话》记载，赵匡胤未登帝位之前，写过《咏初日》：

> 太阳初出光赫赫，千山万山如火发。一轮顷刻上天衢，逐退群星与残月。

此诗末二句气势威猛，俨然有唯我独尊、剪灭群雄之意，故此宋代文人一向将它当做诗谶加以揄扬。

赵宋天下，得之于7岁幼儿后周恭帝柴宗训之手，又丢在同为7岁幼儿的宋恭帝赵㬎手中。这位小皇帝向蒙元统帅伯颜的大军投降并被遣送大都，由元世祖降封瀛国公，在新王朝的都城里，写下了《在燕京作》这样凄楚的诗篇：

> 寄语林和靖，梅花几度开。黄金台下客，应是不归来。

此诗载于元人陶宗仪《南村辍耕录》，诗后陶氏评曰："始终二十字，含蓄无限凄戚意思，读之而不兴感者几希！"也许正是因为这位前朝皇帝的故国之心不改，所以虽然他后来做了和尚，避居吐蕃，几十年后还是被元英宗遣人杀害。

契丹人兴起于辽东之地，经过几百年的长足发展，至耶律阿保机（就是后来的辽太祖）时国势昌隆，于916年建立契丹国（后一度改称大辽），占据大漠南北。辽太宗得到后晋石敬瑭所献的燕云十六州之地，与汉文化接触日益增多，经过百年涵育，至辽圣宗耶律隆绪时国势达到全盛。辽圣宗注意学习汉文化，《辽史》卷10《圣宗本纪》称他"幼喜书翰，十岁能诗"，他推崇唐代诗人白居易，曾言"乐天诗集是吾师"，自作诗500余首，可惜绝大多数今天已经亡佚，流传下来的有《传国玺诗》：

> 一时制美宝，千载助兴王。中原既失鹿，此宝归北方。子孙宜慎守，世业当永昌。

该诗表达了得到传国玉玺的喜悦心情，俨然一副守业之君的口吻。

辽兴宗耶律宗真、辽道宗耶律洪基父子均汉文修养甚深，以能诗称。如兴宗有《以司空大师不肯赋诗以诗挑之》：

为避绮吟不肯吟,既吟何必昧真心。吾师如此过形外,弟子争
能识浅深。

这位皇帝不惮其烦亲自作诗以向高僧索诗,可见其对诗歌的喜爱
程度。

道宗有诗集《清宁集》,惜乎失传。其《题李俨黄菊赋》云:

昨日得卿黄菊赋,碎剪金英填作句。至今襟袖有余香,冷落秋
风吹不去。

此诗语言虽然直白,尚属清丽可喜。

女真人原为生活在辽海丛林里的渔猎之民,因不堪辽代统治者横
征暴敛,在完颜阿骨打(金太祖)率领下起兵反抗,以少胜多,越战越
强,十数年之间,联宋灭辽进而挥兵伐宋,占据中原河山。女真子孙进
入中华内地,濡染华风,多习儒业、攻诗书,金代统治者的汉化程度之
深,是深得后世认同的。如太祖之孙,杀死堂兄熙宗自立为帝的金海陵
王完颜亮,未夺得帝位时,曾写过《书壁述怀》:

蛟龙潜匿隐沧波,且与虾蟆作混合。等待一朝头角就,撼摇霹
雳震山河。

该诗语言虽不雅驯,但一种满带野性的雄健之气跃然纸上,诗如
其人,野心毕露。完颜亮登上帝位,果然准备大展身手,据罗大经《鹤
林玉露》记载,金海陵曾读北宋大词人柳永描写杭州繁华的词作《望海
潮》,读到"三秋桂子,十里荷花"之句,"遂起投鞭渡江,立马吴山之
志"。此种说法虽是小说家言,但其南下的激情却是有诗为证的,如
《南征至维扬望江左》:

万里车书尽会同,江南岂有别疆封?屯兵百万西湖上,立马吴
山第一峰!

其诗颇有并吞六合的豪气,无奈其人乃一代暴君,不能抚安群下,
终至军前被弑,伐宋失败。

如果说金海陵的诗作尚带塞外民族的粗豪之气,到金代后期,帝
王的汉化程度就比较深了,文学作品也渐具中原帝王的雍容气度。如
世宗之孙章宗,在位期间推行汉法,被称为"尚志之君",他的《云龙川

欧·亚·历·史·文·化·文·库·

泰和殿五月牡丹》云：

> 洛阳谷雨红千叶,岭外朱明玉一枝。地力发生虽有异,天公造物本无私。

此诗沉着厚重,显示出包容万物的帝王气度。

其他作品如《宫中绝句》：

> 五云金碧拱朝霞,楼阁峥嵘帝王家。三十六宫帘尽卷,东风无处不杨花。

诗风明丽动人,置之汉族帝王诗作中也难以分辨。

4.2 元世祖忽必烈

上节为元代以前历朝帝王诗歌的大概。蒙古民族崛起于朔漠风沙之地,本来游牧野处居无定所,一代天骄成吉思汗横空出世,经过十数年征战,败札木合,逐王汗,攻灭蒙古高原西部的乃蛮部太阳汗,统一蒙古草原,于公元 1206 年建立起强大的大蒙古国。在此后半个世纪的时间里,蒙古铁骑西征南伐,从太宗窝阔台到其子定宗贵由,草原诸帝戎马倥偬,虽然武功赫赫,于文治一端,则未暇顾及。

公元 1251 年,在术赤系族长拔都的鼎力相助下,拖雷长子蒙哥终于将帝位从窝阔台系手中夺了过来。蒙哥登基之后,重用自己的几位同母弟:幼弟阿里不哥居守漠北本土,次弟旭烈兀被派遣西征开疆拓土,长弟忽必烈则被委以"总统漠南汉地"的重任。"上(指忽必烈)在潜邸,独喜儒士,凡天下鸿才硕学,往往延聘,以备顾问。"汉地面积广大、人口众多,忽必烈雄才大略,是一个"思大有为于天下"的人,自然牢牢抓住这样的良机,开幕府于金莲川(今河北沽源境内),延请赵复、许衡、姚枢、窦默、杨果、郝经、杨奂、商挺、李昶、徐世隆、宋子贞、王鹗、刘秉忠、张文谦、王文统、张德辉等汉族硕儒才士,协助自己推行汉法、治理汉地。虽然忽必烈的汉法改革一度遭到蒙哥汗的阻挠,但忽必烈任用儒士治理邢州(今河北邢台)取得显著成效,并在众儒士的建议下,求得京兆(今陕西省关中平原)作为封地,在汉地打下坚实的根基,他对进一步推行汉化树立了信心。机会总是眷顾有所准备的人,公元1259年蒙哥汗在进攻四川时作战受伤,并很快不治身亡,忽必烈采纳众谋士的建议,停止进攻荆湖(今湖南湖北一带)的军事行动,乘胜与南宋讲和,迅速率兵北上,依靠东道诸王[1]的拥戴,称帝于开平(今属河北),建号中统,是为元世祖。忽必烈即位后,接受刘秉忠的建议,大力建设金代旧都所在之地燕京,并改称大都[2],而以开平为上都。除了每年春夏巡幸上都外,一年大半时间居留汉地,并施行汉式朝仪以规范国族勋旧。至元八年(1271),定国号为大元,也是忽必烈推行汉化的一个重要标志,此时他俨然以华夏正统自居了。接下来的几年,元世祖加大对南宋的军事进攻力度,并于至元十三年(1276)灭宋[3],应该也是出于一种"万里车书尽会同"的大一统观念的驱使。忽必烈的汉化努力,招致蒙古守旧贵族的不满,"西北藩王遣使入朝,谓本朝旧俗与汉法异。今留汉地,建都邑城郭,仪文制度,遵用汉法,其故何如?"然而正是靠忽必烈定鼎大都,元代诸帝才得以久居汉地以浸染汉风,从而有机会在汉化的道路上继续前进。

对于元代诸帝的汉学修养,前人大多持否定态度,影响最巨的是清人赵翼的观点。他在名著《廿二史札记》中说:"元起朔方,本有语无字。太祖以来,但借用畏吾字以通文檄。世祖始用西僧八思巴造蒙古字。然于汉文,则未习也。"还举了大量的事例进行论证,其中涉及元世祖者,如引世祖本纪,至元二十三年,翰林承旨撒里蛮言:"国史院纂修太祖累朝实录,请先以畏吾字翻译进读,再付纂定。"还有见于《元史》卷160《徐世隆传》者,世祖问徐世隆以尧、舜、禹、汤为君之道,世隆取书传以对,帝喜曰:"汝为朕直解进读。"书成,令翰林承旨安藏译写以进。——既然大量文件都以畏兀书进呈,忽必烈无疑是习惯阅读畏兀文的。但是,在他名下却有一首《陟玩春山纪兴》:

---

〔1〕成吉思汗建立大蒙古国,分封诸子于帝国西境,分封诸弟于帝国东境。其弟哈撒儿、合赤温、铁木哥斡赤斤及异母弟别勒古台之后王被称为东道诸王。

〔2〕燕京于至元九年,即1272年改称大都。

〔3〕至元十三年,元军攻入杭州,南宋恭帝赵㬎出降。但一些大臣相继扶立帝昰、帝昺,流亡于闽广沿海地区,坚持抗元直至至元十六年在崖山之战中彻底失败。

时膺韶景陟兰峰,不惮跻攀谒粹容。花色映霞祥色混,垆烟拂雾瑞光重。雨霭琼干岩边竹,风袭琴声岭际松。净刹玉毫瞻礼罢,回程仙驾驭苍龙。

此诗收录在清人所辑的《御选元诗》卷首,据称为忽必烈在大都登山游览时所作。此诗遣词典雅,对仗工整,不是能够纯熟运用汉语进行写作的人是很难写出的。如果忽必烈有此等诗才笔力,他应该还写过其他作品,按照他的身份地位,他的作品会得到较好的保存,不致如此孤篇横绝才对,但是现存系名忽必烈的作品却仅此一首,而且史料中也不见其创作其他作品的痕迹,因此我们很难认可这首诗是忽必烈所作。但是这首诗既然被记在他的账上,我们可以推断:至少后世有人认为这位重新统一中国南北的世祖皇帝,是很懂汉语,可以用汉文进行文学创作的。我们不能盲目抬高历史人物,但也不能一味贬低。在证据不足的情况下,宁可存疑,也不能一笔抹杀元世祖的汉语言文学修养,毕竟他自 40 岁开府金莲川到 80 岁寿终大都,和汉族儒士谋臣相交40 年,汉语功力不至于一片空白吧。

由于定都大都汉地,满朝汉臣众多,统治的需要使皇室必须加强对接班人的汉文化教育。到了忽必烈的下一代,太子真金以推行汉法而受到汉族儒臣的高度认可。据《元史》卷 115《裕宗本传》中记载着这位太子在儒治推行方面的大量事迹:

> 裕宗文惠明孝皇帝,讳真金。……少从姚枢、窦默授《孝经》,及终卷,世祖大悦。……每与诸王近臣习射之暇,辄讲论经典,若《资治通鉴》、《贞观政要》,王恂、许衡所述辽金帝王行事要略,下至《武经》等书。……时侍经幄者,如王恂、白栋皆朝夕不出东宫;而待制李谦、太常宋道,尤加咨访,盖无间也。……命宋道择可备顾问者,道以郭祐、何玮、徐琰、马绍、杨居宽、何荣祖、杨仁风等为言。太子曰:是数人者,尽为我致之。……王恽进《承华事略》。……二十年春,辟刘因于保定……拜右赞善大夫,以吏部郎中夹谷之奇为左赞善大夫。时已立国子学,李栋、宋道、李谦皆以东宫僚友继典教事。……二十二年,以长史耶律有尚为国子司业,中庶

子伯必以其子阿八赤入见,谕令入学,伯必即令其子入蒙古学。逾年,又见。太子问读何书,其子以蒙古书对,太子曰:我命汝习汉人文字耳。……至元以来,天下臻于太平,人才辈出,太子优礼遇之,在师友之列。

可惜这位力行汉法的太子英年早逝,未能登上皇位,使得黄金家族的继续汉化失去了一个有力的支撑。世祖之后,成宗铁穆耳、武宗海山均曾统兵北边,依靠强大的军事实力和草原贵族的支持入主大位,受守旧势力影响较深,对文治似乎不够关心。但值得注意的是,海山登上皇位不久,还未改元,就听从汉臣建议,加封孔子王号。由当时著名文臣阎复撰写的《加封孔子制》云:

> 盖闻先孔子而圣者,非孔子无以明;后孔子而圣者,非孔子无以法。所谓祖述尧舜,宪章文武,仪范百王,师表万世者也。朕纂承丕绪,敬仰休风,循治古之良规,举追封之盛典,加号大成至圣文宣王。遣使阙里,祀以太牢。於戏!父子之亲,君臣之义,永惟圣教之尊;天地之大,日月之明,奚罄名言之妙。尚资神化,祚我皇元。

在我国封建社会,很多朝代都标榜“独尊儒术”,但元代以前赠予孔子的爵位一直未超过公爵。武宗朝立孔子为王,是开天辟地第一次。这似乎可以理解为海山以侄子入继大统,希望借重儒治来稳定人心而采取的一种政治手段,但也显示出作为真金的孙子,海山对汉法并不排斥。海山的弟弟元仁宗爱育黎拔力八达更为尊崇儒治、倚重汉臣,在位期间恢复中断了数十年的科举考试,重用李孟、张珪、王约、赵孟頫等儒臣,形成了元朝文化史上所谓“延祐之盛”的局面。元仁宗爱好文艺,曾将赵孟頫比做李白,大概他心中也有与盛唐文治比隆的想法。可惜由于文献的缺乏,我们已经无法得知元仁宗是否用汉文进行过文学创作。

4.3　元文宗图帖睦尔

如果说世祖忽必烈的汉文修养还存疑待考的话,文宗皇帝图帖睦尔精通汉文,则没有任何疑问。作为海山之子,图帖睦尔被钦察族将领燕铁木儿捧上皇位,乃将国家大事悉委之这位权臣,自己则醉心文艺,创立奎章阁学士院,委任当时著名文士,在阁中讲明经义、品鉴书画。如虞集、揭傒斯、许有壬、欧阳玄、宋本、苏天爵、柯九思等汉族文人中的翘楚,以及赵世延、嵘嵘、泰不华、雅琥、斡玉伦徒等蒙古、色目文学之人,均被罗致其中。以奎章阁学士院为中心,形成了一个成就非凡的多民族人士文化圈。元代文坛堪称一代宗匠者莫过虞集,而虞集正是于文宗在位期间受到重用,担任奎章阁侍书学士,得以在大都主持文坛数年,奠定其在元代文学史上的地位。此外揭傒斯是"元诗四大家"之一,欧阳玄为元代后期散文大家,这个文人集团的重要性在元代是首屈一指的。依笔者的浅见,元代文治之盛,也当以文宗一朝为极。

元文宗不仅是奎章阁文人集团的伯乐,自己也是一位诗人。他有4篇诗作保存在《御选元诗》卷首,都颇具风味。如《青梅诗》:

> 自笑当年志气豪,手攀金杏弄金桃。溟南地僻无佳果,问着青梅价也高。

根据诗意,应是在被元英宗放逐海南时所作。虽似草草戏笔,但是面对困境能够自我解嘲,说明图帖睦尔仍然保持着乐观的心态,不会轻易屈服。

《望九华》应作于被泰定帝从海南召还途中:

> 昔年曾见九华图,为问江南有也无?今日五溪桥上见,画师犹自欠工夫。

数年流放海南的穷乡僻壤,一旦回到江南的富庶之地,见到真正的九华美景,诗人的心情自然非常激动。这位蒙古贵人不但心系"铁马秋风塞北",还如此眷恋"杏花春雨江南",足称元代最风雅的帝王。

另外一首《登金山》应为此前游览镇江所作:

> 巍然块石数枝松,今日游观有客从。自是擎天真柱石,不同平地小山峰。东连船楫西津渡,南望楼台北固钟。我欲倚阑吹铁笛,恐惊潭底久潜龙。

这位"真命天子"虽然处在堂叔泰定帝的统治下,那种不安分的心情已经流露出来了。"不同平地小山峰"虽则浅显,却隐然有君主气派,而最末一句的"潭底久潜龙"恐怕也是作者自况吧。

还有被称引最多的那首《自集庆路入正大统途中偶吟》:

穿了(毡)衫便著鞭,一钩残月柳梢边。二三点露滴如雨,六七个星犹在天。犬吠竹篱人过语,鸡鸣茅店客惊眠。须臾捧出扶桑日,七十二峰都在前。

元初大儒刘因,在《宋理宗南楼风月横披二首》中评道:

试听阴山敕勒歌,朔风悲壮动山河。南楼烟月无多景,缓步微吟奈尔何。

物理兴衰不可常,每从气韵见文章。谁知万古中天月,只办南楼一夜凉。[1]

言为心声,一个暮气十足的人写出的作品肯定缺乏飞扬的神采,而一个满怀希望的人写出的作品肯定呈现出沛然的气势。观图帖睦尔此作,可知他在赴京道中是豪情万丈的,具有一种唯我独尊的王者霸气,与宋理宗的没落气韵有着天壤之别。

除了这些诗外,元文宗还写过其他诗作,他的宠臣柯九思写过反映文宗朝宫廷生活的《宫词十五首》,第11首为:

玉碗调冰涌雪花,金丝缠扇绣红纱。彩笺御制题端午,勒送皇姑公主家。

诗后有柯氏自注:"皇姑者,鲁国大长公主,皇后之母也。天历二年端午,上赐甚厚,并御诗送之。"可惜,这些御制诗作未能流传下来。

元文宗不但能诗,还擅长书法,虞集《题御书奎章阁记后》和黄溍《恭跋御书奎章阁记石刻》都记载有文宗亲自书写《奎章阁记》的事迹。黄溍文中说:"天历二年三月,上肇开奎章阁,延登儒流。至顺二年正月,御制阁记成。万机之暇,亲洒宸翰,书阁记刻置禁中。"奎章阁为文宗朝的一大创设,实为天历文治的最大亮点之一,文宗亲自书写阁记,

---

[1]诗后有作者自注:理宗自题绝句其上,有"并作南楼一夜凉"之句;"才到天中万国明",则宋太祖月诗也。

·欧·亚·历·史·文·化·文·库·

必有可观之处,惜乎今已无存。

元代画家王振鹏所画龙舟扇面正中,有元文宗手书的"妙品"二字,该扇面现收藏于美国波士顿美术博物馆,姜一涵《元代奎章阁及奎章人物》书前"图四"即该扇面的影印图。从这两个字的笔力来看,元文宗肯定在书法方面用功颇久,否则写不出那样的字。虞集《道园学古录》卷4有两篇《御书赞》,一篇记载元文宗在海南潜邸曾为琼州安抚副使林应瑞之子林天麒书"梅边"二字;另一篇记载元文宗任命官吏时曾亲自书写诏书以赐之。可见元文宗对书法充满热爱,对自己的字也颇有信心。

此外,他似乎还能绘画。陶宗仪《南村辍耕录》卷26记载:

> 文宗居金陵潜邸时,命臣房大年画京都万岁山,大年辞以未尝至其地。上索纸,为运笔布画位置,令按稿图上。大年得稿,敬藏之。意匠经营,格法道整,虽积学专工,所莫能及。

虽然这则笔记有神化文宗的嫌疑,如果他自己擅长绘画,何必仅仅画出草图,而借助画师之手完成,但是文宗毕竟曾经亲自运笔画出草图,作为一名蒙古族皇帝,我们自然不用苛求。元文宗热心书画收藏和鉴赏,在建康(今江苏南京)潜邸时就和著名画家柯九思相交,敬之如师友,自然有机会学到一定的绘画技艺。登基之后,他还专门授以柯九思奎章阁鉴书博士的五品之职,对书画之道,可谓好之不倦。这位皇帝能够作诗又擅长书画,可谓元代诸帝当中的一位全才!

图帖睦尔喜好书画,可能受到他的姑母兼岳母鲁国大长公主祥哥刺吉的影响。据《元史》卷109《诸公主表》记载:

> 答剌麻八剌太子[1]女祥哥剌吉,封鲁国大长公主,适珊阿不剌驸马。早寡守节,不从诸叔继尚,女为文宗皇后。天历二年诏……晋封徽文懿福贞寿大长公主。

这位皇族贵妇不同于一般蒙古贵族,对文艺事业特别热心,元代中期馆阁名臣袁桷《清容居士集》中有一篇《鲁国大长公主图画记》:

---

[1]答剌麻八剌谥号顺宗,实则未曾在位,乃真金之子,海山与爱育黎拔力八达之父。

至治三年三月甲寅,鲁国大长公主集中书议事执政官,翰林、集贤、成均之在位者,悉会于南城之天庆寺。命秘书监丞李某为之主,其王府之察察,悉以佐执事。笾豆静嘉,尊罍洁清,酒不强饮,簪佩杂错,水陆毕凑。各执礼尽欢,以承饮赐而莫敢自恣。酒阑,出图画若干卷,命随其所能,俾识于后。礼成,复命能文词者,叙其岁月,以昭示来世。窃尝闻之,五经之传,左图是先;女史之训,有取于绘画。将以正其视听,绝其念虑,诚不以五采之可接而为之也。先王以房中之歌,达于上下。而草木虫鱼之纤,悉因物以喻意。观文以鉴古,审时知变,其谨于朝夕者尽矣。至于宫室有图,则知夫礼之不可僭;沟渠田野,则知夫民生之日劳。朝觐赞享,冕服悬乐,详其仪而慎别之者,亦将以寓其儆戒之道。是则鲁国之所以袭藏而躬玩之者,诚有得夫五经之深意矣!岂若嗜奇侈闻之士,为耳目计哉?河水之精,上为天汉。昭回万物,乔云兴而雨露集也。吾知缣绡之积,宝气旁达,候占者必于是乎得。泰定元年正月居官袁桷记。

　　皇家举办的这次书画鉴赏大会非常隆重,可惜袁桷未能将当时与会人数及重要人物记录下来,不过从现存这次集会留下的书画题跋中我们可以找出部分"有文之士"的身影。所出书画中最名贵的一件是黄庭坚的《松风阁》,今存台北故宫博物院,拖尾有题跋15则,其中14则题于该次集会,题跋者依次为:魏必复、李洞、张珪、王约、冯子振、陈颢、陈庭实、孛术鲁翀、李源道、袁桷、邓文原、柳贯、赵岩、杜禧。其中大多为当时文坛名流,在元代文学史上具有重要地位。

4.4　元顺帝妥懽帖睦尔

　　元顺帝妥懽帖睦尔乃元代的亡国之君,他的统治时间长达36年,比建立元朝的忽必烈在位时间还长,超过元代总时长的三分之一。

　　据明代徐(㷠)《榕阴新检》记载,这位元朝的末代皇帝有《御制诗》二首,该书云:

元王荐字希贤，福宁人。父疾，祷天祈年，以益父寿。父绝而复苏云：适有神人，皂衣红帊。语我曰："汝子孝，上帝赐汝十二龄。"后果符其数而卒。母沈氏病渴，思啖瓜。时冬月不得。荐至深墺岭。值雪，避树下。思母病，仰天而哭。忽见石岩间青蔓离披，有二瓜。摘归奉母，渴遂止。至正间，福建宣慰司上状。旌之。御制诗云云。

父疾精虔祷上天，愿将己算益亲年。孝心感格天心动，恍惚神将帝命传。

母渴思瓜正岁寒，那堪山路雪漫漫。双瓜忽产空岩里，归奉慈亲痼疾安。

王荐在《元史》卷 197《孝友一》中有传，他的故事应该在元明之际有一定影响，而顺帝的诗作则未见其他史料。这两首诗平铺直叙，手法颇为直白，这样的诗作如果是汉族文人所作，估计是很难流传下来的，但是如果出自一位异族帝王之手就显得难能可贵了。而且我们绝不能因为词句的浅显而看轻此诗的意义。旌表孝子，赐诗臣民，本是汉族帝王诗人惯行之事。而妥懽帖睦尔身为蒙古皇帝，对政治地位最为低下的南人中出现的孝子大加褒扬，并以诗相赐，这本身就是一种极具汉化意味的安抚措施。元初名臣郝经曾说："今日能用士，而能行中国之道，则中国之主也。"福建偏处海隅，顺帝却如此重视，无怪乎元末群雄割据之时，占据福建的陈友定乃心元室，常年组织海运输粮大都以延长元朝国祚。顺帝北遁，却有很多汉族遗民为元守节，不肯出仕于新朝，如南人名士戴良、王逢等，均不从明太祖征召。这使得以"驱除鞑虏、恢复中华"自居的朱元璋大为不平，乃颁布《大诰》以昭明天下，凡不为新朝所用者杀无赦，以此逼迫士人出山。由此可见，元代的文治虽然不能与其赫赫武功相提并论，但也不是微不足道的。大量汉族文人入明之后尚且感戴皇元之恩，如北方文人宋讷于洪武五年（1372）因担任考官前往大都，写下《壬子年过故宫十九首》，诗中直接指称元朝为"百年礼乐华夷主"，南方文人贝琼更是歌颂元朝说"父老歌延祐，君臣忆至元"。这些，与元代诸帝的汉化努力是分不开的。

载于清代顾嗣立《元诗选》卷首的《答明主》,是元代帝王诗作中最为著名的一篇,诗云:

> 金陵使者渡江来,漠漠风烟一道开。王气有时还自息,皇恩无处不昭回。信知海内归明主,且喜江南有俊才。归去诚心丁宁说,春风先到凤凰台。

面对崛起于江南的强大对手,元顺帝在诗中展现出一种优容不迫的气度,既不口吐怨言也不强作大言,而是以安常处顺的态度来看待局势。所以一旦徐达率领的大明军队兵临城下,这位皇帝也认命似的放弃大都北遁,以至明太祖对妥懽帖睦尔并无恶感,在他死后加以"顺帝"的谥号。当时的汉族士大夫阶层对顺帝也颇多好评。

元顺帝还有一联"鸟啼红树里,人在翠微中",被认为是"深得诗趣"的佳句,存于叶子奇《草木子》卷4。能表明顺帝汉文修养的材料还有不少,如陶宗仪《南村辍耕录》卷2中记载了这样两个故事:

圣聪

至元六年二月二十五日,上御玉德殿,命史臣榻前草诏,黜谪太师伯颜。诏文有云:其各领所部,诏书到日,悉还本卫。上曰:自早至暮,皆一日也。可改日字为时字。时伯颜以飞放为名,挟持皇太子在柳林,意将犯分。诏既成,遣中书平章只理瓦歹赍至彼处开读,奉皇太子归国,而各枝军马即时散去。盖一字之中,厉害系焉。亶聪明,作元后,于此有以见之矣。

隆师重道

文定王沙剌班,今上之师也。为学士时,尝在上左右。一日,体少倦,遂便于便殿之侧偃卧,因而就寐。上以藉坐方褥,国语所谓朵儿别真者,亲扶其首而枕之。后尝患疖额上,上于金钵中取佛手膏躬与贴之。上之隆师重道,可谓至矣。王字敬臣,号山斋,畏吾人。

顺帝本人尊师重道,以身作则,他的后妃也受到感染。同样在《南村辍耕录》卷2,还有一则《后德》:

今上皇太子之正位东宫也,设谕德,置端本堂,以处太子讲读。

忽一日,帝师来启太子母后曰:向者太子学佛法,顿觉开悟,今乃受孔子之教,恐损太子真性。母后曰:我虽居于深宫,不知道德,尝闻自古及今,治天下者,须用孔子之道,舍此他求,即为异端。佛法虽好,乃余事耳,不可以治天下。安可使太子不读书!帝师觍服而退。

可见,在元末的宫廷中,尊师重道、推崇儒治已经成为一种共识。但是,大元帝国经过百年历程,国势凌夷,已是积重难返。元末文人叶子奇在《草木子》中评论:

> 饬武备以修文德,两尽其道,古之教也。元朝自平南宋之后,太平日久,民不知兵。将家之子,累世承袭,骄奢淫泆,自奉而已。至于武事,略不之讲,但以飞觞为飞炮,酒令为军令,肉阵为军阵,讴歌为凯歌,兵政于是不修也久矣。及乎天下之变,孰能为国爪牙哉! 此元之所以卒不振也。

至正十一年(1351)红巾军起事,自此元朝国无宁日。至正二十八年(1368)八月,大明军队兵临大都,元顺帝未组织抵抗,便仓皇北逃。

但是,丢失了作为当时世界上最壮丽的城市,也丧失了成吉思汗以来黄金家族的百年基业,妥懽帖睦尔不可能风轻云淡地一走了之。据《黄金史纲》、《蒙古源流》、《黄金史》等记载,在他名下,还有一首抒发元朝亡国之痛的蒙古文作品《懊恼诗》。兹从朱风、贾敬颜《汉译蒙古黄金史纲》摘其译文如下:

> 有各种珍宝整齐大方建成的我的大都,
> 古代诸汗宴居的夏宫我的上都金莲川,
> 凉爽美丽的开平我的上都,
> 温暖壮丽的皇城我的大都,
> 在丁卯年失陷了的我的可爱的大都。
>
> 清晨登高望见你那缤纷的紫雾,
> 在我乌哈噶图可汗跟前有拉干、伊巴忽二人劝谏,
> 明明感觉竟然丢失的我的可爱的大都,

生而无知的那颜连国家也不相看顾，
我只有啼哭像被遗弃在旧营地的小红牛犊。

用各种美饰建造的我的八棱白塔，
维护大国朝廷名分用九种宝器建成的我的大都，
保持四十万蒙古社稷名誉有方型四座城门的我的大都，
我的名分我的朝廷。

蒙古国家的哨所我的可爱的大都，
我冬季过冬的都城，
我夏季度夏的上都开平，
我美丽的金莲川，
不听拉干、伊巴忽的劝谏落到至今。

有福之人建造的翠竹官殿，
忽必烈薛禅可汗度夏的开平上都，
统通失陷于汉家之众，
这荒唐的罪名就加在我乌哈噶图可汗的身上！

众民所建的美玉一般的大都，
临幸过冬的可爱的大都，
一齐失陷于汉家之众，
这昏乱的罪名就加在我乌哈噶图可汗的身上！

巧妙营建的宝贝一样的大都，
巡幸过夏的开平上都，
贻误而失陷于汉家之众，
这庸劣的罪名就加在我乌哈噶图可汗的身上！

可汗圣主所奠定的伟大名誉和社稷，
令人景仰的薛禅可汗所建造的大都，
举国仰望称为全国支柱的都城，
如今被汉家夺去了我可爱的大都！

天之骄子成吉思汗的黄金家族，
诸佛转世的薛禅可汗的黄金宫阙，
菩萨转世的乌哈噶图可汗，
因失掉长生天的定命失守了我可爱的大都！

在袖里藏好汗主的玉玺，
从众敌中厮杀而出的不花帖木儿丞相，
为汗主的后嗣，
奠定了万世的疆土！

误中诡计失守了可爱的大都，
从宫殿逃亡失去了宝贵的佛经，
请神明睿智的众菩萨辨别善恶，
愿成吉思汗的黄金家族再回来重定疆土！

　　整首诗表达的感情真挚而且强烈，具有一定的艺术感染力。诗中的抒情主人公对豪奢温暖的大都、美丽凉爽的上都充满深情的眷恋，对失去中原疆土、落下昏君之名表示深深的自责，对损毁祖先创下的社稷、破坏黄金家族的基业流露深沉的懊恼。但漠北故土并没有丧失，作者在痛苦和懊恼中并没有一味消沉、彻底绝望，在诗的末尾他又赞美丞相不花帖木儿的护驾之功，并祈求神灵庇佑，让黄金家族再回中原重定疆土。元顺帝既用汉文写作具有政治用途的诗歌，也用蒙文抒发内心最真挚的感情，这样一位双语文学家，不仅是元代文学中一道独特的风景，置之我国历代帝王诗人之中，也具有不可替代的重要性。

4.5　元代宗室中的文学家

元顺帝汉化程度既深，对其太子爱猷识理达腊的教育也颇为重视，他任用汉人名士李好文等为太子之师。这位太子颇为好学，《南村辍耕录》卷 2 记载：

> 皇太子方在端本堂读书，近侍之尝以飞放从者，辄臂鹰至廊庑间，喧呼驰逐，以惑乱之，将勾引出游为乐。太子授业毕，徐令左右戒之曰：此读书之所，先生长者在前，汝辈安敢亵狎如此，急引去，毋召责也。众皆惊惧而退。

爱猷识理达腊在元末政坛颇为活跃，一度试图借助大将扩廓帖木儿（汉名王保保）的军事力量夺取父亲的帝位，因扩廓帖木儿不从而失去统治全中国的机会。元室北逃应昌（今内蒙古克什克腾旗达来诺尔西）后，仍称元朝，用至正年号，史称北元。至正三十年（1370），顺帝去世，爱猷识理达腊即位为北元皇帝，改元宣光，终于实现了做皇帝的愿望，可惜他只能偏安塞外之地了。

他做太子时写下的《新月》读来恰似诗谶：

> 昨夜严陵失钓钩，何人移上碧云头。虽然未得团圆相，也有清光照九州。

一句"未得团圆相"，似乎在预示大元帝国最后一位太子的命运。

与爱猷识理达腊太子的诗作形成鲜明对比的，是中国历史上第一次北伐成功的明太祖朱元璋的《咏菊花》：

> 百花发时我不发，我若发时都吓杀。要与西风战一场，遍身穿就黄金甲。

此诗虽则脱胎于唐末黄巢的《菊花》诗[1]，但作为一位受教育程度不高的草根帝王，能够化用前人诗句已属难得，而且朱元璋诗句表现出来的力量要在黄巢原作之上。这位皇帝还有更加剑拔弩张的诗句，

---

[1]黄巢诗曰："待到秋来九月八，我花开后百花杀。冲天香气满长安，满城尽带黄金甲。"

如《不惹庵示僧》：

> 杀尽江南百万兵,腰间宝剑血犹腥。山僧不识英雄主,只顾哓
> 哓问姓名。

俗话说:"不看僧面看佛面。"朱元璋本是僧人出身,一旦称王称帝,对待僧人竟然如此无情,让人不禁觉得原来真实的历史也会如此疯狂!此后的明朝皇帝虽则多能写作,但已经失去了明太祖这种豪雄之气,格调变得低沉,鲜有佳作产生。

清朝八旗崛起于关外,同样依靠武力征服中华大地,但清代帝王借鉴元朝百年而亡的经验和教训,大力推行汉化并以身作则。顺治皇帝以降的历代清帝都精通汉文,而且留下大量汉文诗篇。最值得一提的是清高宗(乾隆皇帝)有《乐善堂集》、《御制诗》五集及《余集》,共存诗 43584 首,诗作之多空前绝后,不但为历代帝王之冠,而且也是历代诗人之冠。这些清代皇帝和元代皇帝比起来,汉化成就无疑更高,汉文修养也就更深,但是我们必须指明的是:第一,元朝国祚较短,元世祖忽必烈之前的 4 位大汗并未将汉地当做统治重心,对汉化缺乏兴趣。自 1260 年元世祖即位到 1368 年元顺帝北遁,仅得 108 年;若从 1279 年平定南宋算起,则只有 89 年,不像清代历时长久。第二,108 年间,元代经历 11 位皇帝,除了元世祖享年 80 岁,泰定帝和元顺帝超过 50 岁,其他帝王都比较短寿,政权更迭频繁,没有长治久安的历史机遇。因此,元朝诸帝的汉化成果自然就相形见绌了。

但是我们应该看到,元代帝王汉文创作的发展脉络,呈现出文学水平随着时代递增的大趋势,最后几位皇帝,除了元宁宗懿璘质班早夭,文宗和顺帝均能创作汉诗,且顺帝可以称作双语诗人。顺帝太子爱猷识理达腊虽未君临中华,但他的汉文创作成就也不能否认。元代帝王的整体创作成就虽则不能和清代相比,面对辽代、北魏等马背民族建立的王朝却毫无愧色。

除皇帝之外,镇守各地的蒙古宗王世代与汉人接触,学习汉文化,也产生出能够用汉文创作的诗人。元顺帝至正末年,发生在云南境内的阿盖公主的故事,被 100 多年后流放该地的明代文人杨慎写入《滇载

记》。

阿盖之父为镇守云南的梁王把匝剌瓦尔密,被四川红巾军明玉珍部攻破云南首府鄯阐(今云南昆明市),出奔威楚(今云南楚雄市)时写下《奔威楚道中作》:

> 野无青草有黄尘,道侧仍多战死人。触目伤心无限事,鸡山还似旧时春。

此诗描写了战乱中云南的惨况,表达了对丢失王都的感叹。这位梁王此前与世袭大理总管的段氏家族常常交兵,如今只好投奔大理总管段功,段功不计前嫌,帮助把匝剌瓦尔密打败红巾军,收复鄯阐。梁王为表示感激,就把女儿阿盖公主嫁给段功。阿盖公主对自己英雄的丈夫十分崇敬,写下《金指环歌》:

> 将星挺立扶宝阙,宝阙金枝接玉叶。灵辉彻南北东西,皎皎中天光映月。玉文金印大如斗,犹唐贵主结配偶。父王永寿同碧鸡,豪杰长作擎天手。

该诗称赞段功为天生将才,祝愿他永远辅佐梁王守卫金马碧鸡之地[1]。无奈4年之后,梁王听信谗言,阴谋杀害了段功。阿盖公主痛不欲生,在其父严密防护下,自杀未遂,故写《愁愤诗》以抒发哀愁:

> 吾家住在雁门深,一片闲云到滇海。心悬明月照青天,青天不语今三载。欲随明月到苍山,误我一生踏里彩。吐噜吐噜段阿奴,施宗施秀同奴歹。云片波鳞不见人,押不芦花颜色改。肉屏独坐细思量,西山铁立霜潇洒。

诗中有一些非汉语词汇,杨慎有注解云:踏里彩,锦被名也。吐噜,可惜也。歹,不好也。押不芦,北方起死回生之草。肉屏,骆驼背也。铁立,松林也。

这是一首汉语、蒙语、僰语混合的古体诗,诗的语言质朴自然,感情真挚哀婉,表达了对丈夫被杀的深深怨愁,成为一首600年来广泛传诵于我国西南地区的爱情悲歌。诗歌采用的是汉诗常用的七言形式,但

---

[1]昆明东有金马山,西有碧鸡山,故古代文人常以金马碧鸡指代昆明。

·欧·亚·历·史·文·化·文·库·

遣词造句又富于民族特色和地域特点,是中华民族历史上多元文化融合的艺术结晶,置之世界文学艺术的宝库之中也具有不能磨灭的独特价值。阿盖公主的故事,在我国西南少数民族中的影响是非常大的,郭沫若创作的历史剧《孔雀胆》就取材于这一历史传说。无论蒙古族、汉族还是西南地区其他民族人民,都对这位善良多情的公主的悲惨命运寄予深切的同情。

纵观元代帝王的汉文诗歌创作,虽不能称为繁盛,但绝不至于寥落。而明清汉族学者出于民族偏见,极为轻视元代统治者的文化程度。如明朝王世贞认为:

> 顾其君臣,日断断然思以其教而易中国之俗。省台院寺,诸路之长,非其人不用也。进御之文,非其书不览也。名号之锡,非其语不为美也。天子冬而大都,夏而上都,上都漠北也。其葬亦漠北,视中国之地瓯脱焉,不得已而居之。于中国之民若赘疣焉,不得已而治之。又若六畜焉,食其肉而寝处其皮以供吾嗜而已。於乎! 不亦天地之至变不幸者哉?[1]

前文谈到过,清朝赵翼也轻视元代统治者的文化程度,认为元代诸帝多不习汉文。这些观点从汉族本位出发,轻视乃至敌视元代蒙古族,对后世造成很大影响,数百年来,却很少有学者对此进行辨正。进入 20 世纪后,我国古代文学研究非常繁荣,但是元代文学研究并不如唐宋明清火热,而且对元代文学的关注侧重于剧曲方面,传统文学形式一直受到冷落,采用诗文等传统形式进行创作的蒙古族文学家也没有引起足够的关注,蒙古帝王诗人更是绝少有人提及。例如在元代文学研究领域影响广泛的 1991 年版的《元代文学史》(邓绍基主编),其中并没有元代蒙古族作家的专门章节,更看不到元代帝王诗人的身影。

进入新世纪以来,随着改革开放的深入,研究者的研究理念相应得到提升,由汉族文化视角逐渐过渡到中华民族多元一体文化的大视

---

〔1〕〔明〕王世贞:《读书后》卷5《读元史一》,此文不见于《四库全书》,萧启庆认为可能因为含有种族观点而遭四库馆臣删除。转引自萧启庆论文《元代蒙古人的汉学》,《蒙元史新研》,台湾允晨文化实业有限公司,1994 年。

野,使得元代文学研究步入持续发展的快车道。2003年版的《元诗史》为蒙古诗人专设一章,著者杨镰认为:"元代诗坛的蒙古诗人远比色目人要少,特别是个人诗篇的数量并不集中。今天已经难以具体评价这些当时活跃在诗坛的蒙古诗人的风格与特色了。但这并不等于说他们付出的努力并不重要。""蒙古、色目诗人在以往的元诗研究之中并未得到相应的重视,所以仍然存在对蒙古、色目诗人诗篇的探索空间。"这正是元代文学研究近年来在视野上取得的突破,这种突破无疑会推动元代文学研究的深入发展。

今天,越来越多的研究者开始认同:元代蒙古族文学家是元代文坛的重要群体,正是他们的积极参与使元代文学增添了一道别样的风景。而元代帝王也不像前人所说的那样粗朴无文,他们当中不乏合格的诗人,置之历代帝王诗人之列也毫无愧色。元代帝王的汉文诗作,作为中华民族内部多元文化交流的结晶,值得我们进一步研究。

5 元代前期的蒙古族文学家

　　所谓上行下效、风行草偃,在封建社会,帝王的提倡,往往会对一项事业的发展起到相当明显的推动作用。帝王对汉文创作有兴趣,臣子自然加以效仿,不少蒙古族人走上汉文创作的道路。越接近元末,蒙古帝王中能够进行汉文创作的人数越多、水平越高,一般蒙古族文学家的情况也是如此,时间越靠后数量越多、成就越大。关于元代文学的分期问题,李修生、查洪德的《辽金元文学研究》中有详细介绍。标准不一,分法很多。本书为行文方便,结合元代蒙古族文学家发展的实际情况,采取二分法,将主要活动在顺帝朝的文学家列入后期,反之则列入前期。元代前期就出现了不少蒙古族文学家,他们当中大多数是高官显贵。

5.1 百万雄师属指挥的伯颜

　　元代前期著名文臣王恽的笔记《玉堂嘉话》记载了一则题为"白雁"的故事。大意为,宋末亡时,江南谣云:江南若破,百雁来过。当时莫喻其意,及宋亡,盖知指丞相伯颜也。

　　元初诗人刘因专门作有《白雁行》歌咏此事:

　　　　北风初起易水寒,北风再起吹江干。北风三起白雁来,寒气直薄朱崖山。乾坤噫气三百年,一风扫地无留钱。万里江湖想潇洒,仁看春水雁来还。

　　宋理宗端平元年(1234),南宋联合蒙古灭金后,宋军进入河南境内收复故土,遭到蒙古军队的攻击,大败而归,这就是史上著名的端平入洛之役。蒙宋战争自此爆发,双方在从巴蜀到荆襄再到淮河沿线的广大地域反复争夺,形成拉锯战的局面。蒙古是狂飙突进的军事强权,南宋则是江河日下的老大帝国,然而这场战争一打就是 40 多年,仅襄阳城的白热化争夺战就延续了 6 年之久,来去如风的蒙古铁骑在南中国的坚城巨舰面前,起初战绩并不理想。忽必烈虽然在亲自率军对阵贾似道率领的南宋军队时占过上风,但是他上台之后并没有立刻组织灭宋的攻势。也许是鉴于其兄蒙哥汗战死钓鱼台(在今重庆合川)城下的悲剧,这位君主对灭亡南宋格外谨慎,他攘外之前先安内,讨阿里不哥、平李璮,逐步罢除汉人世侯的军政大权后,采纳降将刘整在襄阳实施中路突破的建议,陈兵于坚城之下,数年鏖战,换来襄阳守将吕文焕的请降,荆襄通道得以打开。襄阳失陷,南宋的江山失去屏障,似乎指日可破,但也许是由于至元十一年(1274)第一次远征日本失败带给的教训,忽必烈清楚南方多水的环境对蒙古铁骑的作战能力有很大的限制,他对一举灭宋是没有绝对把握的。最终,促使忽必烈下定决心的是前线军事统帅伯颜。

伯颜(1236—1295),蒙古八邻部人。早年随父从旭烈兀西征波斯,长于西域。元世祖至元元年(1264),伯颜以旭烈兀使者身份抵达汗庭,受到忽必烈赏识。忽必烈认为他器宇不凡,"非诸侯王臣也",便留为侍臣,并以中书右丞相安童之妹妻之。至元二年(1265)伯颜官拜中书左丞相,四年(1267)改中书右丞,七年(1270)任同知枢密院事。至元十一年(1274)重为左丞相,行省荆湖,总帅襄阳兵马南下攻宋。次年分兵三路,亲自率师兵临南宋都城临安(今浙江杭州市)城下。至元十三年(1276)正月,年幼的宋德祐帝赵㬎出降,伯颜完成了灭宋的任务。此后伯颜曾长期总兵北边,为元廷抵御海都、乃颜、明理帖木儿等反叛宗王的侵扰,和出镇漠北的皇孙铁穆耳结下战斗情谊。元世祖死后,他拥立铁穆耳即位,是为元成宗。元贞元年(1295)卒,谥忠武。《元史》本传说他"深略善断"、"廉谨自持"。伯颜能诗文,《皇元风雅·前集》卷 1 选其诗 2 首,《元诗选·癸集》乙集则存其诗 4 首,《全元散曲》录其小令 1 支。生平事迹见元明善所撰墓碑(《元文类》卷 24)、《元朝名臣事略》卷 2 和《元史》卷 127 的传记。

　　旭烈兀西征是蒙哥汗在位时组织的蒙古大军的第 3 次西征[1]。此次西征起始于蒙哥汗二年（1252），伯颜跟随父亲出征，年仅 17 岁。此后十余年他一直生活在西域，29 岁才回到中原。那么他的汉语是什么时候学习的？——是在西征之前，还是回国之后——这个问题现存史料中缺乏足够证据。我们只能从忽必烈初次见到伯颜，就惊叹他"非诸侯王臣也，其留事朕"，不久就擢任中书左丞相的高位来推测，伯颜应该在西征之前就打下了良好的语言文字基础（除了蒙古语文之外，其中可能包括汉语语文），具有良好的文化修养，而西域十余年的经历，应该使他精通波斯文。如此多才多艺，才能让忽必烈一见倾心，以至从其弟旭烈兀那里"横刀夺爱"。因为汉语较为复杂难学，如果伯颜没有在早年打下良好基础，回到中原之后位高事繁，是很难在短短几年时间里达到吟诗作曲的水平的。读者不妨试看他在攻宋战争中写下的诗章，还是很见功力的。

　　首先是具有军令状性质的《奉使收江南》：

　　　　剑指青山山欲裂，马饮长江江欲竭。精兵百万下江南，干戈不染生灵血。

　　这首诗明白如话，看似粗豪，但自有一种"气吞万里如虎"的雄壮气势，可以看做尚处于上升阶段的蒙古政权的蓬勃精神的一种表现。而且这首诗背后还有一个值得品味的故事：忽必烈早年在蒙哥朝尚为诸王时，"思欲大有为于天下"，在金莲川幕府笼络了不少汉人儒士研究为政之要，这些儒士中包括许衡、姚枢和窦默这样的名儒，这些儒者经常向忽必烈灌输"惟仁者能一天下"的道理。其中姚枢对忽必烈有这样一次进言：

　　　　壬子夏，入觐，受命征大理。至曲先脑儿，夜宴群下，公陈宋祖遣曹彬取南唐，敕无效潘美伐蜀嗜杀，及克金陵，未尝戮一人、市不

---

〔1〕蒙古自公元 1206 年建国后，在 1219 年到 1260 年的 40 余年间，先后进行过 3 次大规模的西征，对世界历史影响深远。1219—1225 年，成吉思汗亲率大军发动第一次西征，征服中亚；1235—1242 年，成吉思汗之孙拔都率军西征，建立钦察汗国；1252—1260 年，成吉思汗之孙旭烈兀进行第三次西征，建立伊利汗国。

易肆，以其主归。明日早行，上据鞍呼曰："汝昨夕言曹彬不杀者，吾能为之！吾能为之！"公马上贺曰："圣人之心，仁明如此，生民之幸，有国福也。"明年，大师及城，饬公尽裂囊帛为帜，书止杀之令，分号街陌。由是其民父子完保，军士无一人敢取一钱直者。

在大理的成功，使得忽必烈对姚枢进说的"不杀"之道深信不疑，在出师伐宋之前，他也将这一番道理郑重传授给三军统帅伯颜。此事在《元朝名臣事略》有详细记载：

> ［至元］十一年，复拜中书左丞相，总襄阳兵伐宋。上曰："曹彬不嗜杀人，一举而定江南。汝其今体朕心，古法彬事，毋使吾赤子横罹锋刃。"王（伯颜后受封为淮安王）受命，驰至襄阳，诸军纂严，祃师启行。

然则伯颜的这首小诗可谓所来有自，甚至有点军令状的意味在里边。前半首以"剑指青山"、"马饮长江"渲染己方兵力之强大，似乎有点前秦苻坚"以吾之众旅，投鞭于江，足断其流"那种骄兵轻敌的嫌疑，好在最后一句"干戈不染生灵血"扭转乾坤，曲终奏雅，一种不战而屈人之兵的庙算之胜跃然于字里行间。

当然，战争风云瞬息万变，虽然蒙古军队处于明显优势，但身系百万大军安危的伯颜并不敢掉以轻心，他稳扎稳打，步步为营，积小胜以成大功。他的《克李家市新城》表现的就是身处战争进程中的心态：

> 小戏轻提百万兵，大元丞相镇南征。舟行汉水波涛急，马践吴郊草木平。千里阵云时复暗，万山萤火夜深明。皇天有意亡残宋，五日连珠破两城。

此诗虽遣词用字都比较朴实，开头亦平平无奇，但颔联的"舟行汉水"、"马践吴郊"可谓锋芒暗露，颈联以"千里阵云"对"万山萤火"又颇有恢弘气概。最后一句，在胜利面前并不居功自傲，而是归因于皇天相助（如果用蒙古语硬译文体，就是"倚着长生天气力"），更是显出一种举重若轻的宰相风度。这首诗写得从容不迫，不像是初学汉文者所能作出的。

伯颜并不是喜欢居功之人，在灭宋成功之后，元世祖慰劳他，他谦逊地应对:"奉陛下成算,阿术效力,臣何有功能。"然而,作为百万雄师的统帅,伯颜并不是一味谦虚的,他也有偶尔露峥嵘的时候,比如那首小诗《鞭》:

> 一节高兮一节低,几回敲镫月中归。虽然三尺无锋刃,百万雄师属指挥。

该诗读来好似据鞍摇鞭随口吟成的。马鞭之为物虽然轻微,但握鞭之人却拥有着"鞭笞天下"的威力,这种强烈的自信洋溢在伯颜的诗中,无锋无刃的东西似乎变成了指点江山的神物了。

如果说以上两首诗反映的是伯颜在战争中的心理感受的话,下面这首《过梅岭冈留题》则写于大功告成之后,表现出一代名将功成身退的潇洒情怀。

> 马首经从庾岭回,王师到处即平夷。担头不带江南物,只插梅花一两枝。

蒙古军队攻城拔寨之后,向来有大肆掳掠的习惯,打了胜仗的将领一般都会盆满钵满,何况是统率百万雄师的三军主将。但伯颜无疑是一个特例,他廉洁自持,打下江南锦绣江山之后,两袖清风而归。这在寻常目光看来,几乎是不可能的,同朝官员不相信他,甚至连忽必烈自己也不相信。《元史·伯颜传》记载:

> 伯颜之取宋而还也,诏百官郊迎以劳之,平章阿合马先百官半舍道谒,伯颜解所服玉钩绦遗之,且曰:"宋宝玉固多,吾实无所取,勿以此为薄也。"阿合马谓其轻己,思中伤之,乃诬以平宋时取其玉桃盏,帝命按之,无验,遂释之,复其任。阿合马既死,有献此盏者,帝愕然曰:"几陷我忠良!"

这个情节有点像东汉名将马援南征交趾,车载薏苡[1]以归却被宵小诬奏为明珠的故事。立下赫赫战功的柱石勋将,却难以得到君主的信任,这似乎是封建社会常有的憾事。

鉴于忽必烈的诗作真伪仍然存疑,伯颜应该是蒙古族文学史上第

―――――――――――

[1]一种植物,果实可以治疗风湿、避除瘴气。

一位用汉文写作的诗人。伯颜的存诗不多,但是都具有一定的艺术水准,首首值得玩味。伯颜不仅能诗,还是一位散曲作者。根据叶子奇《草木子》记载,伯颜在伐宋军中,与汉人将领张弘范宴饮,席上各作一首〔中吕〕《喜春来》小令。伯颜词中写道:

> 金鱼玉带罗襕扣,皂盖朱幡列五侯。山河判断在俺笔尖头。得意秋,分破帝王忧。

张弘范的小令则是:

> 金妆宝剑藏龙口,玉带红绒挂虎头。旌旗影里骤骅骝。得意秋,喧满凤凰楼。

将两首作品比较来看,张作无疑遣词用字更加讲究,音节也更加整饬,但对于蒙古政权来说,这位张九元帅即使立下赫赫战功,终究只是一名外人,他的"得意秋"最多只是"喧满凤凰楼",也就是赢得浮名罢了。而伯颜不同,他是蒙古国族,笔下没有那么多顾忌,"山河判断在俺笔尖头"正如同"百万雄师属指挥"一样,毫不掩饰自身的踌躇满志,他的得意之处在于自己能够为帝王分忧,个人的命运和大元帝国的命运紧密联系在一起!从这种意义上说,伯颜是一名时代造就的歌者,大元帝国需要这样豪迈的歌声,于是就借着他的歌喉唱了出来。叶子奇评价曰"帅才相量,各言其志",似乎也是看透了两位统帅的不同心态。

李修生先生主编的《全元文》卷613中,录有从《平宋录》辑得的伯颜《大丞相贺表》,乃是灭宋之后向朝廷报捷的表章:

> 臣巴延等言:国家之业大一统,海岳明王会之归;帝王之兵出万全,岛夷敢天威之抗。始干戈之爱及,迄文轨之会同。区宇一清,普天均庆。臣巴延等,诚欢诚忭,顿首顿首。钦惟皇帝陛下,道光五叶,统接千龄。梯航日出之邦,冠带月支之国。际丹崖而述职,奄瀚海以为家。独此宋邦,弗遵声教。谓江湖可以保逆命,舟楫可以敌王师。连兵负固,逾四十年。背德食言,难一二计。当圣主飞渡江南之日,遣行人乞为城下之盟。逮凯奏之言还,辄奸谋之复肆。拘囚我信使,忘乾坤再造之恩;接纳我叛臣,盗连海二城之地。我是以有六载襄阳之讨,彼居然无一介行李之来。祸既出于

自求,怒致闻于斯赫。臣肃将禁旅,恭行天诛。爰从襄汉之上流,移出武昌之故渡。藩屏一空于江表,烽烟直接于钱塘。尚无度德量力之心,乃有杀使毁书之事。属朝谟之亲禀,揭根本之宜先。乃命阿喇哈取道于独松,董文炳进师于海渚,臣与阿珠、阿达哈等忝司中闑,直指宋都。犄角之势既成,水陆之师并进。常州一破,列郡传檄而悉平;临安为期,诸将连营而毕会。彼极穷蹙,迭出哀鸣。始则为称侄纳币之祈,次则有称藩奉玺之请。顾甘言何益于实事,率锐旅直抵于近郊。召来用事之大臣,放散思归之卫士。倔强心在,四郊之横草都无;飞走计穷,一月之降幡始竖。其宋主率诸大臣,已于二月初六日,望阙拜伏归附讫。所有仓廪府库,封籍待命。外臣奉扬宽大,抚戢吏民。九衢之市肆不依,一代之繁华如故。兹惟睿算,卓冠前王。视万里为目前,运天下于掌上。致令臣等,获封明时。歌七德以告成,深切龙庭之想;上万年而为寿,更陈虎拜之词。臣无任瞻天望圣,激切屏营之至。臣等诚欢诚忭,顿首顿首。谨言。

文章从指责宋朝背信弃义开始,表明元军道义上的优越,然后详细报告了战役历程,还特别指出自己在灭宋过程中谨遵忽必烈的方针,并没有滥杀无辜、骚扰百姓,乃至"九衢之市肆不依,一代之繁华如故",最后是向皇上祝贺——仿佛灭宋完全是忽必烈的功劳,跟伯颜自己没有什么关系。这篇奏表叙事精练,对仗工整,非熟悉骈体文者不能作。古代将帅幕府中,往往有代为撰写章表书记的文士,但伯颜诗笔不差,因而这篇骈文也可能就是出自他本人手笔。那样的话,伯颜又可以说是元代最早涉猎多种体裁汉文创作的蒙古族文学家了。

伯颜统率百万兵马,攻占江南,灭亡南宋,堪称元初最有成就的军事家,同时他担任丞相多年,与安童一起以正道辅弼世祖,并在世祖去世后当机立断拥立皇孙铁穆耳,又是元初最有影响的一位政治家。伯颜早年长期生活在中亚,回到中原后又位高事繁,却能熟练掌握汉族语文,达到吟诗作曲的水准,实在值得敬佩。现存的伯颜作品,皆作于灭宋途中,然则伯颜在戎马倥偬之际,尚有如此雅兴,亲自讴歌其事,自有一种横槊赋诗的豪迈气概。伯颜就像当年"酾酒临江，横槊赋诗"的曹操一样，是一位文武双全的军事统帅，而且他比曹操还要成功，他从江南带回的不仅是"梅花一两枝"，还有6岁的南宋小皇帝赵显。

5.2　元门忠臣郝天挺

金元之际有两位著名文士都叫郝天挺，有意思的是这两位郝天挺，前者为大诗人元好问之师（郝经之祖父），后者为元好问之徒。本书所论的是年辈较晚的郝天挺，这位郝天挺为元初在政坛和文坛均有突出表现的重要文人。他虽然不能和出将入相的伯颜并驾齐驱，但在仁宗皇庆年间，迭任中书及行省宰相之职，为元代前期一位重要的文臣。

郝天挺（1247—1313），字继先，号新斋，出身朵鲁别族，是将门之后。郝天挺为童子时，曾师从大诗人元好问，后为元好问所编《唐诗鼓吹》作注。郝天挺所注《唐诗鼓吹》10卷，今存。《元诗选·癸集》收入其诗2首。郝天挺还是元曲家，元钟嗣成《录鬼簿》列其名于"方今名公"之中，明朱权《太和正音谱》也将郝天挺列入杰作150人之中，但其散曲作品今已无存。此外，他还著有《云南实录》5卷。生平事迹见《元史》卷170、《大明一统志》卷2、《元诗选·癸集》乙集小传。

《元史》列传部分的传主，有一个先蒙古色目后汉人南人的大致顺序。郝天挺与姚燧、夹谷之奇、耶律有尚等同卷。姚燧家世辽东柳城，夹谷之奇乃女真人，耶律有尚为耶律楚材族孙，为契丹王室后裔，这些人都不是汉族人，但是在元代被归入"汉人"之列。郝天挺与姚燧等同卷，说明《元史》的编纂者认为他也是"汉人"中的一员。但文中一句"出于朵鲁别族"就给郝天挺的族属打上了问号。朵鲁别，又称朵鲁班、朵鲁不得、朵鲁伯得、朵儿边、朵儿别、都尔班、秃里不带、多礼伯、朵儿别台、脱里别歹、杜尔伯特等。据《蒙古秘史》相关记载，成吉思汗十一世祖朵奔篾儿干的哥哥都蛙锁豁儿有4个儿子，都蛙锁豁儿死后，4个儿子奔回蒙古族的发祥地呼伦贝尔，自称杜尔伯特氏，杜尔伯特，即蒙古语"四"之意。今天黑龙江省有杜尔伯特蒙古族自治县,那里就是朵鲁别族世代游牧的地方。郝氏既然属于朵鲁别族,其祖上应居住在辽阳。

但《元史》本传称郝天挺"自曾祖而上,居安肃州",安肃州在今河北省徐水县一带,为汉人聚居之地。这一朵鲁别家族不知何种原因背井离乡,深入汉地生活,定居几代之后,汉化程度甚深,并且取了汉姓,以至郝天挺在《元史》中被当做汉人看待。关于郝氏的蒙古族身份,著名元史专家方龄贵在《元史丛考》中有一篇《〈新元史·云南宰相年表〉补正》,专门进行了详细的考证,可以参看。

虽然定居汉地数代,但马背民族彪悍的血液仍然在安肃郝氏的身上流淌,当蒙古铁骑夺取中原之后,蒙古血统的他们立刻加入"归化"的行列,成为蒙古大军的开路先锋。郝天挺之父和上拔都鲁,太宗、宪宗世多著武功,为河东行省五路军万户。然而郝天挺这位将门之后,却是以文学才华进入政坛的。《元史》卷174本传称:

> 天挺英爽刚直,有志略,受业于遗山元好问,以勋臣子,世祖召见,嘉其容止,有旨:宣任以政,俾执文字,备宿卫春官。裕宗遇之甚厚。建省云南,选官属,遂除参议云南行尚书省事,寻升参知政事,又擢陕西汉中道廉访使;未几,入为礼部尚书,寻除陕西行御史台中丞,又迁四川行省参政及江浙省左丞,俱不赴。拜中书左丞,与宰相论事,有不合,辄面斥之。一日,以奏事数陈明允,特赐黄金百两,不受。帝曰:"非利汝也,第旌汝肯言耳。"

云南建省是在至元十年(1273),郝天挺20多岁就出任正四品的行省参议之职,可以说他在世祖朝的仕途是颇为顺利的,这一切是跟太子真金(裕宗)的知遇之恩分不开的。真金在元代蒙古族统治者施行汉法的道路上,是一位作用非常特殊的人物,在他的支持下,一大批汉人文臣得到施展才华的机会,只可惜他年寿不永,未能活过父亲忽必烈,否则元代的历史也许就是另外一番模样。郝天挺作为真金的东宫师友,很快就步入行省宰相行列,且有转任行御史台佐贰之官的经历,成为一名政坛要员。他深得朝廷的信任,甚至敢于和宰相(按文意,当指中书左右丞相之类)分庭抗礼。

不过郝天挺在成宗朝和武宗朝的功业似乎并不显著,《元史》在叙述时语焉不详。这可能与成宗和武宗皆由统军北边入继大统,对汉法并不热心有关。像郝天挺这样的文臣必须遭际热衷文治之主,才能有用武之地,而元仁宗就是这样一位能够认识到郝天挺价值的帝王,待到他即位之时,郝天挺虽然年事已高,却屡获重用,开始了其仕宦生涯的第二个春天。

　　　　成宗崩,仁宗以太后命,首定大难,及武宗还自朔方,遂入正大统,定策之际,天挺与有力焉。仁宗临御,收召故老天挺与少保张闾等十人,共议大政,革尚书省之弊,遂成皇庆之治。又出为江西、河南二省右丞,召拜御史中丞。入见,首陈纪纲之要,以猎为喻曰:"御史职在击奸,犹鹰扬焉禽之,弱者易获也,其力大者,必借人力。不然,不惟失其前禽,乃或有伤鹰之患矣。"帝嘉其言,既出,台臣皆以为贺,风纪大振。又上疏言七事,曰惜名爵、抑浮费、止括田、久任使、论好事、奖农务本、励学养士,诏中书省举行之。寻俾均逸于外,拜河南行省平章政事。时河南王不怜吉歹为丞相,待以师礼,由是政化大行。

　　元朝中叶的 9 位帝王之中,元仁宗在位时间相对较长(1312—1320,共 9 年),他热衷推行汉法,恢复科举考试,统治期间政局较为稳定,算是元代中期的一名有为之君。后代史家往往将皇庆、延祐这几年时间,称为"盛元",而盛元的开创,离不开仁宗皇帝对郝天挺等一批汉法文臣的重用。郝天挺作为朝廷亲信的国族重臣与李孟等汉人大臣一起,建言献策,为仁宗朝的繁荣局面打下了坚实的基础。

　　《元诗选》中有一首郝天挺写给李孟的诗《寄李道复平章》:

　　　　圣主尊贤辅,明时伏老臣。策勋分二陕,锡土列三秦。边徼风尘息,乾坤雨露均。遥知黄阁下,得句更清新。

　　李孟(1255—1321),字道复,号秋谷,元代中叶著名政治家。李孟是元仁宗爱育黎拔力八达之师,在仁宗夺取帝位的过程中起了非常重要的作用。元仁宗即位后,命他参赞大政,是形成所谓"延祐之治"的一位得力重臣。李孟在武宗、仁宗两朝三入中书,后两次在仁宗朝均出任平章政事,一次是在至大四年(1312,仁宗已登基,尚未改元),一次是在延祐元年(1314)。因为郝天挺卒于皇庆二年(1313),故此诗只可能写于李孟第一次平章政事任内。诗中对李孟的勋业进行了高度的评价,"策勋分二陕,锡土列三秦",谈到李孟在仁宗夺取帝位之际的定策之功以及获封秦国公的荣耀;"边徼风尘息,乾坤雨露均",则盛赞李孟在相位上国泰民安的雍熙盛况;而太平盛世的得来,靠的是首联"圣主尊贤辅,明时仗老臣",即明主贤臣的相辅相成。诗的末尾,郝天挺还不忘李孟的诗人身份,希望他身居相位,诗艺可以更上一层楼,足见这两位宰相级别的僚友还是互相唱和的诗友。上行下效,朝中宰相有如此雅兴,难怪延祐文坛彬彬大盛,虞集、杨载、范梈、揭傒斯等"元诗四大家"与赵孟頫、萨都剌、张养浩、贡奎、元明善、柳贯、黄溍、宋本等一大批元代文学的英才,都是在这样一个时代发出他们的歌声,形成了元代文学史上星光最为灿烂的一幕。李孟、郝天挺等朝廷宰辅的倡导,功莫大焉!

据《元诗选》所载,郝天挺还有一首《麻姑山》:

> 路入云关寂不哗,琼田瑶草带烟霞。贮经洞古无遗检,养药炉存失旧砂。青鸟空传金母信,彩鸾应到玉皇家。岩扉不掩春常在,开遍碧桃千树花。

此诗并无纪年可考,但麻姑山乃一座名山,被称为道教三十六小洞天之"二十八洞天",同时还是七十二福地中的"第十福地",坐落在今江西南城县境内。郝天挺一生宦迹所到之处甚多,仁宗即位不久,就任命他为江西行省右丞,这首诗可能就是在任上所作。诗的内容不外于对洞天福地仙风道意的描写,并无独特的思想价值,但属对工整,结构严谨,足见作者的诗法相当纯熟。

郝天挺作为封疆大吏,能在繁忙的政事余暇,登山览胜,感兴赋诗,他的境界自不是一般粗鄙无文的蒙古俗吏所能企及的。在元代前期的蒙古族政治家之中,郝天挺的名位虽然不及伯颜,但诗笔则不遑多让。

郝天挺还能文。《全元文》卷 456 辑有郝天挺《贻范元直书》一篇,文中所谈请放河朔百姓渡河南下之事,应当发生在金末"贞祐南渡"之际。范元直为金宣宗时期的河北西路机察使,为郝经祖父郝天挺的门生,郝氏乃代河朔百姓向他求情。故此文当为误辑,将元好问之师郝天挺的文章置于元好问之徒郝天挺的名下。但据《全元文》卷456,元好问之徒郝天挺还有一篇《杜氏孝感泉记》,讲述的是一位孝子的故事。因文字较为平实,缺乏文学色彩,兹不赘录。

郝天挺还有一项重要的文学功绩,就是为其师元好问所编的《唐诗鼓吹》作注。文坛泰斗姚燧和赵孟頫都曾为郝氏所注的《唐诗鼓吹》作序,在序中盛赞郝氏之注的价值。

姚燧《牧庵集》卷3《唐诗鼓吹序》称:

> 鼓吹,军乐也。遗山选唐诗近体六百余篇,以是名。遗山代人,云南参政郝公新斋,视为乡先生,自童子时尝亲几杖,得其去取之指归,恐其遗忘,既辑所闻与奇文隐事之杂见他书者,悉附章下,则公可为元门忠臣。公将种也,父兄再世数人,皆长万夫,于鼓吹之陪㩵稍而导绣幰者,似已饫闻,乃同文人词士,以是选为后部,寂寂而自随,无亦太希声乎! 其亦宏壮而震厉者,亦有时乎为用也。

赵孟頫《松雪斋文集》卷6《唐诗鼓吹序》称:

> 鼓吹者何? 军乐也。选唐诗而以是名之者何? 譬之于乐,其犹鼓吹乎! 遗山之意深意。中书左丞郝公,当遗山先生无恙时,尝学于其门,其亲得于指教者,盖非止于诗而已。公以经济之才坐庙堂,以韦布之学研文字,出其博洽之余,探隐发奥,人为之传,句为之释,或意在言外,或事出异书,公悉取而附见之,然后唐人之情深情性,始无所隐遁焉。嗟夫! 唐人之于诗美矣,非遗山不能尽去取之工;遗山之意深矣,非公不能发比兴之蕴。此政公惠后学之心,而亦遗山哀集是编之初意也。

两文都对郝氏的良苦用心大加褒奖。郝氏之注稳妥平实,主要注释典故、字词、地名等,不蔓不枝,评语中肯,对后世文学评点有一定影响。该书在元武宗至大元年(1308)首次刊行后,元明清三代多次刊刻,传世版本如明代叶氏广勤堂刻本、清代钱谦益评本和何义门评本等,其流传之久远足证其价值。《四库全书总目》著录有郝氏所注的《唐诗鼓吹集》,并评价道:"天挺之注,虽颇简略,而但释出典,尚不涉于穿凿,亦不似明廖文炳等所解横生枝节,庸而至于妄也。"

值得特别指出的是,作为一名蒙古族文学家,郝天挺在元代就涉足中华古典诗歌的理论评点,这是具有非同寻常的意义的。蒙古族学者特木尔巴根在其著作《古代蒙古作家汉文创作考》中认为:"郝天挺注《唐诗鼓吹集》,较之哈斯宝于1818—1819年间批注《红楼梦》者,早500余年。因此,我们可以说,郝天挺是蒙古族第一位文学理论家。"对于一个民族来说,文学理论家的出现肯定要比文学家的出现要晚得多,因为"饥者歌其食,劳者歌其事",文学家的产生是文学的自发阶段就会有的现象,而文学理论家必须到了文学自觉时代方能出现。作为刚刚摆脱无文字状态的马背民族,蒙古族书面文学的发展,到元朝中叶,不过百年,竟然就出现了钻研文学理论的郝天挺,这不能仅仅从蒙古文学自身发展的角度来解释,而要看到元代多元一体的大中华文化圈(元好问本身为北魏皇室鲜卑族拓跋氏的后裔,也是民族融合的一个好例子),融汇了各个民族文化的精华,蒙古文人郝天挺身处其中,通过自身努力,搭上了汉文文学发展的快车,才会作出如此不寻常的成绩。因此,可以说郝天挺的这个"蒙古族第一位文学理论家"是元代特殊历史条件造就的幸运儿,而元代带给蒙古文学的惊喜,远远不止郝天挺这一枚硕果。

此外,郝天挺还著有《云南实录》5卷,为云南地方文化的建设付出了心血,这与他在云南行省参知政事任上修文庙兴儒学的文治精神是一致的。

郝天挺于皇庆二年(1313)卒,年67。赠光禄大夫、中书平章政事、柱国,追封冀国公,谥文定。郝天挺所获谥号之中,有一个"文"字,这是对他文臣身份的一种认定。这位勋臣子弟弃武从文,彻底改变了家族定位,他的后人走在郝天挺开创的道路上。据《元史》卷174本传称:

> 子佑,字君辅,小字朵鲁别台。由宿卫补官,仁宗时拜殿中侍御史,以廉直著名,大受知遇。行省参知政事,拜陕西行御史台侍

御史。孙忠恕,翰林待制,献所著《无逸图》,命预修辽、宋、金三史,书成,即谢病归,卒于家。

可知,郝天挺的子孙都是文臣身份,且他的孙子郝忠恕任职翰林院,还成为"三史"编纂工程的一名参与者。安肃郝氏俨然成为书香门第,这也可以看做郝天挺的遗泽吧。

5.3 孤篇横绝的孛罗御史

元代蒙古族文学史上还有一位谜一样的人物——孛罗御史。明代以来多部元人散曲作品集,如《盛世新声》、《雍熙乐府》中,都著录有孛罗御史的〔南吕·一枝花〕《辞官》:

懒簪獬豸冠,不入麒麟画。旋栽陶令菊,学种邵平瓜。觑不的闹穰穰蚁阵蜂衙,卖了青骢马,换耕牛度岁华。利名场再不行踏,风波海其实怕他。

〔梁州〕尽燕雀喧檐聒耳,任豺狼当道磨牙。无官守无言责相牵挂。春风桃李,夏月桑麻,秋天禾黍,冬月梅茶。四时景物清佳,一门和气欢洽。叹子牙渭水垂钓,胜潘岳河阳种花,笑张骞河汉乘槎。这家,那家,黄鸡白酒安排下,撒会顽放会耍。拼着老瓦盆边醉后扶,一任他风落了乌纱。

〔牧羊关〕王大户相邀请,赵乡司扶下马,则听得扑冬冬社鼓频挝。有几个不求仕的官员,东庄措大,他每都拍手歌丰稔,俺再不想巡案去奸猾。御史台开除我,尧民图添上咱。

〔贺新郎〕奴耕婢织足生涯,随分村疃人情,赛强如宪台风化。趁一溪流水浮鸥鸭,小桥掩映蒹葭。芦花千顷雪,红树一川霞,长江落日牛羊下。山中闲宰相,林外野人家。

〔隔尾〕诵诗书稚子无闲暇,奉甘旨萱堂到白发,伴辘轳村翁说一会挺膊子话。闲时节笑咱,醉时节睡咱,今日里无是无非快活煞!

这一套散曲本色当行,风格豪放,用语纯熟,具有很高的艺术水准,在元代蒙古散曲家群体中俨然有孤篇横绝之势。然而这位孛罗御史到底是个什么样的人,至今仍是众说纷纭、莫衷一是。叶德均《元代曲家同姓名考》中称孛罗御史乃元世祖时人;隋树森编《全元散曲》推测孛罗御史为至治元年(1312)曾任中书平章政事的乃剌忽不花之子,官封镇宁王、冀王者;王季思编《元散曲选注》乃称孛罗御史生平不详;孟进厚著有《论蒙古族散曲家孛罗和他的〈辞官〉曲》,对孛罗御史的相关问题进行考证,然而由于史料的不足,很多问题还难以解释清楚。

我们只能根据零星史料进行推测,这位散曲家孛罗御史可能是元文宗时的御史大夫。其人先为山北辽阳等路蒙古军万户,延祐三年(1316)为周王和世㻋(即后来的元明宗)常侍,是和世㻋的心腹。泰定帝驾崩后,和世㻋的弟弟图帖睦尔在燕帖木儿等将领的扶助下赢得两都之战,登基称帝,但在诏书中称"谨俟大兄之至,以遂朕固让之心",并遣使迎接和世㻋南归。天历二年(1329),和世㻋称帝于和宁(和林,为元代岭北行省首府,在今蒙古国中部),孛罗被封为御史大夫。明宗带领一班亲信臣子志得意满地南下,似乎20年前爱育黎拔力八达夺得帝位让给其兄海山的一幕就要重演了。然而当年八月,明宗一行来到上都附近的王忽察都(在今河北省张北县北)时,已经逊位的图帖睦尔作为皇太子(爱育黎拔力八达也曾被海山封为皇太子。注意:不是皇太弟)前往迎接,兄弟君臣之间的一场欢宴却暗藏杀机,兄弟聚首4天之后明宗皇帝暴崩,图帖睦尔迅即复位于上都。"一朝天子一朝臣",孛罗自然不敢恋栈,赶紧辞去御史大夫之职,但他并没有因此逃过杀身之祸。据《元史·文宗本纪》记载,至顺元年(1332)秋七月丁丑"故丞相铁木迭儿子将作使锁住与其弟观音奴、姊夫太医使野里牙,坐怨望、造符箓、祭北斗、咒诅,事觉,诏中书鞠之。事连前刑部尚书乌马儿、前御史大夫孛罗……俱伏诛"。前御史大夫孛罗无疑是在劫难逃的政治斗争的牺牲品。目前学界大致认定这位孛罗就是元曲家孛罗御史。

〔南吕·一枝花〕《辞官》当作于孛罗辞去御史大夫之职后。这个套数揭露了官场的黑暗、仕途的险恶,表达了作者不贪恋荣华富贵,甘心于田园生活的情怀。

作品开门见山地点出主题——"懒簪獬豸冠,不入麒麟画"。獬豸冠乃古代法官所著,所以开篇便表明这是一位御史辞职,他就要像不为五斗米折腰的陶渊明和失去爵位亲自种瓜不计较盛衰荣辱的邵平一样,跟官场说再见了。至于告别官场的原因,就因为它既是利名场也是风波海。

下面4只曲子分别从不同侧面描写村居田园生活的乐趣,孛罗御史善于用鲜明的形象来表现主题,还善于通过刻画景物来抒发情怀。在他的笔下,"拼着老瓦盆边醉后扶"、"他每都拍手歌丰稔"、"伴辘轳村翁说一会挺脯子话"和"闹穰穰蚁阵蜂衙"、"燕雀喧檐聒耳"、"豺狼当道磨牙"形成了鲜明的对比,让人一望便知作者的思想倾向;"趁一溪流水浮鸥鸭,小桥掩映蒹葭。芦花千顷雪,红树一川霞",又是一幅多么可爱诱人的乡村风情画,怎不让人羡慕!这些语言既通俗明白,又痛快淋漓,表现了作者高深的汉文修养。而且整个套数,长达40多韵,以"麻"韵贯穿始终,读起来流畅活泼,声律铿锵,足见孛罗御史驾驭散曲这种艺术形式的能力非常高超。

被后世尊称为"曲状元"的元曲大家马致远有一篇套数〔双调·夜行船〕《秋思》,乃元曲绝唱。曲中从"密匝匝蚁排兵,乱纷纷蜂酿蜜,闹攘攘蝇争血"到"和露摘黄花,带霜烹紫蟹,煮酒烧红叶"的感情跨度,和孛罗御史辞官归隐的心路历程有着异曲同工之妙。只是,马致远一生沉沦下僚,曲中表达的更多是一种怀才不遇的感慨;孛罗御史则经历过统治阶级最高层的残酷权力斗争,流露出来的是发自肺腑的愤慨和沉痛。所谓的"无事无非快活煞"不过是自我安慰罢了,即使"无官守无言责相牵挂",又岂能完全跳出风波大海,不过3年之后,这位"山中闲宰相"就被牵连遭诛杀了。

王国维在《宋元戏曲史》中说:"元曲之佳处何在?一言以蔽之,自然而已矣。"《辞官》之佳处也正在自然,它真实地表现了孛罗御史的心境,丝毫没有那种"为赋新词强说愁"的矫揉造作。孛罗御史的散曲既有一定的思想内容又有较高的艺术技巧,置于元代散曲名作之林并无愧色。如果将孛罗御史放在元代蒙古族散曲家之中进行观照,无疑就

·欧·亚·历·史·文·化·文·库·

算得上一位孤篇横绝的散曲名家了。惜乎这样一位曲家并没有其他作品流传下来,甚至连他的详细生平也成了一个难解的谜。

5.4 元曲名家阿鲁威

阿鲁威(约1280—约1350),一作阿鲁灰、阿鲁犟,蒙古人,字叔重,号东泉,同时代文人往往以"鲁东泉"称呼他。延祐年间,官延平路总管;至治年间,官泉州路总管;泰定年间,入朝历任翰林侍讲学士、中书参知政事,还曾任经筵官,译《世祖圣训》、《资治通鉴》等为泰定帝讲说。致和元年(1328),官同知经筵事,是年挂冠南游,家于杭州城东,以教书为生。元顺帝后至元二年(1336),卷入平江路总管道童一案坐罪,后冤明,仍闲居杭州。阿鲁威能诗善曲,可惜诗作不传,散曲作品散见于《阳春白雪》、《乐府群珠》等书,现存19首。朱权《太和正音谱》评价其曲风"如鹤唳清宵"。从现存作品来看,阿鲁威艺术成就很高,堪称元代蒙古族散曲作家的代表。

阿鲁威的散曲,内容多为鄙薄高官厚禄,向往隐居生活;或者抒发时光易逝,感叹怀才不遇;追怀古代英雄贤士也是他喜爱的主题。另外,阿鲁威曾根据屈原《九歌》作〔双调·蟾宫曲〕小令9首。

阿鲁威有3首〔双调·蟾宫曲〕小令皆题为《旅况》:

正春风杨柳依依。听彻阳关,分袂东西。看取樽前,留人燕语,送客花飞。谩劳动空山子规,一声声犹劝人归。后夜相思;明月烟波,一舸鸥夷。

理征衣鞍马匆匆,又在关山,鹧鸪声中。三叠阳关,一杯鲁酒,逆旅新丰。看五陵无树起风,笑长安误却英雄。云树濛濛,春水东流,有似愁浓。

烂羊头谁羡封侯!斗酒篇诗,也自风流。过隙光阴,尘埃野马,不障闲鸥。离汗漫飘蓬九有,向壶山小隐三秋。归赋登楼,白发萧萧,老我南州。

这三首小令不知是不是在同一次旅途中所作,也不知是否有意安排,但是我们将它们放在一起欣赏时,明显可以看出这三支曲子之间存在一定的感情脉络。第一首,讲分别、讲相思,好像只是单纯的离愁别恨;第二首开始叹羁旅、叹失意,变成了深厚的满腔哀愁;第三首开篇思想境界就突然升华,变得鄙弃荣华富贵,追求诗酒风流,世路红尘在作者的眼中已经没有那么重要,他要把握自己的时光,做一位潇洒的江湖隐士去了!

阿鲁威晚年确实放弃仕途,归隐江南,但是他毕竟是蒙古国族身份,且出任过参政知事的高位,他的归隐和马致远那种屈沉下僚灰心退隐不同,也和乔吉那种仕宦无路流落江湖迥异。元朝中期政局动荡,皇帝像走马灯一样经常更换,一朝天子一朝臣,很多臣子一旦在政治斗争中站错了队伍就会遭遇不幸的下场,轻则乌纱不保,重则赔上身家性命。阿鲁威在泰定朝,担任翰林侍读学士、中书参知政事之类的高位,在仕途上达到了一生的巅峰。然而,两都之战中,天顺帝阿速吉八一方苦战落败,失去最高统治权。阿鲁威也毅然辞去朝臣之职,南下隐居,他的退隐是受到政治风潮牵连,不得已而为之,其实是"住又如何住",这位"东泉老"心中何尝不希望有朝一日东山再起呢?因此,在他的另外一些小令中,流露出非常明显的怀才不遇的情绪。如〔双调·蟾宫曲〕《遣怀》:

> 任乾坤浩荡沙鸥。酤酒寻鱼,赤壁矶头。铁笛横吹,穿云裂石,草木炎州。信甲子题诗五柳,算庚寅合赋三秋。渺渺予愁,自古佳人,不遇灵修。

〔双调·蟾宫曲〕《怀友》也是如此:

> 动高吟楚客秋风。故国山河,水落江空。断送离愁,江南烟雨,杳杳孤鸿。依旧向邯郸道中。问居胥今有谁封?何日论文,渭北春天,日暮江东。

封狼居胥的武略,把酒论文的文才,阿鲁威自信皆备,却无法施展抱负,只能将一片衷情寄给远方的知心好友了。

阿鲁威于文宗即位之际辞官归隐,但文宗的帝运并不长久,5年之后他就去世了,经过一番周折,妥懽帖睦尔被扶上帝位,是为元顺帝。

顺帝初年,朝政一度掌握在权臣伯颜手中,但顺帝渐渐长大,对伯颜越来越不满,依靠伯颜之侄脱脱的协助,罢黜伯颜夺回大权。至正初年,励精图治的元顺帝,重用脱脱,施行了一系列新政,元朝显示出一定的中兴气象。阿鲁威做久了江湖散人,似乎有点寂寞难耐,希望得到机会再度出山,上演一番贤臣遭际圣君的活剧。无奈远离权力中心,已是报国无门,只能通过吟曲来遣怀了。此曲多处化用前人诗意,杜甫、苏轼、辛弃疾、陶渊明、屈原,皆被阿鲁威驱遣于笔端,可见他的学养是非常丰厚的。《遣怀》、《怀友》的感情基调只是沉郁,〔双调·寿阳曲〕则有点看破红尘的味道了,曲中写道:

> 千年调,一旦空。惟有纸钱灰晚风相送。伥蜀鹃啼血烟树中,唤不回一场春梦。

以纸钱的意象入诗,这在传统的诗词中是比较少见的,而该曲以"纸钱"之"灰"加上"啼血"的"蜀鹃",营造出一种无比阴冷的气氛,从这首小令中可以看出作者心中那种隐藏不住的深深绝望。

阿鲁威似乎偏爱〔双调·蟾宫曲〕曲牌,他还有两首〔双调·蟾宫曲〕皆题为《怀古》,其一曰:

> 鸱夷后哪个清闲?谁爱雨笠烟蓑,七里严湍?除却巢由,更无人到,颖水箕山。叹落日孤鸿往还,笑桃源洞口谁关?试问刘郎,几度花开?几度花残?

这支曲子写的是功成身退的范蠡和严子陵、巢父、许由这般不愿出仕的高人隐士,追慕其林泉风度。

其二堪称他的代表作:

> 问人间谁是英雄?有酾酒临江,横槊曹公。紫盖黄旗,多应借得,赤壁东风。更惊起南阳卧龙,便成名八阵图中。鼎足三分,一分西蜀,一分江东。

这首小令,歌颂三国英雄的丰功伟绩:横槊赋诗的一代奸雄曹操,东吴的明君孙权和儒将周瑜,以及"功盖三分国,名成八阵图"的诸葛亮。因为这些人物旗鼓相当,才造成了天下三分势均力敌的局面。整首小令,文笔简练,格调高亢,具有一种慷慨豪迈的气概,阿鲁威本人的抱负也隐隐存乎其中了。

至于两首〔双调·湘妃怨〕,也是别有寄托:

楚天空阔楚江长,一度怀人一断肠。此心只在肩舆上,倩东风过武昌。助离愁烟水茫茫。竹上雨,湘妃泪;树中禽,蜀帝王。无限思量。

夜来雨横与风狂,断送西园满地香。晓来蝶蜂空游荡,苦难寻红绵妆。问东君归计何忙。尽叫得鹃声碎,却教人空断肠。漫劳动送客垂杨。

值得特别提出的是阿鲁威的一组9首〔双调·蟾宫曲〕,是根据屈原《九歌》进行的再创作,分别为:

东皇太乙

穆将愉兮太乙东皇。佩姣服菲菲,剑珥琳琅。玉瑱琼芳,烝肴兰藉,桂酒椒浆。扬枹鼓兮安歌浩倡。纷五音兮琴瑟笙簧。日吉辰良,繁会祁祁,既乐而康。

云中君

望云中帝服皇皇。快龙驾翩翩,远举周章。霞佩缤纷,云旗晻蔼,衣采华芳。灵连蜷兮昭昭未央。降寿宫兮沐浴兰汤。先戒鸾章,后属飞廉,总辔扶桑。

湘君

问湘君何处遨游。怎弭节江皋,江水东流。薜荔芙蓉,涔阳极浦,杜若芳洲。驾飞龙兮兰旌蕙绸。君不行兮何故夷犹。玉佩谁留?步马椒丘,忍别灵修。

湘夫人

促江皋腾驾朝驰。幸帝子来游,孔盖云旗。渺渺秋风,洞庭木叶,盼望佳期。灵剡剡兮空山九疑。澧有兰兮沅芷菲菲。行折琼枝,发轫苍梧,饮马咸池。

大司命

令飘风涷雨清尘。开阊阖天门,假道天津。千乘回翔,龙旗冉冉,鸾驾辚辚。结桂椒兮乘云并迎。问人间兮寿夭莫凭。除却灵均,兰佩荷衣,谁制谁纫?

少司命

正秋兰九畹芳菲。共堂下蘼芜,绿叶留黄。趁驾回风,逍遥云际,翡翠为旗。悲莫悲兮君远将离。乐莫乐兮与女新知。一扫氛霓,晞发阳阿,洗剑天池。

东君

望朝暾将出东方。便抚马安驱,揽辔高翔。交鼓吹竽,鸣篪絙瑟,会舞霓裳。布瑶席兮聊斟桂浆。听锵锵兮丹凤朝阳。直上空桑,持矢操弧,仰射天狼。

河伯

激王侯四起冲风,望鱼屋鳞鳞,贝阙珠宫。两驾骖螭,桂旗荷盖,浩荡西东。试回首兮昆仑道中。问江皋兮谁集芙蓉。唤起丰隆,先逐鼋鼍,后驭蛟龙。

山鬼

若有人兮含睇山幽,乘赤豹文狸,窈窕周流。渺渺愁云,冥冥零雨,谁与同游。采三秀兮吾令蹇修。怅宓妃兮要眇难求。猿夜啾啾,风水萧萧,公子离忧。

元曲之中,遣怀、怀古之类的作品并不少见,但是像阿鲁威这样根据前人名作"集体收编"化入散曲的组曲并不多见,尤其是屈原《九歌》这样的作品,想象雄奇、语言恣肆,本来与通俗自然的元曲风格相差甚远,阿鲁威迎难而上,通过艺术的再加工,既保留了原作的神韵,又使之增添了散曲的风情,实属难能可贵。而且,在这组元曲版《九歌》的字里行间,流露出作者对屈原的崇敬,如"君不行兮何故夷犹。玉佩谁留?步马椒丘,忍别灵修"隐含着对屈原爱国主义精神的褒扬,而"结桂椒兮乘云并迎,问人间兮寿夭莫凭。除却灵均,兰佩荷衣,谁制谁纫?"则将屈原(灵均)直接纳入散曲内容,对其高尚人格进行歌颂。这也说明了元代中华民族文化在"多元"之中的"一体",这种对爱国精神和高尚人格的认同,是中华大地各民族精神文化的交集,而正是核心价值的凝聚导致了中华民族在元代的最终形成。

阿鲁威虽然不是第一位蒙古族散曲家,但是他却是第一位大量创作散曲的蒙古作家,而且他是专业散曲作家,除了散曲之外并无其他作品流传下来。阿鲁威的散曲创作,不仅在蒙古族文学史上是一个里程碑,在元代散曲发展史上也具有重要地位。明代朱权的《太和正音谱》称他的散曲"如鹤唳清宵",并将他列为元散曲七十大家之一,这也充分说明了阿鲁威所取得的成就之高。

5.5 词林英杰童童学士

在元代蒙古族散曲家之中,童童学士可能是出身最为高贵的。童童(约1290—1350),号南谷,蒙古兀良合台氏。其高祖是成吉思汗麾下"四犬"之一的速不台;曾祖是追随忽必烈平定大理的名将兀良合台;祖父阿术是攻灭南宋的三大主将之一(其他两位为伯颜和阿里海牙);父亲不怜吉歹早年以勋臣子弟身份入国子学,受业于许衡,延祐元年(1314)受封为河南王,自此家族累世镇守河南。童童在泰定年间曾任河南行省平章政事,任满移往江浙行省,至顺二年(1331)入朝为太禧宗禋院使。由于童童曾任集贤学士,往往被时人称为"童童学士",或简称"童学士"。

童童的祖上奕世功业赫赫,堪与木华黎等"四大根脚"媲美,到了父亲不怜吉歹这一代,已进入相对和平的年代,不怜吉歹"舍弓马而事诗书",成为大儒许衡的入室弟子,《宋元学案》和《宋元学案补遗》皆将他列于《鲁斋学案》,可见其对于儒学并不是浅尝辄止的。这位河南王皇庆年间镇守河南时,著名蒙古族文人郝天挺曾出任河南行省平章政事,不怜吉歹非常尊重这位文坛前辈,"待以师礼",悉心请教善治之道,使得河南境内"政化大行"。童童的母亲胡氏是汉人。童童在汉化的道路上比乃父走得更远。据说他"善度曲,每以不见董解元为恨"。明朱权《太和正音谱》所列"词林英杰"150人,第9人即"童童学士"。今存散曲有两个套数:〔越调·斗鹌鹑〕《开筵》、〔双调·新水令〕《念远》。元人曹伯启《曹文贞集》卷9有《题童童平章画梅卷》,诗云:"画

·欧·亚·历·史·文·化·文·库·

出孤山清绝景,谁其作者似王孙。"可知童童还擅长绘画。《元诗选·癸集》存其诗 3 首。生平事迹见《元诗选·癸集》丁集小传、《元史》卷30 及卷 35 等。

童童的人品有很大的问题,《元史》中多次出现御史弹劾他的记载。如卷 30《泰定帝本纪》写道:

> [泰定四年八月]壬辰,御史李昌言:"河南行省平章童童,世官河南,大为奸利,请徙他镇。"不报。

泰定帝并没有处罚童童,但元文宗就不客气了。《元史》卷 35《文宗本纪》中记载:

> [至顺二年三月]监察御史劾江浙行省平章童童荒泆宴安,才非辅佐,诏免其官。

文宗下诏免了童童的江浙行省平章政事之职,但是童童并没有就此退出政坛,而是转任太禧宗禋使,但不久又遭到御史台的弹劾。

> [至顺二年九月]御史台臣劾太禧宗禋使童童淫侈不洁,不可以奉明禋。

看来这位勋贵之后,已经成为人人喊打的对象了。元末蒙古官员的贪腐现象是非常严重的,时人叶子奇在《草木子》卷 4 中痛心疾首地评论道:

> 元初法度犹明,尚有所惮,未至于泛滥。自秦王伯颜专政,台宪官皆谐价而得,往往至数千缗。及其分巡,竟以事势相渔猎,而偿其直,如唐债帅之比。于是有司承风,上下贿赂,公行如市,荡然无复纲纪矣。肃政廉访司官,所至州县,各带库子检钞秤银,殆同市道矣。春秋传曰:国家之败,由官邪也。官之失德,宠赂彰也。岂不信夫!

可见当时一般蒙古官员,皆是"大为奸利"。童童出身勋贵家族,祖上数代披坚执锐出生入死地为国效力,到了他这里,却如《草木子》卷 3 所言:

> 饬武备以修文德,两尽其道,古之教也。元朝自平南宋之后,太平日久,民不知兵。将家之子,累世承袭,骄奢淫泆,自奉而已。

至于武事,略不之讲,但以飞觞为飞炮,酒令为军令,肉阵为军阵,讴歌为凯歌,兵政于是不修也久矣。及乎天下之变,孰能为国爪牙哉! 此元之所以卒不振也。

童童就是那种"骄奢淫泆"的"将家之子",他已经败坏家声,蜕化为可耻的寄生虫了。

然而,虽说有"言为心声"的古训,文学史上"心声心画总失真"的现象却绝非少见。像潘岳那样风流倜傥、才华横溢,所作的《闲居赋》通篇大谈退官知足之道,现实生活中却厕身权臣贾谧"二十四友"之列,极尽谄媚之能事,乃至每次贾谧出门,他都要望尘而拜。童童荒泆宴安,政治上是个绝对的反例,文学上却取得相当高的成就。我们先看他的诗作,其诗现存 3 首,皆与河南有关。

第一首《题王子晋》:

屣弃万乘追浮丘,仙成驾鹤缑山头。碧桃千树锁金阤,玉省嘹亮天风秋。回眸下笑蜉蝣辈,蜗角争战污浊世。何当高气凌云霄,愿随环佩联云骑。

王子晋就是王子乔,本是周灵王的太子,他虽出身尊贵,却生性好道。据传说灵王二十二年(公元前 549),王子乔在伊洛之滨,遇到道士浮丘公,随之上嵩山修道,数十年后乘白鹤登仙。童童此诗写得就是这样一种慕道求仙的情怀。

第二首为《荥阳古槐》:

龙蟠夭矫兴雷雨,虎踞离奇隐鬼神。隆准千年成蚁梦,空余古树老荥滨。

荥阳古槐是很有来历的,传说刘邦当年带兵打仗,经过荥阳,突遇大雨,看到一棵槐树,形似华盖,就将马系在树下避雨。后来他登上帝位,这棵槐树被称为"系马槐",并被当地人奉为神树。童童通过写这株千年古木,寄托了对朝代兴衰的感慨。

还有一首《奉旨祀桐柏山》:

桐柏山高插半天,峰峦平处有神仙。御香南下三千里,淮水东流几万年。元鹤夜深和月舞,苍龙春暖抱珠眠。只今天子如尧舜,辟谷先生学种田。

该诗则是童童以公务身份发出的颂圣之作。封建时代,帝王深居简出,往往派遣亲信大臣前往名山大川祭祀,以求神灵庇佑国祚长久。桐柏山为"四渎"之一的淮水之发源地,乃中原名山,因此元朝帝王将其列为祭祀对象。这首诗有可能是童童担任太禧宗禋使时所作,颔联"元鹤夜深和月舞,苍龙春暖抱珠眠"颇为工整,虽为颂圣之制,尚属文采可观。

为童童赢得文学声誉的主要是他的散曲,现存童童散曲两套,不见小令。

其一为〔越调·斗鹌鹑〕《开筵》:

鹤背乘风,朝真半空。龟枕生寒,游仙梦中。瑞日融和,祥云岭耸。赴天阙,游月宫。歌舞吹弹,前后簇拥。

〔紫花儿〕昼锦堂筵开玳瑁,玻璃盏满泛流霞。博山炉细袅春风,屏开孔雀,褥隐芙蓉。桧柏青松,瘦竹寒梅浸古铜。暗香浮动,品竹调弦,走斝飞觥。

〔小桃红〕筵前谈笑尽喧阗,一派笙箫动。媚景良辰自情重,拚却醉颜红。一杯未尽笙歌送。金樽莫侧,玉山低趄,直吃的凉月转梧桐。

〔天净沙〕碧天边桂魄飞腾,银河外斗柄回东。畅好是更长漏永,梅花三弄。访危楼十二帘栊。

〔调笑令〕玉容。露春葱。彩袖殷勤捧玉钟。绛纱笼烛影摇红。艳歌起韵梁尘动。都吃的开襟堕巾筵宴中,绮罗丛醉眼朦胧。

〔尾〕金樽饮罢雕鞍控,畅好是受用文章巨公。比北海福无穷,似南山寿永。

蒙古民族豪迈善饮,特别喜欢组织各类饮宴,饮宴和狩猎一样被当做国之大事来对待,尤其是每年六月的诈马宴,每次大宴 3 日,用羊2000,堪称盛典。

这组套曲写的是一位达官贵人的寿宴。主人公位高望重,宾客云集,而筵席的场所环境优雅,景致宜人,整个寿筵欢声笑语,热闹非凡,还有乐人伴奏、舞姬助兴。主人、宾客开怀畅饮，"都吃的开襟堕巾筵宴中,绮罗丛醉眼朦胧"。此曲辞藻华丽,描写生动,不过字里行间都流露出童童对这种奢侈筵席极力称赞的态度,那么他被弹劾"荒泆宴安"也就不足为奇了。

更能体现童童散曲艺术水准的是〔双调·新水令〕《念远》:

烧痕回绿遍天涯。忆王孙去时残腊。愁垂帘外雨,忧损镜中花。掘土抟沙,感事自惊讶。

〔驻马听〕望眼巴巴,春陌香尘迷去马。梦魂飒飒,晓窗初日闹啼鸦。千声作念凑嗟呀。一丝情景留牵挂。许归期全是假。秀才每说谎天来大。

〔乔牌儿〕绣双飞线脚差。描并宿笔尖怕。牡丹亭闲却秋千架,好春光共谁耍。

〔落梅风〕肌消玉,脸褪霞。怎打熬九秋三夏。被薄赚的孤又寡,辜负了小乔初嫁。

〔雁儿落〕谁拦截巫女峡,谁改变崔徽画。谁糊涂汉上襟,谁扯破秋云帕。

〔得胜令〕身似井中蛙,命似釜中虾。难把猿心锁,空将鹃泪洒。情杂,下不的题着他名儿骂。性猾,恨不的揪住他身子打。

〔甜水令〕马上墙头,月底星前,窗间帘下。容易得欢洽。案举齐眉,带绾同心,钗留结发。哪曾有一点儿亵狎。

〔折桂令〕好姻缘两意相答。你本是秋水无尘,我本是美玉无瑕。十字为媒,又不图红定黄茶。我不学普救寺幽期调发,你怎犯海神祠负意折罚。生也因他,死也因他,恩爱人儿,欢喜冤家。

〔锦上花〕想着他锦绣充肠,诸馀俊雅。山海填胸,所事撑达。花下低头,风吹帽纱。月底潜踪,露湿罗袜。朱弦续有时,宝剑配无价。求似神仙,信似菩萨。才得相逢,扑絮纳瓜。恰早分离,瓶沉珠撒。

〔清江引〕一声去也没乱杀。少几句叮咛话。说归甚日归;待罢何时罢。梦儿中见他刚半霎。

91

〔离亭宴歇指煞〕狂风飘散鸳鸯瓦,严霜冷透鸾凤榻。好教我如痴似哑。佳期绝往来,后约无凭准,前语皆欺诈,空传红叶诗,枉卜金钱卦。凄凉日加,燕惊张氏楼,犬吠断韩生宅,虎拦住萧郎驾。闷随秋夜长,情逐春冰化。待他见咱,算他那狠罪过有千桩,害得我这瘦骨头没一把!

这组散曲共用了11支曲子,童童用如此大的容量,将一位青年女子对远方爱人的思念刻画得非常生动。开头写的是春回大地之际,思妇对去年残冬离开的爱人的思念开始越来越深。接着由相思之苦,渐渐过渡到对久久不归的爱人淡淡的埋怨,"秀才每说谎天来大"。随着春光日渐烂漫,思妇的思念越来越深,"牡丹亭"、"秋千架"这些常见的景物都会勾起她对往事的深深追忆。时间的延迟,使思妇的心中不禁对爱人产生了怀疑,"谁拦截巫女峡,谁改变崔徽画。谁糊涂汉上衿,谁扯破秋云帕"。这一连串的疑问涌上心头,思妇疑心爱人在异地他乡另有新欢,心中的妒火莫名地高烧,甚至想"题着他名儿骂"、"揪住他身子打"。但是两人的感情毕竟还是很深的,思妇心中的思念不能轻易割舍,曾经"案举齐眉,带绾同心"的情景又一再浮现,对"锦绣充肠,诸馀俊雅"的爱人真是日思夜想,"梦儿中见他刚半霎",真是颠倒痴狂,令人肠断。这位女子情到深处,不禁发出了"生也因他,死也因他"这样炽热浓烈的情话。思妇这一系列缠绵悱恻的心理变化,在作者体贴入微的笔端表现得淋漓尽致,童童学士真不愧为刻画女性形象的高手。到了结尾曲,他又巧妙地插入"狂风飘散鸳鸯瓦,严霜冷透鸾凤榻",既提醒读者不知不觉中已经春秋代序,又借如此萧瑟景象衬托思妇的心情。这位痴情的女子,似乎被思念煎熬得快要支持不住了,她"如痴似哑",心里面恨恨地想着"待他见咱,算他那狠罪过有千桩,害的我这瘦骨头没一把!"

从这首套数来看,童童确实是一位写情的高手,也是一位描写女性心理的高手,所以他才会自负地将自己和《西厢记》诸宫调的作者董解元相比。童童学士的散曲创作技巧如此高超,被朱权置于"词林英杰"的前排座位自是理所应当。

6　元代蒙古族文学家中的
两位忠烈

如果说元代前期的蒙古族文学家的文人气还不是那么浓的话,那么元代后期出现的一群蒙古族文学家就"文质彬彬"得多了,虽然其中也有能横槊题诗的将军和乃心王室的封疆大吏,但这些人身上的文人气质远远掩盖了他们在其他方面的光芒,虽然他们在政治、军事等领域也有很高的成就,但后人谈到他们时,主要是当做文学家来论列的。泰不华和月鲁不花就是元代后期蒙古文士的杰出代表,他们不仅是政界名流,更是声名赫赫的诗人,而且这两位蒙古文人都在元末的乱局中遭遇不幸,做了大元帝国的殉葬品。我们为这两位蒙古族文学家中的忠烈之士单独设置一章,详加介绍。

6.1　文武双全的泰不华

6.1.1　泰不华的族属

在元代众多蒙古族诗人之中,诗名最为显著者当属泰不华。

说到泰不华,首先要解决的是他的族属问题。清代以前,泰不华的族属本不是问题,元末陶宗仪的《书史会要》列举当世书法家,选入泰不华,称其为蒙古人。明初宋濂等著的《元史》称泰不华为伯牙吾台氏,世居白野山,没有确指是否蒙古人,这就给后世怀疑泰不华的族属埋下了种子。清代考据之风大兴,清中叶的汉学大师钱大昕在其著作《元史氏族表》中质疑泰不华的蒙古人身份,因为不仅蒙古有伯牙吾台氏,钦察、康里也有伯牙吾台氏,钱大昕认为所谓"白野山"乃是钦察汗国大汗驻节之地玉理伯里山(其地在今俄罗斯的乌拉尔山南麓伏尔加河流入里海处),因而泰不华是钦察伯牙吾台氏。

·欧·亚·历·史·文·化·文·库·

20 世纪史学大家陈垣先生在名作《元西域人华化考》中沿用钱氏的观点，以泰不华为色目人华化的典范之一。大蒙古国时期，蒙古大军的前两次西征（分别由成吉思汗和拔都率领）都曾攻掠钦察草原，钦察人多被蒙古军队俘虏后作为奴仆，带入中原地区。根据钱氏与陈氏的说法，泰不华家族可能就是这样来到中华内地的。

钱大昕的观点影响很大，在很长时间里几乎成为定论。但并非没有不同的声音，现代元史学界泰斗韩儒林先生在《穹庐集》里有一篇文章《西北地理札记》。其中第三节为"钦察、康里、蒙古之三种伯牙吾台氏"，韩氏认为：

> 《元史》卷一四三称泰不华为伯牙吾氏，世居白野山，陶宗仪《书史会要》谓其人号白野，蒙古人，我国元史学者钱大昕以后莫不以钦察人视之。陈援庵先生《元西域人华化考》（页七九下）且举元顺帝后燕帖木儿女证伯牙吾氏之属钦察部而泰不华之必为色目，但吾人今知钦察部外，康里、蒙古均有伯牙吾氏，名同而所隶属之部族不同，则泰不华之是否为色目人犹未可必也。如以白野为白里之讹、玉理伯里之省，则亦只为一种待证之假定而已。

如果说韩氏的论证语气还比较委婉，台湾学者萧启庆先生对泰不华为蒙古人则非常确定。萧氏的论文集《蒙元史新研》中收有长文《元代蒙古人的汉学》，其中将泰不华列为蒙古人在儒学和文学两个方面汉化的杰出例子，且在注释中专门作有"泰不华族属小考"，现抄录其论证的要点如下：

> 笔者认为泰不华系出蒙古的伯牙吾台一事，应可肯定。理由有二。第一，泰不华为右榜进士第一，按元制，"唯蒙古生得为状元，尊国人也"（《畏斋集》卷四、页九下，《送朵郎中序》）。第二，元人记载，除韩氏（本书作者按：韩氏指韩儒林先生）所引《书史会要》外，《秘书监志》（卷十，页二下）也说泰不华为蒙古人，而浦江郑氏义门《麟溪集》更称他为"蒙古伯牙吾氏"（《永乐大典》，北京，一九五九，卷三五二八，页二十七上）。明人所编《元音》（四库全书本，卷九，页十六上）亦称他为蒙古人。则泰不华出于蒙古而

非钦察,事属显然。

这些证据非常有力。笔者支持后二位学者的观点,认为泰不华为蒙古人。

6.1.2　泰不华生平

泰不华(1304—1352),字兼善,初名达普化,状元及第后元文宗改赐此名,元人诗中常称他达兼善。父塔不台为台州录事司判官,遂定居台州(今浙江临海)。泰不华早年师从江浙名儒周仁荣,17 岁江浙乡试第一,第二年廷试右榜进士第一,授集贤修撰,转秘书监著作郎,拜江南行台监察御史。顺帝初年出为河南肃政廉访司金事,不久移淮西,转江浙行省左右司郎中,擢秘书监,改礼部侍郎。至正元年(1341),除绍兴路总管,召入史馆,预修辽、宋、金三史,授秘书卿,升礼部尚书。至正九年(1349),为江东廉访使,改翰林侍读学士,不久出为都水庸田使,迁浙东道宣慰使都元帅。至正十二年(1352),在台州路达鲁花赤任上与农民军方国珍部作战中战死,年49,追封魏国公,谥忠介。

泰不华为官清正,为元末著名的死节之臣。作为一名蒙古族政治家,泰不华是高标独立、迥出流俗的。元朝末年吏治的腐败是出了名的,时人叶子奇曾在《草木子》卷 4《谈薮篇》中慨叹道:

> 元朝末年,官贪吏污,始因蒙古色目人罔然不知廉耻之为何物。问其人讨钱,各有名目。所属始参曰拜见钱,无事白要曰撒花钱,逢节曰追节钱,生辰曰生日钱,管事而索曰常例钱,送迎曰人情钱,句追曰赍发钱,论诉曰公事钱,觅得钱多曰得手,除授州美曰好地分,补得职近曰好窠窟,漫不知忠君爱民之为何事也。

这些蒙古官员,大多粗鄙无文,且在中原日久,流连繁华世界,早已失去马上得天下时的质朴,变成了一大批啮噬大元帝国政权根基的寄生虫。泰不华虽出身于低级军弁家庭,但自幼跟随名儒学习,接受的是儒家传统教育,一旦出仕牧民,以清节自砺,与一般蒙古官员判若云泥。他历任多所,到处政绩卓著,以至成为“清官”的代名词。

明人曹安的笔记《谰言长语》载有这样一则故事:

> 元台布哈为台州守,有所廉察,因夜宿村家。闻邻妇有姊姒夜

绩者,姊曰:夜寒如此,我有瓶酒在床下,汝可分其清者留以奉姑,下浊者吾与尔饮之。姒如其言,起而注清者于他器,且曰:此达元帅也,吾等不得尝矣。姊曰:到底清耶? 遂笑而罢。

台布哈即泰不华的别译。从上面的故事可知,泰不华的清名已经达到妇孺皆知的地步,按封建社会的说法,他可以称为"达青天"了。

泰不华的气节,也早就有所表现,《元史》卷143本传称:

泰不华尚气节,不随俗浮沉。太平为台臣劾去相位,泰不华独饯送都门外。太平曰:"公且止,勿以我累公。"泰不华曰:"士为知己死,宁畏祸耶!"后虽为时相摈斥,人莫不韪之。

泰不华多才多艺,不仅能诗善文,《元史》本传还称他"善篆隶,温润遒劲。尝重类《复古编》十卷,考正讹字,于经史多有据云"。陶宗仪《书史会要》中列举的当世书法家中就有:

泰不华,原名达溥化,御赐今名,号白野,蒙古人。状元及第,官至浙东宣慰元帅。以清厉显名,骨鲠不同于物。篆书师徐铉、张有,稍变其法,自成一家。行笔亦圆熟,常以汉刻题额字法题当代碑额,极高古可尚,非他人所能及。正书宗欧阳率更,亦有体格。

当时不少名士,如虞集、杨载、迺贤、宋本、宋褧、钱惟善、杨维桢、傅若金、李孝光、雅琥、王冕等都同泰不华有交往。泰不华曾拜当时著名文人李孝光为师,学习诗歌写作。从现存诗歌来看,其诗以五言见长,多寄赠送人之作,也不乏颂圣的内容,可以看出其诗风受李贺、李商隐的影响。顾嗣立称泰不华与雅琥、迺贤、余阙并逞才华,新声艳体,竞传才子,为异代所无。《送友还家》、《衡门有余乐》等诗则诗格清淡,其七言诗有唐人风致。《元诗选》录泰不华诗11首,题为《顾北集》。生平事迹见《元史》卷143、《宋元学案》卷8、《蒙兀儿史记》卷82、《新元史》卷217等。

6.1.3 忠烈泰不华

在介绍泰不华的文学成就之前,我们先带读者详细了解一下《元史》中作为政治家存在的泰不华,庶几可以"知人论世",更好地认识文学家泰不华。

《元史》卷143《泰不华传》记载泰不华生平出处甚详：

> 泰不华字兼善，伯牙吾台氏。初名达普化，文宗赐以今名，世居白野山。父塔不台，入直宿卫，历仕台州录事判官，遂居于台。家贫，好读书，能记问。集贤待制周仁荣养而教之。年十七，江浙乡试第一。明年，对策大廷，赐进士及第，授集贤修撰，转秘书监著作郎，拜江南行台监察御史。时御史大夫脱欢怙势贪暴，泰不华劾罢之。文宗建奎章阁学士院，擢为典签，拜中台监察御史。

根据记载，泰不华的父亲塔不台曾是怯薛的一员，后得授台州录事司判官。录事司为管理路府治所（类似今天的地级市市辖区）的正八品官署，判官为负责刑狱的佐贰小倅，则塔不台的官职不可不谓低微，因此泰不华早年家境是相当贫苦的。而且，泰不华的朋友苏天爵在《题兼善尚书所作诗后》中称塔不台"敦庞质朴，宛如古人"，"于华言尚未深晓"，泰不华家庭的文化教育条件想必不会太好。在这样的家庭背景下，泰不华走上文学道路的机会本来是微乎其微的。幸运的是，江浙名儒周仁荣发现了泰不华，精心加以培养。

《元诗选·癸集》有周仁荣小传：

> 仁荣字本心，台之临海人。父敬孙，师事金华王柏，受性理之学。仁荣承其家学，又师杨珏、陈大瑞，治《易》、《礼》、《春秋》，用荐者署美化书院山长，辟江浙行省掾史。泰定初，召拜国子博士，迁翰林修撰，升集贤待制。奉旨代祀岳渎，至会稽，以疾作，不复还朝。卒年六十一。本心工为文章，其所教弟子，多为名人，而泰不华实为进士第一，学者称为"月岩先生"。

《元诗选·癸集》存周仁荣诗一首，题曰《秋灯》：

> 繁华忽已飞，残书稍复整。玉虫吐孤照，茅斋夜初永。青荧洞古心，寂寞吊寒影。耿耿一室外，人世皆梦境。

从这首诗来看，周仁荣具有一种"板凳要坐十年冷"的学者精神。这位皓首穷经的老儒，学养深厚，且书法优长，在他的教导下泰不华也深通经学，精于书法。周仁荣与泰不华非亲非故，却愿意"养而教之"，承担亦师亦父的角色，肯定是泰不华自身具有特别之处，让周仁荣感觉"孺子可教"。泰不华果然没有辜负恩师的厚望,17岁就在江浙行省的乡试中取得第一,而且第二年在进士考试中一举夺魁,成为右榜状元,从此踏上仕途,成为国家栋梁。

按理说,一位国族状元,深通汉学,一心报国,如果能够遭际热心文治的君主,是很容易青云直上的,就如当年蒙古化了的色目人不忽木一样,成为一名一言九鼎的朝廷重臣。但是,泰不华遇到的可不是忽必烈那样的雄主明王,他于至治元年(1321)登科入仕,刚开始于英宗朝在翰林院做低级词臣,自然难有用武之地。英宗本是锐意进取之主,无奈仅做了3年皇帝就在"南坡之变"[1]中遇弑,继位的泰定帝质朴无文,泰不华被任用为风宪之官——江南行御史台监察御史。监察御史仅为七品,但"司耳目之寄,任刺举之事",实际地位非常重要。泰不华在御史任上,认真履行职责,弹劾贪暴不法的南台御史大夫脱欢,可见这位七品芝麻官是不畏权势、敢作敢为的。泰定帝驾崩后,在争夺帝位的"两都之战"中,武宗海山之子图帖睦尔在燕帖木儿死命效忠下取得胜利,后来还除掉亲兄和世瑓,坐稳皇帝宝座,是为元文宗。元文宗在政事上完全仰仗燕帖木儿,自己则醉心文艺,创立奎章阁学士院,延请虞集、柯九思等文人雅士探讨学问、鉴赏书画。天历、至顺之际,奎章阁学士院一时名士云集,不仅有虞集、揭傒斯、周伯琦等南人精英,以及许有壬、宋本、苏天爵、王守诚、李泂等汉人雅士,还有康里巎巎、雅琥等色目文人,当然也少不了蒙古国族文人的身影。泰不华作为状元郎,被提拔为从六品的典签,成为这个元代特有的文化机构中的国族代表之一。然而好景不长,文宗英年早逝,文宗皇后所立的懿璘质班又夭折,元廷不得已召回流放多年的妥懽帖睦尔,立为新君,朝廷大权仍然控制在权臣燕帖木儿手中。这个时候,元廷发生了一件以泰不华的儒家正统眼光看来荒谬可笑的事情。

顺帝即位,加文宗后太皇太后之号,大臣燕铁木儿、伯颜皆列

---

〔1〕元英宗即位之后,任用拜住为相,锐意推行新政,铲除权相铁木迭儿的党羽。以御史大夫铁失为首的铁木迭儿余党阴谋发动政变。至治三年(1323)八月五日,英宗与拜住自上都南返大都,途经南坡店(在上都西南30里)驻营,被铁失等杀死,史称"南坡之变"。

地封王。泰不华率同列上章言："婶母不宜加徽称，相臣不当受王土。"太后怒，欲杀言者。泰不华语众曰："此事自我发之，甘受诛戮，决不敢累诸公也。"已而太后怒解曰："风宪有臣如此，其不能守祖宗之法乎?"赐金币二，以旌其直。

这位文宗皇后比较迷信鬼神，不知是否因为鬼神驱使让她手下留情，泰不华侥幸躲过了杀身之祸，并得到微薄的赏赐。但他并没有就此飞黄腾达，仍然在中下级职位上挣扎，因为他弹劾过的权臣伯颜开始秉政，泰不华难以留在朝廷，只能在河南肃政廉访司、江南行台、江浙行省等地辗转任职。

出金河南廉访司事，俄移淮西。继迁江南行御史台经历，辞不赴，转江浙省左右司郎中。浙西大水害稼，会泰不华入朝，力言于中书，免其租。擢秘书监，改礼部侍郎。

7年之后，元顺帝长大成人，在脱脱的帮助下，扳倒了伯颜，真正掌握了大权。年轻的顺帝颇有几分朝气，元廷一时有了振作气象，泰不华也逐渐受到重视，升任秘书监，后改礼部侍郎，成为一名高级官员。此后泰不华仕途比较顺遂，所到之处政绩卓著。

至正元年，除绍兴路总管。革吏弊，除没官牛租，令民自实田以均赋役。行乡饮酒礼，教民兴让，越俗大化。召入史馆，与修辽、宋、金三史，书成，授秘书卿。

至正初年，顺帝在贤相脱脱的辅佐下，励精图治，力求更化，元廷一度呈现出一种中兴气象。此时的泰不华虽职位不高，所处的政治环境还是令他感到满意的，绍兴又是一个具有悠久文化传统的古城，泰不华在绍兴的生活相当适意。苏天爵《题泰不华自书所作诗后》中说："白野尚书，向居会稽，登东山，泛曲水，日与高人羽客游。间遇佳纸妙墨，辄书所作歌诗以自适，清标雅韵，蔚有晋唐风度。"此后，泰不华被召入史馆，参加《辽史》、《宋史》、《金史》的修纂。"三史"修纂是元代末期一项最为重要的文化工程，也是顺帝朝"脱脱更化"的重要内容之一。参与"三史"修纂的都是各族的文化精英，泰不华就是作为蒙古文人的杰出代表，参与到这一伟大事业之中的。他在其中发挥了重要的

·欧·亚·历·史·文·化·文·库·

作用,事成之后,朝廷论功行赏,升他为正三品的秘书卿。

在担任秘书卿的时候,泰不华的文名已经很大,当时浙东文士陈高,就曾给泰不华作书,希望泰不华带头扭转萎靡的文风。可见泰不华显赫的右榜状元郎身份,加上清贵的词臣地位,使他在当时文人心目中成为一位可以影响文坛风向的重要人物。陈高在《上达秘卿书》文章中写道:

> 夫物有以类相感者,固不待同居狎处而后通也,而人之相孚又奚俟于交面接目然后心合而可以言哉!高耳阁下之名,服阁下之德,而立阁下之风有年于兹矣,虽未尝一交面接目而心固已知必合矣。又得以未见颜色而辞其言乎?
>
> ……
>
> 伏惟阁下,抱俊才、负实学,擢于巍科,跻于膴仕,其文章、其节操、其政事,当世孰可与比者,而其名誉昭闻日久,言而人信之,倡而人和之,而今岁执文章司命之柄者,又在于阁下。故高敢以其说进焉。以为非阁下,则高之言不能售;非高,则以无有能以此为阁下言者。

泰不华被陈高称为"执文章司命之柄者",因为当时他正担任秘书卿的要职。可惜翻检元人王士点所著的《秘书监志》,却没有发现泰不华作的文辞,这不能不说是一大遗憾。泰不华担任秘书卿为时并不久,很快就调任他职。

> 升礼部尚书,兼会同馆事。黄河决,奉旨以珪玉白马致祭河神,竣事上言:"淮安以东,河入海处,宜效宋置撩清夫,用辊江龙铁扫,撼荡沙泥,随潮入海。"朝廷从其言,会用夫屯田,其事中废。

此后不久,泰不华的命运开始和方国珍联系在一起。至正八年(1348),朝廷高官泰不华以钦差身份赴浙东调查方国珍叛乱的情况。泰不华深入实地,细心调查,弄清了方国珍反叛的具体情况,无奈他提出的"招捕"方国珍的建议并没有被朝廷采纳,也许是因为朝中掌权的宰相脱脱等人仍然认为方国珍之流只是纤芥之疾,不足为虑吧。

> 八年,台州黄岩民方国珍为蔡乱头、王伏之仇逼,遂入海为乱,

劫掠漕运粮,执海道千户德流于实。事闻,诏江浙参政朵儿只班总舟师捕之,追至福州五虎门,国珍知事危,焚舟将遁,官军自相惊溃,朵儿只班遂被执。国珍迫其上招降之状,朝廷从之,国珍兄弟皆授以官,国珍不肯赴,势益横暴。九年,诏泰不华实察以闻,既得其状,遂上招捕之策,不听。寻除江东廉访使,改翰林侍读学士、知制诰同修国史。已而出为都水庸田使。

两年之后,方国珍在元廷的漠视下坐大,成为大患,朝廷想起了当年建议除祸于萌芽状态的泰不华,泰不华出任"浙东道宣慰使都元帅",有了将领身份,专事对付方国珍。泰不华取得了一些战果,但无奈先有孛罗帖木儿后有达识帖木迩,这些庸劣上司的掣肘,使他难以取得大功,眼睁睁地看着方国珍的势力越来越大。

十年十二月,国珍复入海,烧掠沿海州郡。十一年二月,诏孛罗帖木儿为江浙行省左丞,总兵至庆元。以泰不华稔知贼情状,迁浙东道宣慰使都元帅,分兵于温州,使夹攻之。未几,国珍寇温,泰不华纵火筏烧之,一夕遁去。既而孛罗帖木儿密与泰不华约以六月乙未合兵进讨。孛罗帖木儿乃以壬辰先期至大闾洋,国珍夜率劲卒纵火鼓噪,官军不战皆溃,赴水死者过半。孛罗帖木儿被执,反为国珍饰辞上闻。泰不华闻之痛愤,辍食数日。朝廷弗之知,复遣大司农达识帖木迩等至黄岩招之。国珍兄弟皆登岸罗拜,退止民间小楼。是夕,中秋月明,泰不华欲命壮士袭杀之,达识帖木迩适夜过泰不华,密以事白之,达识帖木迩曰:"我受诏招降耳,公欲擅命耶?"事乃止。檄泰不华亲至海滨,散其徒众,拘其海舟兵器,国珍兄弟复授官有差。既而迁泰不华台州路达鲁花赤。

在这样的情况下,泰不华选择了他自己眼中唯一的道路——以死报国。他明知方国珍为人狡猾多疑,却遣人前去施行"死间",希望诱捕方国珍。书生意气的泰不华哪里是阅历丰富的方国珍的对手,他的计策被识破,一场众寡悬殊的交战在所难免,虽然泰不华骁勇善战,在搏斗中力毙多人,但最终只能是失败。

十二年,朝廷征徐州,命江浙省臣募舟师守大江,国珍怀疑,复入海以叛。泰不华自分以死报国,发兵扼黄岩之澄江,而遣义士王大用抵国珍,示约信,使之来归,国珍益疑,拘大用不遣,以小舸二百突海门,入州港,犯马鞍诸山。泰不华语众曰:"吾以书生登显要,诚虑负所学。今守海隅,贼甫招徕又复为变,君辈助我击之,其克则汝众功也,不克则我尽死报国耳。"众皆踊跃愿行。时国珍戚党陈仲达往来计议,陈其可降状。泰不华率部众,张受降旗乘潮而前,船触沙不能行,垂与国珍遇,呼仲达申前议,仲达目动气索,泰不华觉其异,手斩之。即前搏贼船,射死五人,贼跃入船,复斫死二人,贼举槊来刺,辄斫折之。贼群至,欲抱持过国珍船,泰不华瞋目叱之,脱起,夺贼刀,又杀二人。贼攒槊刺之,中颈死,犹植立不仆,投其尸海中。年四十九。时十二年三月庚子也。僮名抱琴,及临海尉李辅德、千户赤盏、义士张君璧皆死之。泰不华既没,除江浙行省参知政事,行台州路达鲁花赤,不及闻命。已后三年,追赠荣禄大夫、江浙行省平章政事、柱国,封魏国公,谥忠介,立庙台州,赐额崇节。

泰不华殁后 3 年,朝廷才大加褒崇;而自至正八年(1348)起事到至正二十八年(1368)降明,方国珍对元廷屡降屡叛,却一直占据浙东之地,虽无王者之号,而有王者之实。这也是历史对泰不华开的一个伤感玩笑,他以死报国,结果却如此让人寒心。

不过泰不华这种"自分以死报国"的精神,却赢得了世人的尊重。元末明初的著名文臣危素,写下七律《挽达兼善》,悼念这位为国尽忠的状元郎:

> 大将精忠贯白日,诸生揽涕读哀词。天胡不陨杨行密,公恨不为张伯仪。满眼陆梁皆小丑,甘心一死是男儿。要知汗竹留芳日,只在孤舟水浅时。

危素在元末顺帝朝就曾担任过"三史"的编纂工作,明初又参加宋濂牵头的《元史》编写班子,堪称元明之际的史学大家。他在这首诗中,以史官的笔触对泰不华进行了一种"盖棺论定"式的评价。诗中的"甘心一死"可谓真实而准确地把握了泰不华的心理,泰不华身为元末衰世的忠臣,他没有逃脱历史的宿命,提前成为大元帝国的殉葬品。友人朱右挥泪写下《祭白野公文》(《白云稿》卷10),对泰不华的赍志而殁深表惋惜:

> 惟公之心可以暴白于天地,公之行足以孚信于神明。学优于人人,名著于朝野。公之生无憾矣!自受命统兵,致身许国,知无不为,而卒死于此,乌乎痛哉!天不相之,此五丈原之恨,至于今惜之。公之存也,浙水以东,干城完矣,保障固矣,生民之安危系焉。天不鉴乎公,独不念夫民与?顾以公之用心,民众之乐从,而事乃不克,是无天也。其如公何?鸣呼惜哉!公年来为时相摈斥,而公夙夜拳拳,不忘乎君父,有屈原之诚。公志吞逆贼,矢尽力穷,而骂贼不绝口,有张巡之贞。公之死无憾矣!乌乎!哲人云亡,邦国殄瘁,则予生之悲恸,又不止为浙东郡之民矣。继自今以往,学士君子,其将畴依?某辱公之知,尝从公幕下,而知公为尤深。适当远违,不能从公以死,鸣呼痛哉!闻讣奔走,载吊载唁,悲哀莫已。薄陈絮奠,有牲在俎,有酒在尊,神其来格,庶鉴兹文。

作为泰不华幕府中的浙东文士,朱右这篇祭文从切身体会出发,真实地写出了泰不华死后留在浙东政坛上的巨大空白,这也是留在浙东文人心头巨大的心理空白。泰不华在浙东的几年,是其一生中最为繁忙也最为艰苦的时期,他以生命为代价来恪尽守土之责,最后果然他人在浙东在,人亡浙东失。

元末明初陶宗仪的《南村辍耕录》卷15中有一则"吊四状元诗":

> 平江一驿舟中,有题吊四状元诗者,不知谁所作。诗曰:四榜状元逢此日,他年公论定难逃。空令太守提三尺,不见元戎用六韬。元举何如兼善死,公平争似子威高。世间多少偷生者,黄甲由来出俊髦。元举,王宗哲字也,至正戊子科三元进士,时为湖广宪佥。兼善,泰不华字也,时为台州路达鲁花赤。公平,李齐字也,时为高邮府知府。子威,李黼字也,时为江州路总管。此四公者,或大亏臣节,或尽忠王事,或遇难而亡,故云。若论其优劣,则江州第一,台州次之,高邮又次之,宪佥不足道也。

李黼是泰定四年（1327）左榜状元，在江州路总管任上，被徐寿辉部红巾军攻破孤城，巷战被围，大呼"杀我，毋杀百姓！"惨遭乱箭射死。李齐是元统元年（1333）左榜状元，在高邮知府任上，城破被擒，张士诚命他下跪，他怒斥："吾膝如铁，岂肯为贼屈！"被捶碎双膝后剐杀。王宗哲是至正八年（1348）状元，据说还是元朝状元中唯一一位连中三元者（解元、会元、状元），曾任湖北肃政廉访司佥事，被陶宗仪说成"大亏臣节"，但失节的具体情况已无史料可考，反正其为人"不足道也"。这4位状元中，李黼、李齐和泰不华被后人合称为元代"科举三魁"，生荣死哀，备受推崇。值得注意的是，李黼和李齐均是左榜状元，他们都是汉人，而泰不华本是蒙古人，却能和李黼辈一样舍生取义，更属难能可贵。

元代共开16科，产生16位右榜状元，其中泰不华声名最为显赫，主要是因为他的气节经得起"千秋公论"的检验。当然，泰不华也是元诗史上可以代表蒙古族成就的第一流诗人。

6.1.4　诗人泰不华

在清初顾嗣立所编的《元诗选》中，泰不华是存诗最多的蒙古族诗人。顾嗣立在所著《寒厅诗话》中称赞泰不华"与雅正卿（雅琥）、马易之（廼贤）、余廷心（余阙）并逞才华，新声艳体，竞传才子，为异代所无"。这里所论列的都是元代的少数民族文人，雅琥、廼贤、余阙都是色目文人的杰出代表，元代色目文学家人才辈出，而泰不华几乎是元代唯一一位被经常拿来与色目文人比较的蒙古文人。明代胡应麟在《诗薮》中称："达兼善绝句，温靓和平，殊得唐调。二人（包括余阙）皆才藻气节兼者。"余阙也是死在元末战乱之中的孤忠之臣，因此论者常将他和泰不华并称。

泰不华存诗24首，大体涉及如下几个主题：一是揭露官场黑暗，同情民间疾苦；二是描写帝都风光，与友人进行酬唱；三是抒发个人情怀，表达对田园生活的向往。泰不华诗风秀雅，诗笔纯熟，代表了元代蒙古族汉文诗歌创作的最高水准。

泰不华18岁就状元及第，可谓少年得志平步青云。从他早年在京城写的《陪幸西湖》中不难看出泰不华的政治理想：

> 北都冠盖地，西郭水云乡。珠树三花放，鸾旗五色翔。鸡翘辉凤渚，豹尾殿龙骧。驾拥千官仗，帆开百尺樯。属车陪后乘，清道肃前行。河汉元通海，湖山远胜杭。经纶属姚宋，制作从班扬。瑞绕金根动，声摇玉佩锵。春阴飞土雨，晓露挹天浆。御柳枝枝绿，仙葩处处香。葵倾惟日向，荷偃借风张。宝马鸣沙路，华舟迴石塘。金吾分禁御，武卫四屯厢。小大濡深泽，仁明发正阳。皇皇星斗润，落落股肱良。朝野崇无逸，邦家重有光。赐租宽下国，传诏出中堂。布政亲巡省，亲民或怠荒。麦禾连野迥，桑柘出林长。乐岁天颜喜，回銮月下廊。

"小大濡深泽，仁明发正阳。皇皇星斗润，落落股肱良。朝野崇无逸，邦家重有光。赐租宽下国，传诏出中堂。布政亲巡省，亲民或怠荒。"从这一连串"尧民图"般的画面中不难看出，泰不华期待的是君明臣贤、国泰民安的政治局面。

泰不华的《绝句二首》从内容看属于"宫词"，颇有韵致：

> 绣帘钩月夜生凉，花雾霏霏入画堂。吹彻玉箫人未寝，更添新火试沉香。

> 金吾列侍拥旌旄，五色云深雉尾高。视草词臣方退食，内官传敕赐樱桃。

二诗将宫廷生活的雍容华贵刻画得细腻真实。元代色目诗人萨都剌擅长宫廷生活题材，曾作《宫词》："深夜宫车出建章，紫衣小队两三行。石栏干畔银灯过，照见芙蓉叶上霜。"该诗辞采华美，情韵生动，但是被后世论者认为与元代宫廷生活实际不符。而泰不华长期在朝中为官，他本人作为词臣，可能有过进入宫廷的亲身经历，所以写起来显得真切自然。

上述诗作中的太平景象和雍容风度无疑是泰不华理想的状态。可是这位状元郎30年的从政生涯，恰恰遭遇元代最动荡的一段时期，皇帝更换得像走马灯一样，大元的11位皇帝中泰不华历仕7朝（英宗、泰定帝、天顺帝、文宗、明宗、宁宗、顺帝）。在这样的政治局势下，正直

·欧·亚·历·史·文·化·文·库·

清廉、直言敢谏的泰不华空有一身才华和满腔热忱,却始终不能得到重用,只能通过诗歌向朋友发发牢骚,如《寄姚子中》:

> 懒趋青琐备朝班,焚却银鱼挂铁冠。琪树有枝空集燕,竹花无实谩栖鸾。汉廷将相思王允,晋代衣冠托谢安。圣世只今多雨露,上林芳草似琅玕。

根据诗意,此诗当作于监察御史任上,姚子中应为他的同僚好友。此诗开篇就将自己的官责看成虚应故事,御史台的职权已经在权臣面前被虚化为"备朝班"的摆设了。早年忽必烈所说的,中书省是左手,枢密院是右手,御史台是医治两手的,这一番话早已被燕铁木儿和伯颜之流践踏如泥。御史台同僚们虽然有着高尚的职衔,却无法发挥弹劾奸邪的职责。泰不华这样的忠介之臣只能幻想,元朝也能出现设计除掉奸相董卓的东汉王允和以宰相风度镇住权臣桓温的东晋谢安那样的良臣贤相,力挽狂澜于既倒之势。无奈日复一日看不到希望,只好说一些"圣世多雨露"之类冠冕堂皇的话,看似是对好友的安慰,又是在自我解嘲,和唐代诗人岑参的"圣朝无阙事,自觉谏书稀"有异曲同工之妙。通过这样一首诗,我们不难想象,像泰不华这样一位深通儒学的国族文人,对于尊号官称长达246字的燕铁木儿控制下的朝政,到底是怎样一种观感了。

另一首《上尊号听诏,李供奉以病不出,奉寄》,也是通过诗歌来表达对朝政的不满:

> 丹凤衔书出内庭,羽林环卫拥霓旌。千官拜舞开仙仗,四海讴歌荷圣情。香雾细添宫柳碧,日华遥射锦袍明。侍臣亦有文园病,卧听龙墀鼓吹声。

所谓的上尊号,就是顺帝即位之初,在权臣燕铁木儿的操纵下,上文宗皇后"皇太后"之号,在泰不华看来,以叔母为太后,根本不符合儒家礼仪,因此就以卧病为由,拒不参加这一闹剧。这首诗就是在这样一种心境下写出的,表面看起来满是歌功颂德之语,其实微言大义,合乎风人之旨。

前文已述及,泰不华因为此事犯颜进谏,还差点丢了性命。好在他有一些朋友可以互相慰藉，共渡艰难时世。好友之中就有同年状元宋本，见诗作《寄同年宋吏部》：

> 金镜承恩对紫薇，锦鞯白马耀春晖。谩随仙仗朝天去，不记宫花压帽归。海国风高秋气早，关河云冷雁声稀。嗟予已属明时弃，自整丝纶觅钓矶。

宋本也是至治元年（1321）状元郎，和泰不华恰好同年，不过汉人宋本乃左榜状元，国族泰不华是右榜状元。一科两名状元郎，这是元朝才会有的现象，而同年状元郎之间的唱和，从现存史料来看，除了泰不华和宋本之外，中国历史上也没有第二对了。由于对方是状元郎，而且业已贵为吏部侍郎，所以开头两联讲了些功名富贵的套话，但是颈联就露出萧瑟之气——"海国风高秋气早，关河云冷雁声稀"，气象恢弘，对仗工整，通过景物描写将泰不华的忧患意识表露无遗，这一联堪称元诗名句。正四品的高级官员宋本尚且不能有所作为，而还在监察御史七品职位上蹭蹬的泰不华，自然更加难以施展胸中所学，结尾就只能是"读书人一声长叹"了。

宋本的弟弟宋褧也是一位诗人，他和乃兄有"大小宋"之称。泰不华和宋褧也是诗友，经常与之唱酬，如《春日次宋显夫韵》：

> 帝城三月多春色，南陌风光画不如。踯躅花深啼杜宇，鸬鹚滩涨聚王馀。玉楼似是秦宫宅，金水元非郑国渠。处处笙歌移白日，扬雄空读五车书。

宋家昆仲，虽则籍贯大都，但早年随父游宦江南，因为延祐复科，这一对才子毅然北上，希望利用胸中才学获取功名。泰不华的诗，应该作于宋褧取得功名之前。泰不华在科举方面少年得志，一举成名天下闻，他对于尚未取得成功的宋褧抱有深深的同情。在他的笔下，帝城春光，玉楼笙歌，却蒙罩着一层"秦宫汉阙"那种盛极而衰的危机感。"处处笙歌移白日，扬雄空读五车书"，像宋褧这样的饱学之士穷居陋巷而无人问津，也许就是衰世到来的一个预兆吧。

后来宋褧继武其兄，于泰定元年（1324）登进士第，他的座师就是元代文坛宗主虞集，这位大文人也是泰不华的诗友，如《春日宣则门书

事简虞邵庵》:

> 三月龙池柳色深,碧梧烟暖日愔愔。蜂粘落絮萦青幔,燕逐飞花避绿沉。仙仗晓开班玉筍,云韶春奏锡翰林。从臣尽献河东赋,独有相如得赐金。

元代南人在朝廷文名最重者,无过于赵孟頫和虞集。赵孟頫获得重名,元仁宗爱育黎拔力八达的极力推崇起到很大作用,仁宗认为赵孟頫可比唐之李白和宋之苏轼;虞集为有元一代宗师,文学成就更在赵孟頫之上,但是他实际发挥文坛领袖作用是在任职奎章阁侍书学士之际,也可以说虞集的崇高文学地位,与元文宗图帖睦尔的宠遇不无关系。泰不华此诗当作于文宗朝与虞集同在奎章阁学士院时。虞集以文学才华受知于文宗,正处于仕宦生涯的巅峰,而泰不华比虞集年少30多岁,乃是文坛晚辈,歌颂虞集也是理所应当。这首诗将景物描写得如同鲜花着锦,从而将虞集的地位声望很好地衬托了出来。

陈垣先生的《元西域人华化考》卷5还增补了泰不华诗一首:

> 近年上海有珂罗版印《元八家法书》,中有泰不华行书《赠坚上人重往江西谒虞阁老》七言律一首,为《元诗选·顾北集》所未载。诗云:

> 昔年曾到楚江干,探得骊珠振锡还。忆著匡庐成独往,眼中秦望共谁攀。声华牢落金闺彦,烟雨凄迷玉筍山。绝代佳人怜庾信,早年词赋动天颜。

虞集于至顺三年(1332)元宁宗懿璘质班夭折后辞官,回到江西崇仁,直到至正八年(1348)病逝,一直在那里生活。这首诗不知确切创作年份,但从"早年词赋动天颜"来推测,可能是在虞集离开朝廷后很多年了。诗中以"绝代佳人怜庾信"况虞集,倒是颇有意思。虞集和庾信一样,都是才华绝代的才士,而且都是由南入北。泰不华这样进行比较,显出其独特的诗学眼光。

泰不华在元代蒙古文人中最为多才多艺,在儒学、诗歌、书法等方面都有相当成就,他的才华之高,即使在汉族文人中也不多见。泰不华的仕宦经历主要在大都和两浙地区,所以他的交游对象一般都在这两个地方。

泰不华的《顾北集》早已散佚，顾嗣立《元诗选·初集》辑得24首，其中唱酬对象就有虞集、宋本、宋褧、赵知彰、述律杰、吴善、姚子中、王奏差、刘提举、李供奉等，全无蒙古、色目人。其中，虞集为泰不华在奎章阁的上司，宋本为同年，宋褧为宋本之弟，述律杰为契丹族出身的儒将，曾任云南宣慰司都元帅，善于吟咏，喜欢与文士唱和，这些人皆为当时文坛的杰出之士。

现知曾赠诗给泰不华的文人，除雅琥、廼贤外，皆为汉族文士，包括虞集、袁桷、柯九思、宋褧、吴师道、苏天爵、傅若金、李孝光、叶懋、朱德润、顾瑛、郯韶、郑元祐、吴克恭等。雅琥，字正卿，西域色目人，泰定元年（1324）进士，工诗能书，曾任奎章阁参书，为泰不华之同僚。廼贤，字易之，出身葛逻禄氏，占籍庆元（今浙江宁波），为元末著名诗人。廼贤曾于至正六年（1346）北上大都觅职，应在此时与泰不华结识。汉族文士之中，虞、柯、宋、吴、苏、傅等人为泰不华大都任职时的师友，虞集、柯九思、苏天爵皆为奎章阁之同僚，袁桷则为集贤学士，吴师道为泰不华的同年，傅若金则为北上求仕的江西才子。李孝光以下则为泰不华在两浙的师友，李孝光为泰不华业师，朱德润为江浙著名画家，顾、郯、郑、吴都是顾瑛玉山草堂文人集团的成员，泰不华虽然未曾亲临昆山，却与这个文人集团一直保持联系。

泰不华还和诗人、画家王冕是好朋友。王冕年轻时曾到大都观光，据《（万历）绍兴府志》卷43《人物志九·儒林》记载，王冕北游大都时，曾住在泰不华家中，泰不华当时担任秘书卿，欲荐王冕以官职，王冕曰："公诚愚人哉，不十年，此中狐兔游矣，尚可言仕？"即日南还。王冕这位元末文士，在后代能有如此大的名声，离不开《儒林外史》中的形象刻画。《儒林外史》中有达官贵人求画，王冕画一条牛在门上以示讽刺的情节，其人的不合流俗可想而知。泰不华和王冕这样特立独行的南人关系亲密，除了他自身也是生长于江南之外，更多的应该是一种同气相求的知己情分。但是，泰不华和王冕身份不同，身处末世，眼见沧海横流、生灵涂炭，作为南人的王冕可以置身事外，一走了之，身属国族的泰不华却不能袖手旁观,他又岂是"愚人",岂不明白"铜驼荆棘"的道理,但也只能"知其不可而为之",鞠躬尽瘁,以身许国了!

泰不华的朋友还包括契丹人述律杰。述律杰,字存道,号鹤野,因述律氏在辽代为后族,赐姓为萧,故也称萧存道。述律杰曾受文宗之命抚定晋冀关陕,后平定云南大理之乱,被授为云南宣慰司都元帅。述律杰是诗书名将,喜欢与文士唱和。泰不华是其诗友之一,有《与萧存道元帅作秋千词,分韵得香字》:

> 芙蓉宫额半涂黄,双送秋千出宫墙。帘底燕惊花雨乱,树头蜂绕袂生香。巧将新月添眉黛,闲倩东风响佩珰。归去绿窗和困睡,暂凭春梦到辽阳。

从诗题分析,该诗当为诗酒雅集之时的作品,所写对象为深宫女子,并无特别之处。但泰不华笔下色彩鲜明,情韵生动,刻画出一位寂寞的宫女惹人怜爱的小儿女情态。

除了上述与名人唱酬的诗作之外,泰不华还有一些赠别之作,都是在大都时写给即将离京外任的朋友的,如《赋得上林莺送张兵曹二首》:

> 春阴苑树合,日出见黄鹂。圆声度繁叶,流羽拂高枝。时节苦易换,况经多别离。君子贵求友,勿怀幽谷悲。

> 春日阳关道,莺声满上林。来从金谷晓,飞度玉楼阴。柳嫩难分色,歌停稍辨音。明朝空解语,人去落花深。

张兵曹不知名字,大概对由大都外调地方心中怀有忧闷。泰不华一方面为友人离去而惆怅,"人去落花深",离愁别绪藏在景中;一方面又安慰他"勿怀幽谷悲",只要正道直行,"莫愁前路无知己"。

另有《送赵伯常淮西宪副》:

> 东华晨雾正霏霏,使者分符向合淝。封事尚留青琐闼,蒙恩近出紫宸闱。江涵晓日明楼堞,风引春云上绣衣。珍重故人千里别,绿尊须尽莫相违。

赵伯常也是宋褧的朋友,宋褧《燕石集》中也有《送赵伯常淮西宪副二首》,诗后有注:"赵先为南台御史,巡历海南,召为左司都事,分司上都,今以清贫求出,故有是命,父母皆葬庐州。"赵伯常以淮西江北道肃政廉访司副使(正四品)的身份回到合淝(庐州,今安徽合肥市),堪称衣锦还乡,思乡心切的泰不华非常羡慕,故作诗相贺。

还有一首《送琼州万户入京》:

> 海气昏昏接蜃楼,飓风吹浪蹴天浮。旌旗画卷蕉花落,弓剑朝悬瘴雨收。曾把乌号悲绝域,却乘赤拨上神州。男儿坠地四方志,须及生封万户侯。

泰不华所送友人中大概琼州万户是路途最为遥远的了,而且琼州悬隔海外,自古号称绝域。但是作为海疆重地,琼州正是用武之处,而且元文宗图帖睦尔曾流放海南,取得帝位后不少琼州官吏得以攀龙附凤,升到朝中为官。所以泰不华满怀豪情壮志地勉励朋友"男儿坠地四方志,须及生封万户侯"。在这首诗中,依稀可以看到大元帝国早期那种开疆拓土的气概,可以说泰不华自己身上蒙古将种的血性也显露出来了。

泰不华还有其他几首赠别诗,如《送刘提举还江南》:

> 帝城三月花乱开,落花流水似天台。人间风日不可住,刘郎去后应重来。

以及《送新进士还蜀》:

> 金络丝缰白鼻䯄,锦衣乌帽小宫花。临邛市上人争看,不是当年卖酒家。

二诗分别将对方比作天台山中遇仙的刘晨和成都市上衣锦还乡的司马相如,贴合二者身份,构思精巧。

最后还有一首《送王奏差调福州》:

> 春水溶溶满鉴湖,兰舟长护锦屠苏。可怜走马闽山道,榕叶阴中听鹧鸪。

奏差乃是官署中掌管赍送表笺章疏之类的小吏,泰不华不嫌弃对方官职低微,赋诗相送,对于一位封建士大夫来说,这是很难得的。

与那些议论朝政或者赠别友人的诗作相比,泰不华的田园诗要恬淡素雅得多,如其中最具代表性的《衡门有余乐》:

111

衡门有余乐,初日照屋梁。晨起冠我帻,亦复理我裳。虽无车马喧,草木日夜长。朝食园中葵,暮撷涧底芳。所愿不在饱,顾颔亦何伤。

这首诗学陶渊明而深得陶诗真趣,诗人说自己甘愿蓬门荜户,躬耕读书,流露出的是一种"独善其身"的追求。但是篇末的"顾颔"表现出的又不是肉体的憔悴,而是诗人在"兼济天下"的志向不得施展之后精神上的苦闷。这和陶渊明从少年时期"猛志逸四海,骞翮思远翥"到晚年归于"羁鸟恋旧林,池鱼思故渊"的转变,有共同之处。只是陶渊明最后返回柴桑老家,而泰不华却无法割舍报国之志,不忍辞官归隐,只能托还乡的友人捎去对故乡和家人的思念了,如《送友还家》:

君向天台去,烦君过我庐。可于山下问,只在水边居。门外梅应老,窗前竹已疏。寄声诸弟侄,老健莫愁予。

泰不华的父亲乃是年长后仕宦于台州遂定居下来,而泰不华则是生于斯长于斯,台州既是他的梦中故乡也是他的精神家园。那里的青山绿水,老梅疏竹,无不惹起他的牵挂。他是多么渴望回到故乡的怀抱啊!后来泰不华在元末乱起之后,终于有机会回到浙东,可惜王命在身,戎马倥偬,再也没有闲情雅致去欣赏山水田园之乐了。

元代是文人画最为兴盛的时期,而题画诗比例很高也是元诗的一个显著特点。泰不华有不少画家朋友,如前面已经提到的王冕,泰不华曾为其《梅竹双清图》题诗:

冰魂无梦到瑶阶,翠袖云鬟并玉钗。青鸟莫衔红绶带,夜深重认合欢鞋。

"双清"到了泰不华笔下,带了一点有迹可循的香艳色彩。宋人论诗曾惊诧于禀性刚正的开元名相宋璟竟然写下满带柔情的《梅花赋》,其实立身之刚与诗作之柔并不是不可以统一的,陶渊明不是也写过缠绵悱恻的《闲情赋》吗?泰不华这样的铮铮铁汉也是写情的圣手。

这幅《梅竹双清图》依然存世,收藏于台北故宫博物院。不过这幅画并非王冕一人所作,而是王冕画梅、吴镇画竹的合璧之作。吴镇也是元代著名画家,与黄公望、倪瓒、王蒙并称"元四家"。

泰不华曾在奎章阁学士院担任典签,深受元文宗宠爱的柯九思任鉴书博士,二人互为僚友。泰不华也曾为柯九思的画题诗,如《题柯敬仲竹二首》:

> 堤柳拂烟疏翠叶,池莲过雨落红衣。娟娟唯有窗前竹,长是清阴伴夕晖。

> 梁王宅里参差见,山简池边烂漫栽。记得九霄秋月上,满庭清影覆苍苔。

与前面那首题王冕画的绝句刻意描画梅之"艳"相比,这两首诗突出竹之"清"。

泰不华还有一首《题祁真人异香卷》:

> 帝阁芙蓉罨画山,天香飘缈碧云间。夜深放鹤三花树,自把《黄庭》月下看。

祁真人,就是元初著名的全真道士祁志诚。泰不华这首诗对菜下饭,写得道意盎然。

泰不华虽是蒙古国族,但出身颇为贫寒,他显达之后,并没有和劳动人民拉开距离,他的《桐花烟为吴国良赋》就是为一名墨工所作:

> 吴郎骨相非食肉,朝食桐花洞庭曲。洞庭三月桐始花,千枝万朵摇江绿。吴郎采采盈顷筐,宝之不啻琼膏粱。真珠龙脑吹香雾,夜夜山房捣玄玉。墨成谁共进蓬莱,天颜一笑金门开。河伯香飞喷木叶,太守嘘气成楼台。龙宾十二吾何有,不意龙文入吾手。芙蓉粉暖玻璃匣,云蓝色映彤墀柳。玉堂退食春长昼,桃花纸透冰油光。筠管时时濡秀石,银钩历历凝玄霜。君不闻易水仙人号奇绝,落纸二年光不灭。又不闻□□□□乌玉玦,坡老当年书秫叶。惜哉唐李不复见,吴郎善保千金诀。呜呼!吴郎善保千金诀。

诗中以非常形象的笔触描写了吴国良制墨技艺的精湛,对墨品的质量更是大加夸赞。泰不华本身就是一位书法家,深通笔墨之道,所以才能将墨之神奇写得淋漓尽致。

泰不华还有一些吊古的诗作,如《卫将军玉印歌》:

> 武皇雄略吞八荒,将军分道出朔方。甘泉论功谁第一?将军

金印照白日。尚方宝玉将作匠,别刻姓名示殊赏。蟠螭交纽古篆文,太常钟鼎旌奇勋。君不见,祁连山下战骨深,中原父老泪满襟。卫后废殂太子死,茂陵落日秋风起。天荒地老故物存,摩挲断文吊英魂。

卫青是西汉时期的一代名将,其姐姐卫子夫为汉武帝皇后,他又立下赫赫战功,被封为大将军,位极人臣。玉印就是卫青荣华富贵的一个历史见证,但是诗人泰不华透过不败将军卫青辉煌的战绩,深刻地认识到名将的成功是建立在"祁连山下战骨深"的基础上的,正是"一将功成万骨枯"!而高层的权力斗争又是那样变幻莫测,一旦"卫后废殂太子死",后台倒掉,任凭你再常胜不败,再功高劳苦,也只能成为政治牺牲品。泰不华在出任绍兴路总管之前,在朝中任职20年,经历了太多尔虞我诈的权力斗争,卫青的这枚玉印,不过是他用来借古讽今的一个靶子罢了。

泰不华的这些诗作,或春容正大,或深情绵邈,或慷慨激昂,或风流蕴藉,风格多样,诗笔纯熟,其中不乏内容和辞采俱佳的好诗。所以他才能成为元代蒙古族诗人在汉文诗坛的杰出代表,占据元诗史的前排位置。而且,我们还应该看到,泰不华现存诗作虽然数量并不算少(他是元代蒙古族诗人存诗最多者),但从内容上判断,这些诗作都是泰不华在大都为官时期写下的。至正元年(1342)泰不华外放为绍兴路总管,此后10年间,虽一度被召回大都修史,但大部分时间在地方为官,经历远比京官时期来得丰富。尤其是至正九年(1349)开始和方国珍打交道之后,泰不华一直处在军事政治斗争的最前线,他能获得的人生感悟又远非此前太平岁月可以同日而语。然而,泰不华生命中最多彩的最后十余年,竟然没有诗歌流传下来。这肯定不会是泰不华戎马倥偬没有写诗,因为泰不华在浙东任上,留下一些碑刻文字(散文),说明他在文坛上仍然很活跃,不应该对体裁厚此薄彼,只写散文而不写诗,肯定是诗作未来得及刊行就毁于战火中了。

清代诗人赵翼有名句云:"国家不幸诗人幸,赋到沧桑句便工。"社会生活的急剧变化往往能为诗人提供平常无法获得的诗料,同时也丰富他们的心灵历程,使其有可能作出更为深刻的作品,而这样和历史的脉搏一起律动的诗篇往往被称为"诗史",是最能够让读者心灵震颤的佳作。从这种意义上说,泰不华散佚的晚年诗作有可能是他一生中最有价值的篇什。由于文献的缺失,我们无法领略泰不华最后10年的歌声,这也使泰不华很遗憾地成为一个被元代诗歌史严重低估的人物。

6.1.5　泰不华的散文

泰不华在元代蒙古族中,不仅是存诗数量最多的,而且也是散文传世篇数最多的。李修生先生主编的《全元文》卷1591著录泰不华文7篇,大多具有较强的文学色彩。

其中《重建灵溥庙记》、《祷雨歌序》及阙文《明伦堂序》皆为纪事之用,讲的都是地方政事。《重建灵溥庙记》作于元统三年(1335),在这篇文章末尾,泰不华议论道:

> 龙于天壤间用为最大,雨土殖谷,化渗为穰,俾民用粒食。其变化离合,与元气相降升,茫洋旁魄,邈乎其无间也。然假之必有其道,在《易·涣》之贞,风其悔水,风行水上,其象为享帝立庙。盖涣者,散也。庙所以拯涣也,齐于斯,荣于斯,聚神气于斯。

泰不华不愧为名儒周仁荣的高足,对儒家那套道理运用起来得心应手。

《祷雨歌序》作于至正三年(1343)绍兴路总管任上,文中写道:

> 至正三年,余守越。夏六月,不雨。率僚遍祷群望,又不雨。河流且竭,岁将不登,心甚忧之。父老或进曰:"郡有杨道士者,能以其术致云雨,盍请试之?"余信道不笃,又以百姓故,遂设坛长春宫,礼致道士如父老言。既而天果雨,获免于饥。因作歌以纪其事,复以报道士。

天旱不雨,他"心甚忧之",乃至为了百姓而去"礼致道士",泰不华的确是一位父母官,可谓"为官一任,造福一方"。

《明伦堂序》乃是阙文,所写为"翰林应奉林君希元任上虞尹捐俸倡修县学之明伦堂"之事。上虞乃绍兴路属县,正是绍兴路总管泰不华的治下。文中有"今夫环千里而郡,百里而邑,莫不建学立师"云云,

·欧·亚·历·史·文·化·文·库·

可见泰不华对地方教育的重视,《元史》称他在绍兴路"教民兴让,越民大化",确非虚语。

上文已经论及,泰不华乃是元末著名的清官。这与他自幼受到的儒家正统教育有关,泰不华最喜爱的历史人物就是北宋名臣范仲淹。他多次题跋范仲淹的墨迹,毫不掩饰对范氏的崇敬之情。

他在《题范文正公书伯夷颂卷后》中写道:

> 魏国文正范公在宋朝为名臣,称首当时,论者或直以为圣人,或方治以夔、卨,是岂泛然而为之言哉?观魏公出处,始终大节,一合乎道,其丰功盛德,焕乎简册,若日星之不可掩,山岳之不可齐,与天地相为悠久,其穷理尽性以至于命者欤?今观魏国所书《伯夷颂》,笔法森严,真可与《黄庭》、《乐毅》等书相颉颃。是则魏公非特于德行功业超然杰出,其于书法亦造乎其极者也。然公不他书,而书韩子《伯夷颂》者,尤见公切切于纲常世教,未尝一日而忘也。披玩再三,令人敛衽起敬。至元三年后丁丑岁秋九月望,后学泰不华谨书。

看到这幅墨宝,泰不华立刻就想到范仲淹的出处大节,以"若日星之不可掩,山岳之不可齐,与天地相为悠久"来进行评价,可谓推崇至极。范仲淹的书法对于其德行功业来说,已经是末事小技,但在书法家泰不华看来,仍然是"造乎其极者"。

《题范文正公与尹师鲁二札卷后》则云:

> 范文正公以论事忤执政,遂落职知饶州。于时直范公者相属于朝,尹师鲁亦自请同黜,可以见一时贤才之盛矣。师鲁既贬监郓州税,观范公二书中语,略不及当时事,亦不以师鲁因已被黜而加存问。盖范公所论为国也,而师鲁之请以义也,是岂有一毫私意于其间哉?书末云"惟君子为能乐道",前贤之用心于此可见矣。二帖笔力遒劲,有晋人遗意,尤非泛泛于书者,范氏其世宝之!至元三年丁丑岁秋九月望,后学泰不华书。

泰不华从范仲淹与朋友的书信中,看出他至公无私的情怀。在泰不华心中,范仲淹的一举一动,哪怕是私人交往之际,都极具君子风范。

范仲淹是泰不华心中的完人,泰不华也一直以范仲淹那种"先天下之忧而忧,后天下之乐而乐"的精神,舍身忘我地做官任事,最终得以像范仲淹一样名垂青史。

美国普林斯顿大学博物馆藏有泰不华《跋鲜于枢御史箴》,其文曰:

> 右鲜于伯机书《御史箴》一卷,运笔处得《兰亭》遗意,结体大率仿《瘞鹤铭》,蒙隶、飞帛等法时一出之,真可当一代合作。松雪翁谓:笔笔皆有古法。斯尽之矣!宜宝藏之。白野泰不华题。

台湾学者姜一涵的专著《元奎章阁及奎章人物》中,影印有泰不华此幅墨宝,从中可以看出泰不华书法的功力确实深厚。

此外,泰不华的题跋还有《书李孝光汉洛阳令方圣公储传后》,乃至正四年(1344)所作,该文叙事简略,兹不赘言。

6.2 梦笔生花的月鲁不花

6.2.1 月鲁不花生平

元代后期蒙古族文学家中和泰不华命运比较相似的还有月鲁不花。他和泰不华一样曾为江浙乡试的解元,后来成为进士,也曾被委派到战乱频仍的江浙行省为官,最终结局也是以身殉国。有所不同的是,泰不华的命运和方国珍纠缠在一起,月鲁不花遭遇的则是张士诚。

月鲁不花(1308—1366),字彦明,号芝轩,蒙古逊都思氏,占籍绍兴(今属浙江)。江浙乡试右榜第一,元统元年(1333)登进士第,授台州录事司达鲁花赤,丁忧归。至正元年(1341)授行都水监经历,入为集贤待制,除吏部员外郎,升吏部侍郎,累迁保定路达鲁花赤,改大都路,拜行台御史中丞。至元二十年(1360)除浙西肃政廉访使,后改山南道。浮海遇倭寇,不屈被害。赠辽阳等处行中书省平章政事、上柱国,谥忠肃。尝受业于韩性,为文下笔立就,粲然成章。《元诗选·三集》录其诗11首,题为《芝轩集》。生平事迹见《元史》卷145、《元史类编》卷38、《元史新编》卷49、《元书》卷31、《元诗选·三集》小传等。

·欧·亚·历·史·文·化·文·库·

与出身下层军弁家庭的泰不华不同,月鲁不花家世不凡。他的五世祖就是成吉思汗麾下"四杰"之一的赤老温,赤老温父子在铁木真被泰赤乌人追杀时曾救过他,因此深得铁木真信赖,后来赤老温追随铁木真披坚执锐,作战勇猛,立下许多大功。铁木真成为成吉思汗后,为了报答赤老温,将他列为大蒙古国的十大功臣之一,命他统领逊都思氏,且令赤老温和木华黎、博尔术、博尔忽为四位怯薛长,子孙后代加以世袭。因此这4个家族也被称为"四大根脚",是除了黄金家族之外,蒙古贵族中地位最显赫的一群。但不知何故,"四大根脚"中其他3个家族均代代尊享荣华富贵,与元室始终保持密切联系,赤老温家族却逐渐衰落,元朝建立之后就失去了怯薛长的世袭职位,子孙后代也多屈沉下僚,再也无法和木华黎等家族并驾齐驱。

据波斯学者拉施特《史集》[1]记载,成吉思汗在世时,除分赐诸弟及3个儿子术赤、察合台、窝阔台之外,其余的全部军队和斡耳朵均由幼子拖雷继承。但在拖雷死后,窝阔台没有和诸王商量,就擅自将拖雷管辖下的军队中的"亦鲁该那颜的兄弟、异密都剌带宝儿赤及雪你惕部军队、二千速勒都思部人分给了自己的儿子阔端"。为此,拖雷属下万户、千户塔塔儿人失乞忽秃忽,速勒都思人宿敦那颜,忙忽惕人者台那颜等到拖雷正妻唆儿忽黑塔尼别吉和长子蒙哥处告状,打算要回窝阔台分出去的军队。但唆儿忽黑塔尼别吉表示应该服从合罕的决定,让分出去的军队仍留在那里。蒙哥即位后,窝阔台系后王因与反蒙哥的阴谋叛乱相牵连,原来属窝阔台管辖的军队多被接管或遣散。但由于阔端和拖雷家族的友好关系,原来窝阔台从拖雷管辖下分去的一千雪你惕部人和二千速勒都思(逊都司的别译)部人仍归阔端管辖。

台湾学者萧启庆先生在《元代四大蒙古家族》一文中根据以上记载进行推测,认为赤老温的后人,正在这两千速勒都思部人当中。也就是说,赤老温家族和逊都思氏在窝阔台系和拖雷系的斗争中,不幸成

---

〔1〕拉施特(1247—1317),曾任伊利汗国宰相20年之久,奉伊利汗合赞和合儿班答之命,主持编纂《史集》。《史集》是中世纪最有价值的历史文献之一,既是一部蒙古历史著作同时也是一部世界历史著作。

为牺牲品,从而丧失了之前优越的政治地位。但我们自己研究上述《史集》的说法,首先是窝阔台在汗位时仗势将逊都思部从唆儿忽黑塔尼别吉(当时拖雷已死,由她执掌拖雷系)那里夺走,后来拖雷系的蒙哥夺得汗位,逊都思部本应回到拖雷系大家庭,但是由于拥有逊都思部的窝阔台之子阔端和拖雷系关系好,蒙哥就没有收回逊都思部。整件事情,逊都思部都是被动的,他们并不存在背叛或者投降的问题,只是被当做棋子摆布而已。可是正所谓"神仙打架,凡人遭殃",逊都思部就在这种自身无法左右的隶属关系变更中失去了拖雷系的信赖。赤老温家族也失去了世袭的怯薛长职位和"四大根脚"的优越地位,变成一个普通的蒙古家族,赤老温的后人们需要从低级将领开始做起,想进入最高权力层几乎是再无可能了。

好在赤老温家族有着顽强的生命力,当他们发现祖先赖以起家的军功已经无法使他们出人头地时,便作出重大调整,"以文易武",走上诗书传家的道路。在逊都思氏汉化的道路上,起关键性作用的是月鲁不花的父亲脱帖穆耳。元代"儒林四杰"之一的黄溍曾为脱帖穆耳撰《明威将军管军上千户所达鲁花赤逊都台公墓志铭》(《金华黄先生文集》卷35),文中称:

> 公为人廉介质直,不喜纷华,讲阅之暇,日与贤士大夫游,清言雅论,亹亹不倦。悬车之后养高,城南辟斋阁,悬弓剑著壁间,聚古今图书布列左右,延名师教其子。每遇风日清美,辄缓辔郊外,徜徉竟日。或幅巾藜杖,命家童抱琴自随,散步闾巷间,稚耋迎笑,扶拥而俟,亦不拒也。礼部侍郎泰不花出守越,作新学校,行乡饮酒礼,迎致公居僎,辅公升降拜起,不忿于仪,人皆望而敬之。
>
> ……
>
> 铭曰:国家之兴,必有世臣。由本而支,弥久益振。时方承平,垂衣当宁。息戈投马,以文易武。靖共尔位,弗震弗惊。礼义干橹,舒舒捍城。宾客在前,图书左右。载悬吾车,长歌击缶。我弓我冶,世适是承。尔仲尔季,人遗一经。发藻儒林,踵武相接。趋而过庭,珪重组叠。

通过上文描述,可知脱帖穆耳汉化程度已经颇高,致仕之后过着一种文士的潇洒生活,还受到泰不华的礼重。脱帖穆耳特别重视对子弟的教育,他延请浙东名儒韩性教导自己的两个儿子月鲁不花和笃列图。

韩性(1266—1341),字明善,绍兴人。精通性理之学,是浙东著名理学家。韩性以讲学为业,弟子众多,王冕就是他的弟子。

月鲁不花师从韩性,获益匪浅,他"为文下笔立成,粲然成章",顺利成为进士,而且他的进士之路还颇为特别,据《元史》卷 145 本传记载:

> 就试江浙乡闱,中其选,居右榜第一。方揭晓,试官梦月中有花象,已而果符其名,人以为异。遂登元统元年进士第。

元代的名将之后"舍弓马而事诗书"进入文坛者比比皆是,如贯云石就是灭宋三大主将之一的阿里海牙之孙,童童乃成吉思汗麾下"四犬"之一的速不台之五世孙……但像月鲁不花这样通过科举考试成为进士者,却是少之又少的。

月鲁不花进士及第后,被朝廷任命为台州路录事司达鲁花赤。他在任上大力兴办教育。

> 县未有学,乃首建孔子庙,既又延儒士为之师,以教后进。

和状元身份及第的泰不华不同,月鲁不花入仕之后长期在地方为官,且很长时间是在江浙行省,他担任过江浙行省都水监经历,看来常被用做技术性官员。当然月鲁不花也曾担任过集贤待制一类的词臣职位,但是时间不长,就转任事务性非常强的吏部员外郎之职。

> 奉命至江浙糴粟二十四万石,至则第户产之高下,以为糴之多寡,不扰而事集。既而军饷不给,又奉命出糴于江浙,召父老谕曰:"今天子宵衣旰食,惟恐泽不下民,民不得其所耳,然奈盗贼何。夫讨贼者必先粮饷,以我不扰汝,故命我复来,盖讨贼即所以安民耳。父老其谓何?"众咸应曰:"公言是也。"不逾月,粮事以毕。……未几,太师、右丞相脱脱南征,辟从军事,督馈饷,馈饷用舒。

月鲁不花出色的办事能力,是一般儒臣很难具备的。连续几次妥善处理了棘手情况,使他很快就在众多蒙古官员中脱颖而出,被安排到监察御史的重任上。我们前面已经知道,在元代监察御史只是正七品的官阶,但是因为它的职责非常重要,不是一般官吏轻易可以担任的。月鲁不花在御史任上,多有建言,也屡获采纳。

首上疏言:"郊庙礼甚缺,天子宜躬祀南郊,殷祭太室。"继又上疏言:"皇太子天下之本,当简老成重臣为辅导,以成其德。"帝皆嘉纳之。

月鲁不花所奏请的这些,都是儒家文治的内容,因为此时元朝政局还算平静。至正十一年(1351)以后,中原大地红巾军蜂起,脱脱围徐州之役的失败,更是让大都南面的腹地也暴露在起义军的兵锋之下。中书省腹里地区的保定路自古就是军事要冲,月鲁不花临危受命,出任保定路达鲁花赤,开始走上军事斗争的最前线。

会方重选守令,以保定密迩京师,除保定路达鲁花赤,陛辞,诏谕谆切。保定岁输粮十万石于新乡,苦弗便。月鲁不花请输京师仓以便之。俄除礼部尚书。保定父老百数诣阙,言乞留监郡以抚吾民,遂以尚书仍知郡事。会贼北渡河,日修城浚濠为战守具。廷议发五省八卫军出戍外镇,月鲁不花疏愿留其兵护本郡,遂兼统黑军数千人及团结西山民义军,势大张。贼再侵境,皆不利,遁去。升中奉大夫,锡上尊四、马百匹,僚佐增秩有差,别降宣敕俾赏有功者。召还为详定使。保定民不忍其去,绘像以祀之。去保定一月而城陷矣。

月鲁不花在保定发挥了"人在城在,人去城失"的作用,就因为他能体恤百姓,团结军民,所以才能使自己成为大都南门外的一道屏障。后来朝廷还利用他的威望招降永平城的反叛武装。

会剧贼程思忠据永平,其佐雷帖木儿不花伪降,事觉被擒,杀之,思忠遂守壁益坚。诏令月鲁不花招抚之,众悉难其行,月鲁不花毅然曰:"臣死君命,分也,奈何先计祸福哉。"竟入城谕贼,贼皆感泣罗拜纳降。

保定路失陷后,月鲁不花转任大都路达鲁花赤,担负起更重的责任,并深受元顺帝的信任。

> 入见帝宣文阁,有旨若曰:"朕以畿甸之民疲敝,特选尔抚吾民。尔毋竣威,毋驰法,或挟权以干汝以非法,其即有闻。"视事之初,帝及皇后、皇太子皆遣使赐之酒。

后来北方红巾军三路北伐皆告失败,大都南侧的军事压力有所缓解。元廷松了一口气,又开始惦记起"江南财赋地"——被张士诚、方国珍等占据的江浙行省了,一大批亲信大臣被差遣经略江南,早年在江浙行省有过出色政绩的月鲁不花,自然也是重要人选。他被委以江南行御史台御史中丞的高位,南下江浙,开始和张士诚打起了交道。

> 会张士诚据浙西,僭王号,度弗可与并处,谓侄同寿曰:"吾家世受国恩,恨不能刺贼以报国,矧乃与贼同处邪。"令同寿具舟载妻子,而匿身木柜中,蔽以稿秸,脱走,至庆元。士诚部下察知之,遣铁骑百余追至曹娥江,不及而返。

泰不华与方国珍部力战而死,当时元朝政府在江浙还有相当数量的军队可供作战。到了月鲁不花出任南台中丞之时,浙东早已为方国珍牢牢控制,浙西则是张士诚的天下。张士诚对元朝叛服无常,一旦遇到被元廷和方国珍夹攻的危险就投降称臣,还曾被封为太尉。月鲁不花在浙西时,元廷已经彻底失去制裁张士诚的能力,他只好对这位听封不听调的草莽将军虚与委蛇,最终靠机智逃出了张士诚的控制。不久,朝廷也命月鲁不花改任山南江北道肃政廉访使,看来月鲁不花就要离开是非的漩涡了,文友乌思道也颇为兴奋地写下《送逊都月公赴山南廉访使序》,祝福他在新的岗位上发挥更大的作用:

> 至正二十六年夏五月,诏逊都公为山南江北道肃政廉访使,戒行,人谓朝廷所寄之重者,今安于公矣。始公受江南诸道行御史台中丞之命,留南郡,上下协恭,进贤黜奸,崇礼明法,威名四达,十道俱服。时宪台多故,由公振作光耀,功加于昔,惟藩将跋扈,方伯莫测,公绳纠以法,厥惟艰哉!
>
> 闻春宫在益都,公将往见。有南图,谢病出关,而适得山南之

命也。而山南凋敝于兵燹,其政治之得失,风俗之变更,民人之欣戚,举在公,研究物情,奋扬风纪,将必有同列荐绅,郡中父老告之矣。仆草茅之人,辱上交,乃独言公下士之美。公居台端,恒接见博士,有吐哺握发之勤,温恭自虚之善,故南郡之士多为公宾客。念公交游亲旧皆象笏金鱼之贵,犹汲汲与布衣施报,岂直如献子之忘势而已。盖公由进士显而礼貌不衰,讲贯不倦,是己之出者,合乎诗书之原也。圣人谓子贱身能事贤,虽尧舜之治亦不过此,公岂办此哉!且公为朝廷倚赖,行入内,其位愈高,而言行于天下,四目之明,四聪之达,必为公任,尤思谨于所接矣。行之日,仆以是补于称功德之次,而系诗于后云。

无奈月鲁不花虽侥幸逃过张士诚的追兵,却遇到比张士诚更可怕的敌人。山南江北道乃江南诸道行御史台下辖十道之一,治所在中兴路(今湖北江陵),其地在长江中游,本可由江浙溯江西上。但此时大元帝国江南鱼烂,长江沿岸早已是张士诚、朱元璋们的天下,月鲁不花只好浮海北上,计划绕道元廷控制下的华北地区前往荆湖地区,却在路上遭遇倭寇。

俄改山南道廉访使,浮海北而往,道阻,还抵铁山,遇倭贼船甚众,乃挟舟人力战拒之,倭贼绐言投降,弗纳。于是贼即登舟攫月鲁不花令拜伏,月鲁不花骂曰:"吾朝廷重臣,宁为贼拜邪。"遂遇害。当遇害时,麿家奴那海刺杀首贼。次子枢密院判官老安、侄百家奴扞敌,亦死之。同舟死事者八十余人。事闻,朝廷赠抒忠宣武正宪徇义功臣、银青荣禄大夫、辽阳等处行中书省平章政事、上柱国、谥忠肃。

元朝末年,正值日本南北朝时期,国家分裂动荡,武士大量失职,很多流浪武士铤而走险,成为浪人,在中国沿海劫掠商船。元廷陆域都已难保,自然没有余力肃清海疆,因此这些浪人的海盗活动非常猖獗。月鲁不花乃元廷重臣,倭寇还是将他杀害,同船80余人,全部不能幸免。可怜月鲁不花乃是将门之后,文武双全,官至正二品,却死于倭贼之手!他宁死不屈,从容就义,展现了中华民族的崇高气节,称得上民族英雄。

纵观中日关系史,元代是一个非常特殊的时期,元世祖至元年间国力强盛,多次宣谕日本促其来朝,日本镰仓幕府不愿臣服,忽必烈两次派遣大军前往征讨[1],都失败而归,两国因此一直处于敌对状态。终元一代,中日关系都没有什么起色。元朝末年政局动荡,日本也进入南北朝的战乱局面,大量失意武士失去生计,转而侵扰中国沿海地区,给中日关系蒙上了长达几个世纪的阴影,直到德川幕府统一日本之前,倭寇一直是中国沿海地区的噩梦,残害了无数中华儿女。月鲁不花是元代死于倭寇的官位最高者,他的不幸遭遇,着实令人扼腕叹息。

6.2.2　月鲁不花的诗作

月鲁不花能文善诗,著有《芝轩集》,惜乎未能传世。元末浙东慈溪定水寺住持高僧来复(见心上人)编辑的《澹游集》,收录与当时浙东名流俊彦的唱和之作,其中有月鲁不花诗9首。清代顾嗣立将月鲁不花存诗辑入《元诗选·三集》,题曰《芝轩集》。月鲁不花作品多是与见心上人唱和之作,如《次韵答见心上人》:

> 每见诗文湖海上,千年相识北来初。客边邂逅情何密,方外交友迹似疏。师喜已通三藏法,我惭未读五车书。秋风欲赴云泉约,一榻清风万虑除。

> 玉立双峰古寺雄,团团桂树结清阴。编蒲尽孝追尊宿,制锦成文重士林。常日谈经山鬼听,有时持钵洞龙吟。远公曾许渊明醉,又寄诗来动客心。

来复是元末著名的诗僧,曾主持庆元路慈溪(今属浙江)著名古刹定水寺,与江浙文化名人多有交往,且其交往对象中不乏蒙古、色目人士。根据此诗内容,月鲁不花与来复在见面定交之前闻名相思已久,所以才能一见如故,莫逆于心。他们在元末江浙乱局中,得到交往的机会,成为讲经谈诗的朋友,但是战乱的阻隔,使他们不能经常见面,只能通过寄诗的方式交流感情。月鲁不花将自己与来复的友情比成东晋陶渊明和高僧慧远的关系,这也巧妙地表明了自己对释家的看法。月

---

〔1〕分别在至元十一年(1274)和至元十八年(1281)。

鲁不花喜僧却不拜佛，他报国救世的儒治理想还非常强烈，林泉之乐虽然会使他在某些时候"动心"，但他对大元帝国的忠诚仍然使他走在正统的儒臣道路上。

来复虽入空门，但却不是无心世事的一般僧人，他与当代名公巨卿多有交往，且能够仗义疏财，做到一些连月鲁不花都无力去做的事情，如他曾帮助月鲁不花安葬其同年好友蒙古文士鼎实，见《谢见心上人》：

> 至正乙巳秋八月，访见心禅师于定水，出翰林欧、虞诸公往来诗文，皆当代杰作也，叹赏久之。因语及同年鼎实监州，将挈家赴任，客死于鄞，贫不能丧。见心买山以葬，使其存殁皆有所托。感其高义，因成一章以谢。

> 名山登览意舒徐，不觉留连七日余。童仆饱餐香积饭，主宾闲阅翰林书。买山葬友开神道，度子为僧奉母居。方外高风敦薄俗，同年感激更何如。

鼎实也是蒙古人，与月鲁不花是同年（元统元年，1333）进士。本来这些蒙古进士地位优越，但身逢战乱，使他们的生活受到极大的影响，乃至鼎实死后其家"贫不能丧"，幸好来复解囊相助。这首诗虽写的只是一件私事，但元末社会之乱象于中可见一斑。

月鲁不花颇有以诗存史的意识，在他现存诗歌中不少都有小序，交代写作背景，如《秋风》：

> 余来四明，见心禅师以诗见招。既至山中，使人应接不暇。见心相与数日，抵掌谈笑，情好益洽。再倡"秋风"之句，为他日双峰佳话云。

> 相过有约待秋风，今到招提八月中。已遂登临陪杖锡，不烦来往寄诗筒。双峰对立开金粟，两洞交流贯玉虹。政好云泉共清赏，江头归棹又匆匆。

小序与诗句相得益彰，将两人之间友情发展的脉络很好地展现出来。两位朋友，一为蒙古人，一为汉族人；一为达官贵人，一为山林释子。他们以诗会友，感情建立在心灵共鸣的基础上。

两人经常寄诗唱和,一有机会见面,就携手登山览胜,湖上泛舟,似乎忘掉了尘世的忧愁。如《泛鸣鹤湖次见心上人韵》:

> 杜若湖中试彩舟,波光千顷镜奁浮。芙蓉露冷沧洲上,杨柳风清古渡头。鸣鹤数声秋澹澹,闲鸥几点思悠悠。相过未尽登临兴,更把琴书且暂留。

鸣鹤湖为慈溪境内名胜之地,此诗写秋日湖上美丽风光。湖中杜若芙蓉,岸边杨柳渡头,舟前飞过忘机的白鸥,耳畔不时传来鹤鸣(鹤鸣湖果然名副其实!),如此美景,让羁旅之中的月鲁不花也忘记忧愁,准备琴书相伴,尽兴停留。

而《夜宿大慈山,次金左丞韵》则流露出对时局的担忧:

> 大慈名胜旧曾游,路转平湖景最优。岩下珠璎时散影,林间石马尚鸣秋。昔扶红日勋劳远,今见青山草木稠。把酒不须评往事,海风吹月上西楼。

诗题中言及的金左丞,即色目诗人金元素。金元素(约1310—1378),原名哈剌,字元素,号葵阳老人,西域拂林(今小亚细亚半岛)人,也里可温。至顺三年(1330)进士,元文宗赐姓“金”,故称金元素、金哈剌。金元素累官至江浙行省左丞,与刘仁本等为保持元朝对东南的领有,殚精竭虑。后入朝为工部郎中,历中政院使、参知政事,拜枢密院使,后随元顺帝北遁,在北元亦为重臣。有《南游寓兴诗集》,存诗365首,有日本抄本传世。

月鲁不花得与来复交游,是在江南行台御史中丞任上(逃出张士诚控制后),由于元廷早已失去对浙东、浙西两道的控制,月鲁不花这位二品大员,其实是避难甬上。他和同样是在江浙割据势力夹缝中求生存的金元素自然同病相怜。大慈山景色虽美,但是已经透露出丝丝的秋意,面对此情此景,借酒消愁的月鲁不花只能是“别有一番滋味在心头”。

来复这位山林释子,还是一位书画艺术的热心爱好者,月鲁不花作为仕宦名流,有机会获得当代名家的书画,往往转赠给这位朋友,如《赠见心禅师》:

余尝遣仆奉商学士山水图一幅为见心禅师寿。又尝与师同宿大慈山,和金左丞壁间所题诗韵。而师有"白河影落千峰晓,碧海寒生万壑秋"之句。故末章及之。

慈云高阁起层阴,中有蒲菴老见心。海内才名通翰苑,江南声誉冠丛林。寄诗常愧刊文集,送画何烦赠屦金。前月清游得三友,寒生万壑最能吟。

商学士就是商琦。商琦乃世祖朝名臣、元曲名家商挺之子,商琦曾任集贤学士,乃元代著名画家,而且也是一位诗人。月鲁不花不仅与来复诗歌唱和,在艺术上也有相近的品味。这首诗中,有一句"寄诗常愧刊文集",可见当时来复已经有意识保存与月鲁不花等名流的唱和之作,并及时刊刻问世。来复的这种做法对保存元诗文献起到了极大的作用,月鲁不花的诗歌能够流传于世,我们要感谢诗僧来复的远见卓识。

《游育王山》则是诗人独自游览胜地:

育王名刹古流传,灯火于今几百年。舍利有光垂半榻,雨花无数散诸天。铁轮高揭晴轩外,玉几端临宝阁前。最忆能吟澹游叟,东湖先渡月波船。

阿育王寺是始建于西晋时期的古刹,至元末已有千年历史。宋理宗嘉熙年间,阿育王寺被列入"天下禅宗五山十刹"之第二山,为浙东佛教圣地。月鲁不花的诗因此写得禅意盎然,但没有朋友来复陪伴,他不禁感到颇为遗憾。

《游天童山》堪称《游育王山》的姊妹篇:

山盘九陇翠岧峣,太白星高手可招。路入松关云气合,天连宝阁雨花飘。承恩赐额开名刹,奉敕文碑荷圣朝。暮钟晨鼓思补报,行看四海甲兵消。

此诗先从山势之险峻写起,过渡到寺院所处具体位置,接着写这座寺庙的名望。天童寺也是建于西晋时期的千年古刹,月鲁不花一再游览这些佛教名山古刹,大概含有祈求佛祖庇佑大元帝国早日结束乱局实现中兴的意图——一句"暮钟晨鼓思补报,行看四海甲兵消"把这位穷途孤臣的心理暴露无遗。从赤老温到月鲁不花,逊都思氏的六代

·欧·亚·历·史·文·化·文·库·

人,以文韬武略追随成吉思汗的黄金家族,虽然中间经过权力斗争中的失意,但这个家族始终对蒙元政权保持着耿耿忠心,月鲁不花就是赤老温家族中文武双全的杰出代表。

《简见心上人》则更为全面地反映了月鲁不花在甬上的生活状况,堪称其现存诗歌中的代表作:

> 避地东鄞郭外居,坐无斋阁出无舆。云山满眼常观画,烽火连天近得书。坐久颇能评海错,交深多感馈鲈鱼(近得家书,是日羽庭馈鲈——原注)。论文正欲频相过,门掩清风客到疏。

堂堂正二品的南台御史中丞,竟而至于“坐无斋阁出无舆”,可见月鲁不花物质生活极度匮乏(这一点,在上文鼎实病故,月鲁不花无力为其安葬中也可得到印证)。但在如此恶劣的条件下,他照样“观画”、“论文”,精神生活并不低沉,他甚至略带幽默地说“坐久颇能评海错”,觉得这种避地海隅的经历也带来了小小的好处。可以说,此时的月鲁不花已经卸去了政治家的面具,纯粹以一副文学家的面孔出现在朋友面前,暂时忘掉了“暮钟晨鼓思补报”精神重担的他,只是一位光风霁月的诗人而已。月鲁不花早年在江浙行省担任郎中时,友人高明(传奇《琵琶记》作者)写有《寄月彦明省郎二首》,其二称:

> 处士祠边梅已放,遥知载酒到岩阿。西山烟霭连朝好,南省官曹暇日多。词客锦笺题水调,佳人翠袖拂云和。马蹄归踏黄昏月,一路清香送玉珂。

彼时顺帝初年,政局尚且稳定。月鲁不花仕途顺利,还是“少年不识愁滋味”,而到了“避地东鄞”之际,已是“而今识尽愁滋味”的老境了。

月鲁不花现存诗作中,只有一首《题高节书院》与来复无涉:

> 远聘羊裘到汉庭,竟忘龙衮略仪刑。先生不为干人爵,太史何劳奏客星。潮上严滩浮海白,山连禹穴入云青。高风千古成陈迹,唯有荒祠绕翠屏。

高节书院是慈溪境内第一座书院,因位于东汉初年的高士严子陵墓侧,因以“高节”为名。月鲁不花此诗名义上写书院,其实是借题歌颂"高风千古"的严子陵。严子陵乃是东汉光武帝刘秀早年的同学,刘秀登上帝位之后邀请他出山辅佐,严子陵却不愿为官,隐居富春江上,终老林泉之间。严子陵的高风亮节历来受到后人推崇,北宋名臣范仲淹曾称赞严子陵"云山苍苍,江水泱泱,先生之风,山高水长"。由于机缘巧合,月鲁不花来到严子陵墓所在的高节书院,不能不"发思古之幽情"。但是这位蒙古大吏,面对大元帝国积重难返的乱局,却不能像严子陵一样归隐林泉,只能鞠躬尽瘁死而后已。

6.2.3　月鲁不花之弟笃列图

月鲁不花的弟弟笃列图也是一位诗人。

笃列图(约1310—?),字彦诚,号敬斋,早年同其兄月鲁不花一起受教于名儒韩性。至正五年(1345)登进士第,由太常仪礼院太祝,累官至南台照磨、监察御史、江浙行省员外郎、宣政院判官。诗存《元诗选·癸集》、《澹游集》等总集。生平事迹见释来复《澹游集》卷上、刘基《诚意伯集》卷8《敬斋铭》。生年,据其兄月鲁不花推出。

笃列图是元代常见的蒙古名字。同名者有笃列图(1312—1348),字敬夫,蒙古揑古氏,至顺元年(1330)右榜进士第一,官终内台御史,是马祖常的妹夫。以往文献常将笃列图彦诚与笃列图敬夫混淆。《元诗选·癸集》丙集,收录笃列图敬夫诗2首,分别题为《题董太初长江伟观图》、《题范文正公书伯夷颂并札卷》,但这两首诗都不是笃列图敬夫所能作。董旭(字太初)《长江伟观图》绘于至正十六年丙申;《伯夷颂》题诗署"至正甲申六月辛未,燕山笃列图再拜"。至正十六年丙申(1356),笃列图敬夫已经去世;至正四年甲申(1344),笃列图敬夫虽在世,但他并不是燕山人,《澹游集》卷上即称笃列图彦诚为燕山人。所以这两首诗的作者应是笃列图彦诚。

《题范文正公书伯夷颂并札卷》写道:

> 韩文称颂伯夷贤,黄素真书庆历年。月照明珠还合浦,春风长共义庄田。

北宋名臣范仲淹那种"先天下之忧而忧,后天下之乐而乐"的精神,感染了一代又一代中华民族的优秀儿女,因此,历代诗人对他的歌颂也一直很多。元朝中后期,针对范仲淹书法作品《伯夷颂》,诗坛有一次规模很大的同题集咏活动,很多名家都参与其中,蒙古族诗人兼书法家泰不华作有《题范文正公书伯夷颂卷后》(泰不华可能也有相关诗作,惜乎其至正年间诗歌失传)。其他诗人之作大多称颂范仲淹的文治武功之荦荦大端,而笃列图此诗却另辟蹊径,专写范氏设"义庄田"敬宗收族的伦理功绩,可见笃列图是一位相当重视家族关系的文人。

《长江伟观图》的作者董旭在《元诗选·癸集》有传,称"旭字太初,新昌人。少负英气,博通群书,与迈里古思(江浙行枢密院判官——笔者注)最友善。古思欲兴师讨方国珍,台臣(江南行御史台御史大夫拜住哥——笔者注)怒其不禀,命杀之。旭作诗伤悼,辞极哀楚。遂归隐山中。已而国珍据台庆,欲罗致幕下,旭拒不受,乃作诗曰:'郁郁芒砀云,未辨蛟龙形。荧荧祥星光,未烛夹马营。君子慎其微,草露不可行。'国珍复强之,终不屈,遂遇害。泰初善画山水,尝作《长江伟观图》,题咏者数十人"。这位董太初一心元廷,故此笃列图兄弟与之同气相求。

笃列图《题董太初长江伟观图》写道:

> 往岁曾登北固楼,遥看天际白云浮。江分吴楚波浪阔,山涌金焦树木稠。落日放船过赤壁,清秋骑鹤上扬州。于今高卧篷窗底,展卷令人忆旧游。

将亲身的经历和图画的内容结合起来写,虚实结合,手法简练,达到了"诗中有画"的艺术水平。

笃列图还有一首五律《长江伟观图》:

> 长江开伟观,江上两峰青。霞出朝云霁,潮来夕雾腥。丹楼升上界,碧雨汲中泠。记得扬州过,乾坤梦未醒。

笔触更加细腻,将董旭图卷所展现的长江之美刻画得非常生动。

笃列图存诗不多,很难对他的诗风进行全面评价,但他在元代蒙古族文学史上的意义不容低估。月鲁不花和笃列图乃是元代蒙古族中唯一的一对兄弟诗人,也是可以确知的唯一的一对蒙古族兄弟进士。这一对出身将门的诗人兄弟,可以说是逊都思氏对文学史的特殊贡献。

泰不华和月鲁不花都可以称为循吏和能吏,但他们生不逢时,遭遇元末乱世,面临的是"大厦将倾,独木难支"的残酷局面。陶宗仪《南村辍耕录》卷23"醉太平小令"条称:

> 堂堂大元,奸佞专权,开河变钞祸根源,惹红巾万千。官法滥,刑法重,黎民怨。人吃人,钞买钞,何曾见。贼做官,官做贼,混贤愚,哀哉可怜。

> 右醉太平小令一阕,不知谁所造,自京师以至江南,人人能道之。

元末政治腐败,已是积重难返,开河变钞不过是导火线罢了。这样一首无名氏作的小令在民间广为流传,本身就说明了人心的向背。泰不华和月鲁不花们虽有报国之心,却无回天之力,他们能做的只有以生命来表达对大元帝国的忠诚。

汉宣帝曾说过这样一句深得治体的名言:"与我共治天下者,其惟良二千石乎!"郡县治则天下治,如果元顺帝之天下,能有数十名像泰不华、月鲁不花这样的贤臣能吏分布州郡,又怎么会未及百年便草草收场呢?如果那样的话,蒙古族和汉族的文化交流也就会有一个更长的机遇期,汉文文坛也肯定会有更多蒙古族才士涌现出来。可惜历史是不会随着人们的主观意愿而改变的,它只给了蒙古族100年左右的时间,好在蒙古族也抓住了这一机遇。虽然蒙元时代没有产生第一流的蒙古族文学家,但是像诗人泰不华、散曲家阿鲁威、剧作家杨讷这样的蒙古文人,分别在不同领域占据了元代文学的前排位置,我们回想一下蒙古文学在13世纪之初的起点,这样的成绩已经是很值得欣慰的了。

7　元代后期的蒙古族诗人群体

　　元代前期,蒙古族文学家多是"兼职"的,他们本身多是政务繁忙的达官贵人,他们掌握汉族语文,往往出于行政需要,赋诗作文,乃其余事。到了元代后期,随着科举的推行,越来越多的蒙古族人踏上汉文学习的道路,因此产生了越来越多的"专职"文学家。元代后期,很多蒙古族文人在政治上并不成功,对于他们来说,文学就成了最重要的事业,甚至是毕生的寄托。

7.1　鳌海诗人达溥化

　　达溥化(生卒年不详),蒙古族,字仲渊,号鳌海。以芤城为籍贯。进士出身,曾任中书省郎中,又在江南行御史台以及江浙行省任职。在元代蒙古族文学家中,达溥化是唯一一位有诗文集流传至今的诗人。他有诗集《鳌海诗人集》和词集《笙鹤清音》。《笙鹤清音》今已散佚,今传世本《鳌海诗人集》乃明末清初浙江藏书家曹溶所藏抄本。根据文献记载,元代蒙古诗人有不少曾将诗作结集的,如泰不华《顾北集》、勖实带《伊东拙稿》、僧家奴《崞山诗集》、月鲁不花《芝轩集》等,可惜都没能流传至今,相比之下,达溥化则幸运得多,他的《鳌海诗人集》对于元代文学史具有不可替代的文献学意义。

　　《鳌海诗人集》存诗 14 首。清钱熙彦编《元诗选补遗》,另从元末赖良《大雅集》卷 7 辑得达溥化诗《读班叔皮王命论》和《凤凰山望朝日》,故共得其诗 16 首。达溥化是今存诗仅次于泰不华的元代蒙古族诗人,值得更多的关注。

　　有元一代文宗虞集在《道园类稿》卷 19 中有一篇为达溥化诗集《笙鹤清音》所作的序,其中简要介绍了达溥化的生平:

溥君仲渊，国人进士。适雅量于江海，其在宪府，吟啸高致，常人不足以知之。予得见其新乐府数十篇，清而善怨，丽而不矜。因其地之所遇，感于事而发。才情之所长，悉以记之。数年前有萨君天锡，仕于东南，与仲渊雅相好，歌咏之士盖并称焉。今仲渊之作，方为时所推重，朝廷制作礼乐，在斯时矣。考之金石，上配雅颂，以来凤凰、感神灵，将有望于仲渊者，笙鹤之喻其始作乎？

　　根据虞集之序，达溥化为国人进士，他的诗名可与萨都剌（字天锡）相比。据文中"其在宪府"，且与"仕于东南"的萨天锡齐名，他的大部分诗歌又都涉及江南风物，可以推知达溥化长期活动于江浙一带。达溥化有不少南人文士朋友，如元末诗人王逢有一首《寄溥鳌海掾郎兼简宗灯二上人》，诗中写道：

　　省郎前进士，裔出素封家。畎亩存心赤，风尘双鬓华。玉衡低虎观，金柳亘龙沙。寺壁诗千首，烦僧覆碧纱。

　　王逢的诗对于我们了解达溥化的生平有一定帮助。诗中称达溥化"裔出素封家"，所谓素封，典出《史记》，是指无爵邑之人而有禄秩之奉。所以达溥化应不是官宦子弟，这一点从"畎亩"二字也可得到印证。达溥化家境颇为优裕，其家应该是占有土地较多的蒙古军户家庭。达溥化在良好的家庭条件下，努力读书进取，考取进士。但是由于蒙古统治阶层讲究"根脚"，像达溥化这样没有背景的国人子弟，即使高中进士，在仕途上也并不顺遂，已是"风尘双鬓华"还在行省郎官这种不上不下的职位上。古人有所谓"郎潜"的说法，是说怀才不遇，老于郎署。达溥化可能就是这样的情况吧。作为一名诗人，对于这些现实生活中的不如意，达溥化只能通过诗歌来排遣，所以他才会写下"诗千首"。这里的"诗千首"可能是文学上的夸张，但达溥化写过大量诗歌则是毫无疑问的，我们今天看到的16首只是吉光片羽罢了。

　　达溥化现存诗作均为七律，大概他对这种体裁有所偏爱。但其作品题材多样，既有大开大阖之雄篇，也有韶秀明媚之绮句，可以说在达溥化身上北方民族的淳厚之气与南方文化的精致之感较好地结合在一起，使他的诗歌在元代蒙古族诗人中别具一格。从内容看，达溥化的诗作大致可分为三类。

第一类是纪游览胜之作。达溥化颇为擅长此类题材,往往写得景象开阔,气势雄浑。如《与萨天锡登凤凰台》:

> 凤凰高飞横四海,锦袍犹赋凤凰游。天随没鹘低秦树,江学巴蛇入楚流。勋业何如饮名酒,衣冠未省识神州。天涯芳草萋萋绿,王粲归来便倚楼。

凤凰山在今南京城南中华门内,乃金陵形胜之地,地势并不峭拔,却因大诗人李白的一首《登金陵凤凰台》而成为诗国名山。对于这座诗仙曾经登临的诗山,同在江南行御史台(治所建康,即今江苏南京)为掾史的达溥化和萨都剌当然不会不去登临赋诗。两位诗人联袂登临,达溥化写下此诗,将这座高台上的历史过往一一梳理,最后一联回到现实当中,以"王粲归来便倚楼"作结尾。王粲以北人身份羁旅南国,怀才不遇,达溥化和萨都剌何尝不是呢?

《凤凰山望朝日》写的也是登览凤凰山:

> 沧海全吴当百二,坐临溟渤郁陶开。日含金雾天边出,潮卷银河地底来。云净定山浮砥柱,天高秦望见蓬莱。东南樯橹年来少,独向江头一怆怀。

诗人兴致不浅,早起登台观赏日出美景,朝日东升的壮丽景象确实值得他这样做,"坐临溟渤郁陶开",壮美的风景将心头的郁闷一扫而空。"日含金雾天边出,潮卷银河地底来",颈联气势沉雄,将江山之胜展现于笔端。颔联所言"砥柱"、"蓬莱",则将眼前景物幻入仙境,美得无以复加。但尾联急转直下,如同大梦初醒,"东南樯橹年来少"这样无情的事实唤醒了诗人。作为一名蒙古人,虽然官位不高,达溥化也明白自身的前途是和大元帝国的命运联系在一起的,而大元的国运则离不开东南经济重地的漕运支持。如果陷入动荡之中的江浙行省不能通过大运河向大都输送物资,朝廷能支撑多久是值得怀疑的,这样的情况着实使人"怆怀"。

达溥化和萨都剌在金陵一起游览的并不只凤凰台一处,其他如《次萨天锡登石头城韵》:

西州城外石头寺,共说英雄事业凋。王气黄旗千岁尽,水声广乐四时朝。白鼯裘坏逢珠柙,玉燕穿横坠藻翘。重到谢家携妓处,维舟寂寞听春潮。

此诗和上述两首诗感情基调大致相同,从石头城的英雄陈迹写起,气象开阔,对仗精工,最后又落到现实的困境中。只是这首诗在结尾处理上有所变化,一句"维舟寂寞听春潮",并未明言所愁何事,但读者自可会心。

另一首《长桥夜泊》,同样感情低沉:

长桥夜望泊吴船,水阔天高思杳然。风雨不销青蟪蛉,波涛欲没翠蜿蜒。凌梯宛若逐天上,驱石浑疑过海边。落日洞庭秋色远,凉风犹自奏钧天。

唐代诗人张继《枫桥夜泊》中那句"江枫渔火对愁眠",好像将"夜泊"的基调定为忧愁的了,达溥化的《长桥夜泊》也不例外。诗人夜不能寐,在夜色中张望,所见景物亦幻亦真,都蒙上一层忧郁的色彩,末句的"凉风"告诉我们,诗人的心中已经满是秋意。

相比之下,《游淀湖》就显得轻松许多:

日落汀洲采白蘋,采蘋歌唱江南春。登台雪藕大如臂,出钓白鱼长似人。海面雨来云泼墨,湖中风起浪翻银。前船欲发后船住,越女声娇嗔不真。

江南水乡的温柔情韵,不是表现在长江大河,而是在于并不深广的溪流沟渠,尤其是美丽的小湖。达溥化笔下的淀湖就是一个风光旖旎、物产丰富的所在,而湖上特别值得留恋的,还有那"娇嗔"的越女。

第二类是题画写景之作。其实达溥化第一类诗作中写景佳句很多,但就整首诗而言其写景并不是主要目的,而下面几首诗则是专门的写景之作。

试观《题倪国祥南村小隐诗卷》:

风雨江湖十尺航,汀洲云树共苍苍。夜春秔稻黄金破,秋钓鲈鱼白玉长。二老草堂容可拟,三篙烟水永相忘。干戈满地东吴少,合把莼鲈仔细尝。

·欧·亚·历·史·文·化·文·库·

这首诗写的是画中之景。题画诗不仅要做到"诗中有画",还得让读者从诗句中体味到原画本身就带有诗意,即"画中有诗"。元代是我国历史上文人画的最高峰,精妙画作层出不穷,精妙题画诗也相应地有很多。达溥化这首诗将现实的沧桑感打入其中,使诗的意境更加深沉,堪称题画佳作。

再如《题颐结寺方丈假山》:

> 仙掌芙蓉紫翠开,玉梯金磴上昭回。玉囊萧条生灵籁,坤轴支撑尽劫灰。六月寒风森洞壑,九天清气辟尘埃。庄生志有庄生论,会与乘风出九垓。

假山之为物,可谓拳山寸石,但由于它们具有独特的外表,可以美化庭院环境,所以深受高人雅士青睐。达溥化所题假山,主人本是释子(颐结寺方丈),诗人却将它写成了一座"道教仙山",不知何故。

《题滕王阁》展现的则是一次想象中的旅行:

> 杰阁净虚云几层,波心照见碧嶙峋。鱼龙水府珠光动,牛斗台城剑气稜。地引三江通贡赋,天高五岭失炎蒸。临风追想涵兴废,为恨平生未一登。

滕王阁是一座充满文学色彩的著名建筑,达溥化不能亲身前往登临,就通过手中的妙笔"纸上谈兵",也算是过了一把瘾。

《寂照堂荷池二首》写的是池中莲花:

> 谁种芙蓉开满池,清泉十尺净无泥。云销绿水花如斗,露湿金茎实有梯。不见鸳鸯秋作并,只闻翡翠夜深啼。好分无尽灯中火,烧作千枝照大迷。

> 芙蓉花发满池塘,根蒂犹连七泽香。天女玉盘云气湿,仙人金掌露花凉。鸳鸯雨细闻瑶佩,翡翠风高见绿房。楚客烟中魂易断,只将远意问潇湘。

莲花之美,宋代大儒周敦颐的《爱莲说》已经形容备至,然而达溥化笔下的莲花与周氏那种"香远益清,亭亭净植"相比,要妖娆奇幻得多,大概这个荷池的主人是位有道高士,所以这些芙蓉也带有仙家的灵气,无比之艳也无比之香。

《新夏偶题》写的就是生活化的场景了：

> 葛巾纨扇日相寻，南国枇杷满树金。四月池塘荷叶大，千家窗户绿阴深。兰苕翡翠多清致，锦树黄鹂正好音。诗思忽来魂欲断，吴娃荡桨过江心。

初夏的江南，天气渐热，枇杷佳果、新绿荷塘、绿荫院落、相鸣好鸟，一切都是那么亲切自然，让人觉得诗意盎然。而最能牵动诗魂的，要属荡桨的吴娃！达溥化的这首诗，虽无名言警句，但通篇皆饶有情致，给人带来一种江南水乡特有的明丽感觉，是一首非常成功的写景诗。

第三类是咏物之作。元朝疆域辽阔，藩属众多，兼之内陆欧亚往来之路畅通无阻，许多前代看不到的珍奇之物，得以荟萃于中华大地，敏锐的诗人往往将这些奇珍异宝捕捉入诗中。如《葡萄》：

> 葡萄种子来青羌，十年种得阴覆堂。月明露滴马乳重，雨过风动虬须长。满盘只疑碧玉颗，入口不异青霞浆。秋风万里贺兰道，驰送紫驼香满囊。

根据诗意，这种葡萄乃是我们今天所说的"马奶葡萄"，这种葡萄传自西域，不仅鲜食甚佳，而且适宜酿酒。蒙古大军西征，打通了丝绸之路，使得东西方物质文化交流顺畅起来，很多西域佳果进入东方民族的视野。达溥化身为蒙古人，他写的咏葡萄诗，没有"年年战骨埋荒外，空见蒲桃入汉家"的伤感，而是带着一种"拿来主义"的豪情。

再如《题孔雀》：

> 五色文章凤羽仪，石林蓁峻见庭稀。金华翠羽毋空惜，翠竹苍藤不易飞。瘴海日高方饮啄，龙江秋尽早相依。年年贡入龙楼去，尽化春风锦绣围。

孔雀原产于东南亚，是形象最接近我国古代神话中凤鸟的美丽鸟类。在达溥化诗中，原本自在生活在岭南海滨的鸟儿，一旦被贡入宫廷，就落得被取走羽毛（用做装饰性的"锦绣围"）的下场。俗话说"落毛的凤凰不如鸡"，这些可怜的失去"五色文章凤羽仪"的孔雀鸟，让诗人深深叹息。达溥化的这首诗写的虽是孔雀的命运，大概也是有所寄托吧。

·欧·亚·历·史·文·化·文·库·

《千叶莲》也是一首咏物诗:

> 仙掌莲花千叶朵,何年根蒂落层阑。敲开水府鱼鳞屋,捧出龙宫玛瑙盘。湘老送将云作盖,山人留制玉为冠。继玄草阁清如水,一夜吟成剑气寒。

千叶莲又名"百叶华",即多瓣白莲花。千叶莲乃是佛教中具有特别意义的"稀有之花"。元末昆山顾瑛玉山草堂有一处景点就以"千叶莲"命名。据说亭池之中有多种花色的千叶莲,皆为顾瑛手植。达溥化的这首诗可能与之有关,他将这种珍稀的花卉描画得宛如瑶池仙草。

不便归入上述三类的诗有《送刘好士归武昌》:

> 游子结束向何处,城中雪花几尺围。去家万里多梦见,辞亲五年今始归。道士吹箫赤壁下,行人泊舟黄鹤矶。我亦张帆上南斗,卧看明月去如飞。

顾嗣立《元诗选》称达溥化为"茫城人",王逢称其"金柳亘龙沙",茫城也好,龙沙也好,皆指漠北草原,也就是蒙古民族发祥地。达溥化游宦东南,且屈沉下僚,看到朋友如愿还乡,怎能不心生羡慕?他甚至展开了"我亦张帆上南斗,卧看明月去如飞"的想象,可见他心中对故乡的怀念。这些"舍弓马而事诗书"的蒙古人,虽然家族已经定居中原内地三四代了,但是漠北之地仍然是他们不变的精神家园。

达溥化还有一首具有史论性质的《读班叔皮王命论》:

> 丹凤黄龙降自天,玉皇金鼎在遗编。汉王未必从陈胜,秦帝何曾愧鲁连。尧圣善推行揖让,启贤能继事相传。叔皮宏论终天在,好为群雄一再宣。

至正初年,在铲除权臣伯颜的势力后,元顺帝任用脱脱力求政治上的"更化",同时组织编纂《辽史》、《宋史》、《金史》,以追求"盛世修典"的文治效果。在"三史"编纂过程中,文人展开了一场关于"正统"的大辩论,对辽金与宋孰为正统的问题,仁者见仁智者见智。不少蒙古、色目文人也参与进来,表达他们的看法。达溥化有没有参与这场论战,我们不得而知,但他在这首诗中已经说出了自己对正统的看法。达溥化认可的是班固那种正统儒家的看法,承认"天命"的决定作用。读者不妨细思,达溥化身逢元末乱局,群雄并起,窥伺神器者大有人在,作为蒙古国族的他,自然会说大元天下得自上苍,好让群雄死心。这和唐末天下大乱,杜光庭在《虬髯客传》中所写的虬髯客对"真天子"李世民甘拜下风的故事道理是一样的。所以这样一首诗歌,"看似寻常最奇崛",实则包含着鳌海诗人达溥化的一片苦心。

7.2 江南游子聂镛

聂镛(生卒年不详),字茂先(一作茂宣),号太拙生。蒙古族,占籍蓟丘(今北京市)。杨维桢《西湖竹枝集》称他为"蒙古氏,幼警悟,游历江南,从南士问学,通经术,善诗歌,尤工小乐章。其音节慕萨天锡,亦宫词之选也"。至正中,他经常参与顾瑛玉山草堂诗酒觞咏之会,与顾瑛、郯韶、张宪等均有唱和,顾瑛所编《玉山名胜集》中就存有聂镛的诗作。生平事迹见《西湖竹枝集》、《元诗选·癸集》辛集小传、《御选元诗》卷首小传(《御选元诗》作聂庸)。

聂镛的为人,张宪《赠答蓟丘聂茂宣》中也有反映,如"青楼买笑土挥金,红粉供筵龙作鲊","漂泊江湖未有涯,南北东西营一饱","空怀长策继董贾,未忍嘉遁追由巢",可知聂镛早年的生活非常豪纵。也许他出身贵族阶层,但是中年以后,不知何故,他的生活发生了巨变,落魄江湖奔走四方,空有才华谋略,却无法得到施展的机会。南宋词人蒋捷有一首著名的《虞美人》:

> 少年听雨歌楼上,红烛昏罗帐。壮年听雨客舟中,江阔云低,断雁叫西风。 而今听雨僧庐下,鬓已星星也。悲欢离合总无情,一任阶前,点滴到天明。

词中表现出人生不同阶段的境遇,聂镛的情况与之基本相似。只是聂镛生性带有蒙古人的豪迈,怀才不遇的他在书剑飘零的生活中,并没有消沉,他与顾瑛、杨维桢等友人一起,在元末战乱之中,仍然坚持诗酒雅集,固守一块小小的精神家园。他与玉山草堂的主人顾瑛的情谊很深,见《律诗二首寄怀玉山》:

美人昔别动经年,几见娄江夕月圆。怪底清尘成此隔,每怀诗
句向谁传。桃溪日暝垂纶坐,草阁秋深听雨眠。安得百壶春酿绿,
寻君还上木兰船。

虎头公子最风流,只著仙人紫绮裘。筑室爱临溪侧畔,钩帘坐
见水西头。常时把笔题江竹,最忆看山立钓舟。却羡多才于逸士,
清秋不厌与君留。

顾瑛(1310—1369),一名阿瑛,又名德辉,字仲瑛,自号金粟道人,
平江昆山(今属江苏)人。昆山顾氏为吴中巨族,顾瑛家世豪富,年三
十始折节读书,署会稽教谕,辟行省属官,皆不就。年四十,以家产付其
子,筑玉山草堂,有亭馆三十六处,园池、亭榭、声伎之盛,甲于天下,四
方名士如张翥、杨维桢、柯九思、李孝光、郑元祐、倪瓒,方外如张雨、于
立、释良琦等,常在其家,饮酒赋诗。

聂镛也是玉山草堂的座上常客之一,在以南人文士为主体的雅集
群体之中,聂镛的蒙古人身份具有点缀的意义,使玉山草堂的圈子增
添了多民族文化圈的色彩。聂镛与玉山草堂的东道主顾瑛,结下了深
厚的友谊,他的这两首诗写的就是对顾瑛的思念。聂镛寄诗给多年不
见的挚友,怀念当年与之欢聚的时光,遥想其诗酒风流的生活,并期盼
早日再得聚首把酒言欢。

顾瑛曾将诗友们在玉山草堂留下的作品编选成《草堂雅集》和《玉
山名胜集》等诗集,流传于世。《玉山名胜集》中存有一首聂镛的作品,
就是《碧梧翠竹堂》:

青山高不极,中有仙人宅。仙人筑堂向溪路,鸟鸣花落迷行
迹。翠竹罗堂前,碧梧置堂侧。窗户堕疏影,帘帷卷秋色。仙人红
颜鹤发垂,脱巾坐受凉风吹。天青露叶净如洗,月出照见新题诗。
仙人援琴鼓月下,枝头栖鸟弦上语。空阶无地著清商,一夜琅玕响
飞雨。

碧梧翠竹堂是玉山草堂的一处景致,而且是草堂主人顾瑛最为得
意的景点之一,他曾写信给杨维桢说:"夫堂瞰金粟,阶映桃溪,渔庄草
堂,相为媲介,盖予玉山佳处尤宏而胜者也。"大诗人杨维桢和剧作家

高明都曾为顾瑛写过《碧梧翠竹堂记》。

散文可以细致地刻画描摹景致之美,相比之下诗就要写得抽象飘逸一些。聂镛此诗选用古乐府,以活泼灵动的杂言形式,描写了碧梧翠竹堂之美。诗中以青山、溪水、翠竹、碧梧营造出一种清雅脱俗的环境,在这个环境中草堂主人似乎是不食人间烟火的仙人,他以琴为伴,琴声融进了凉风、月色、清露、飞雨,与碧梧枝头的栖鸟相应和。如此清雅的环境和如此高雅的人物,合成了一幅清新的画卷,让人读之恍如亲眼见到这一玉山佳处的最佳景致。

聂镛关于玉山草堂的诗还有《可诗斋》:

> 久知顾况好清吟,结得茅斋深复深。千古再赓周大雅,五言能
> 继汉遗音。竹声绕屋风如水,梅萼吹香雪满襟。何日扁舟载春酒,
> 为君题句一登临。

可诗斋也是玉山草堂的重要景点,为顾瑛等人经常停留的吟诗读书之所。聂镛这首诗也是写人与写景有机结合,人是"千古再赓周大雅,五言能继汉遗音"的高人雅士,景是"竹声绕屋风如水,梅萼吹香雪满襟"的清丽美景,人物增添了景致的灵气,景致衬托着人物的情怀。聂镛深深思念着斯人斯景,渴望早日"扁舟载酒"、"登临题句"。

聂镛在江南参与的诗酒雅集活动不止在玉山草堂一处,张经的良常草堂也是他经常光临的地方。

张经(生卒年不详),字德常,金坛(今属江苏)人,曾任吴县(今江苏苏州)县尹。筑室于荆溪(今江苏宜兴),名曰良常草堂,经常举行诗酒雅集,杨维桢、倪瓒、柯九思都是其常客。聂镛与张经的唱和,如《送张吴县之官嘉定,分题赋得天平山》:

> 兹山镇吴会,秀色削金碧。拔地起万仞,去天不盈尺。剑矛辉
> 日洁,芙蓉承露滴。龙门启石扇,天池斟玉液。曾横松下琴,屡主
> 云间舄。于今望山处,苍苍暮烟隔。

天平山位于苏州城外、太湖之滨,有"吴中第一山"的美誉。聂镛与一班朋友登高望远,为即将离开吴县前往嘉定(今属上海)的张经送行。诗中极力刻画天平山景色之雄奇,最终以美景被"苍苍暮烟"阻隔

暗喻朋友的离去。

聂镛还有一首五言的《虞君胜伯，求先世遗书，将锓诸梓，作诗以美之》：

> 宋朝中兴业，雄才数雍公。一军能却敌，诸将耻论功。蝌斗遗文在，麒麟画像空。贤孙劳购觅，锓刻示无穷。

虞胜伯名堪，乃南宋中兴名将虞允文（受封为雍国公）七世孙，大诗人虞集的族孙。虞堪非常重视家族文献的传承，除了多方搜集虞集集外逸文编成《道园学古录类稿遗编》之外，还努力搜求虞允文遗书。他的这种行为，受到黄溍、危素等名流的认可。虞堪乃是长洲（今江苏苏州）人，聂镛长期居留吴中，得与这位志苦功勤的文献学家相识，非常佩服他，故作诗褒扬之。此诗遣词造句工整纯熟，人物评价恰如其分，表现了较高的水平。

聂镛也参与了杨维桢发起的《西湖竹枝词》的同题集咏活动，其《和西湖竹枝词》曰：

> 郎马青骢新凿蹄，临行更赠锦障泥。劝郎莫系苏堤柳，好踏新沙宰相堤。

该诗以女子的口吻写男女恋情，爱人临行之前，这位女子谆谆叮嘱，切莫为路边花柳所迷，而应力求上进去博取高官厚禄。

聂镛之诗一向被认为刻意学萨都剌（字天锡），清代张其淦在《元八百遗民诗咏》中就写道：

> 茂宣自幼通经术，诗歌意气皆纵横。集中尤公小乐章，天锡音节同铿锵。

除了上述的《和西湖竹枝词》，聂镛现存的小乐章还有《宫词》：

> 九重天上日初和，翡翠帘垂午漏迟。闻到南闽新入贡，雕笼进上白鹦哥。

该诗描写宫廷生活的场景，诗笔婉丽而细腻，其中可以看出萨都剌《宫词》的影子。

聂镛存诗不多，以至我们不能全面认识他的成就。不过从现存这几首诗来看，聂镛确实学萨都剌而有成，其诗具有较高的艺术水准。聂镰和吴中诗坛的重量级人物都有交往,说明这位怀才不遇的蒙古才士,已经被浙西文人圈友善地接纳了,而且是其中非常活跃的一员。这位根在漠北草原的太拙生,成功地以一副江南游子的形象在元代文学史上留下印记。

7.3 海东樵者察伋

察伋(1305—?),字士安,自号海东樵者,蒙古塔塔儿氏,居莱州(今属山东),家有"昌节斋"。登元统元年(1333)进士第,授翰林国史院编修。历任江南行台监察御史、经历,至正二十年(1360)为江西道廉访司佥事,后改浙东道廉访司。与余阙为同榜进士,关系密切,余阙有《送普原理之南台御史兼简察士安》诗。察伋还曾与许有壬、顾瑛、王逢、释来复等唱和。《元诗选·癸集》辑入其诗3首,此外《元诗纪事》、偶桓《乾坤清气》等都曾收入其诗。生平事迹见《元统元年进士录》、《元诗选·癸集》戊集下小传、《元史氏族表》等。

察伋的诗,以写景见长。现存诗作中最有特色的是《送别曲》:

> 瞳眬出扶桑,照见大黑洋。直升中天上,万国蒙清光。三山楼阁蓬莱东,丹霞翠壁金芙蓉。鸿蒙凝结元古气,我欲往游从赤松。剡郎朝玉京,船发南风生。海头挝鼓人起舞,椎羊酾酒祈神明。远寄平安书,十日到直沽。阿翁发半白,莫醉黄公垆。

古诗词中送别之作很多,但所写的送别场景往往不是桥边城外、长亭短亭,就是渡口江干、画船征帆。而察伋的送别,送的是远渡重洋的"剡郎",也就是浙东剡溪一带的人士,这位剡郎将要从海道北上大都。这首诗运用杂言的形式,自由不羁地将海上送别的特殊情绪表达出来。诗作开篇就写海上航线的神秘,在熹微的晨光中,茫茫大海从睡梦中醒来,开始展示巨大的力量,"直升中天上,万国蒙清光",将大海力量之雄伟与带给世界的恩泽之广大,极好地概括出来。

应该说,祖祖辈辈生活在素有"陆海"之称的漠北大草原上的蒙古民族,本来是很少有和大海打交道的机会的,在蒙古高原上数量众多

·欧·亚·历·史·文·化·文·库·

的"海子",虽有海之名,却无海之实,不过是些小湖泊或者大池塘而已。经过蒙古铁骑的西征南伐,到了成吉思汗的孙子一代,古代中国的"四海"之内皆成为蒙古民族的舞台,这些来自风沙草原上的蒙古族人,开始在茫茫大海上出现他们的身影。当然,由于经验的缺乏,蒙古人最初和大海打交道的时候并不顺利,如忽必烈时代的两度渡海讨日本和一次跨海征爪哇,这些海上军事行动均以失败收场。但是元朝在和平利用海洋资源优势方面,却要超越我国历史上任何一个封建王朝,这其中就包括从江浙向大都的海漕。元代大运河虽然在南北运输中发挥了重要的作用,但通过海运不仅运量大而且在顺风的情况下速度也有保证,所以有元一代通过海道到达大都的粮食数量在很多年份远超运河运量,天历二年(1329)海漕运量达到惊人的350万石。

通过海道运往大都的不仅仅是粮食,大量瓷器、丝绸、棉布以及其他南方货物通过海运源源不断地涌进这座当时世界上最繁华的城市。蒙古诗人察伋所送别的就是一位乘货船取海道北上大都的浙东朋友。

从诗中内容看,此次扬帆起航正赶上最佳的风信,"船发南风生"。但是船员们为了增加安全保证,还是"海头挝鼓人起舞,椎羊醺酒祈神明",人们载歌载舞、杀羊备酒以祈求海神护佑。如果一帆风顺的话,就可以"十日到直沽",可见元代海运效率是非常高的。察伋的这首送别诗别具一格,是元代蒙古族文学史上少见的描写海运的篇章之一。元代广阔的社会生活,为蒙古诗人提供了丰富的诗料,察伋才能写出这样具有海洋风情的佳作。

察伋传世的其他3首诗均是题画之作,又一次证明了元代题画诗的盛行。如其七言古风《赵子昂天马图》:

> 曲江洗刷云满身,雄姿逸态何超群。眼中但觉肉胜骨,干也何
> 让曹将军。嗟哉今人画唐马,艺精亦出曹韩下?玉堂学士重名誉,
> 一纸千金不当价。山窗拥雪观画图,据鞍便欲擒於菟。天厩真龙
> 有时有,杜老歌行绝代无。

诗中高度赞扬了赵孟𫖯高超的绘画技艺。赵孟𫖯酷爱画马,据说他经常把自己关在房间里琢磨马的各种姿态,他的夫人曾看到他变成

了一匹马。当然这是夸张的故事,但赵孟頫画马下苦功却是真的。后来他就成了画马的绝顶高手,连《红楼梦》里的丫环鸳鸯都能脱口而出"宋徽宗的鹰,赵子昂的马,都是好画儿"的话,可见赵孟頫画马的成就已经达到了妇孺皆知的地步。察伋认为赵孟頫画的马"雄姿逸态何超群",技艺之精能和唐代曹霸、韩干媲美,以至于"一纸千金不当价"。察伋非常遗憾赵氏画技如此高超,却没有杜甫《丹青引赠曹将军霸》那样的好诗来替他扬名。其实,察伋之诗虽然称不上非常高明,但如果看做赵孟頫画作的一首广告诗,写得也还是很不错的。

察伋还有《题钱舜举秋江待渡图》:

> 大江微茫天未晓,散绮余霞出云表。乱山滴翠露华寒,隔树人家茅屋小。行人欲发待渡舟,垂纶独钓矶上头。感时抚卷寄遗意,芦花枫叶潇潇秋。

钱舜举就是宋元之际的著名画家钱选,与赵孟頫等合称"吴兴八俊"。钱选宋亡不仕,自称"不管六朝兴废事,一樽且向画图开",寄情于笔墨。察伋在题《秋江待渡图》时准确把握到画家的"遗意",点出"垂纶独钓"的形象才是画作的点睛之处,可见他对书画艺术是有着敏锐的欣赏能力的。这首诗形象地表现了原画的内容,是一篇上乘的题画诗。

此外还有一首《题张溪云竹图》:

> 太湖山石玉巉岏,偃寒长松百尺寒。明月满天环珮响,夜深风雨听飞鸾。

我们应该注意到,察伋出生于大德九年(1305),待他成年之后登上诗坛,钱选(卒于1299年)、赵孟頫(卒于1322年)早已风流云散,察伋能够欣赏到这些已故名家的画作,并且为之题诗,可知他是诗画艺术圈子中的重要成员。由于常年在江浙为官,察伋已经成功融入江南的士人文化圈了,对钱选、赵孟頫这些前辈画家,他有着一种文化上的认同。

7.4 慕道的凯烈拔实

拔实(1308—1350),字彦卿,蒙古凯烈(克烈)氏,故又名凯烈拔实,家大都(今北京)。11 岁时,以近臣之子入侍元文宗。元文宗时拜监察御史,后以病屏居 3 年。元统元年(1333)授燕南道廉访司金事,迁翰林学士,进吏部尚书。曾任大都路达鲁花赤,拜集贤学士,出为燕南、河西等道廉访使。卒于至正十年(1350),享年 43 岁。拔实颖敏博学,善为文章,家中富于藏书。诗存《元诗选·癸集》。他还擅长书法。黄溍《黄金华集》卷 25《河西陇右道肃政廉访使凯烈公神道碑》详细记载其生平。

拔实在大都居住时,家有"四咏轩",约请友人赋诗,著名文臣许有壬为其作《拔实彦卿四咏轩诗序》,文中称:

> 彦卿,国人也,家都城。图书满室,矻矻进修,居有四咏轩,盖即卉物之与景适者。掇为四题,俾同志咏歌之以写其胸中之乐而寓观物之意焉。人之常情,狃于己者媮,诱于人者流。世禄鲜礼,能不媮乎?京师侈丽,荡奔相偏,有不流者乎?不媮不流,君子贵之,况力于学而有得者乎?学有得矣,物特寓尔。

许氏对拔实的道德学问大加赞赏,写出了他不同流俗的性格特征。

拔实留给后世的是组诗《追咏茅山诗》,诗前有序:

> 往游茅山,山中佳致非一,但诗思迟迟,未能道其万一。既还,因尝游之地,追咏敬呈集虚宗师。

这一组诗是诗人游览茅山之后追忆之作,其一《游茅峰》:

> 笋舆高士碧巑屼,为访仙人白石坛。羽服常来千岁鹤,霞衣曾驻九霄鸾。洞生芝草山藏玉,人到琳宫井有丹。松下空余处士宅,几为梁武决时难。

其二《喜客泉》:

> 春水澄澄绿满池,团沤颗颗涌琉璃。江妃解佩珠凌乱,渊客当盘泪漫垂。

> 坤母由来承搏厚,冯夷何事现新奇。倚栏莫谓曾无喜,且玩清泠润恶诗。

其三《元符山房》:

> 坐对千岩翠,森森万木攒。石函留古剑,药鼎炼还丹。云逼山

窗湿,岚开涧树寒。春禽知客意,啼我暂盘桓。

其四《全清亭》:

> 石抱幽亭深复深,当轩翠竹弄清音。华阳山酒盈樽绿,对坐春泉浇醉心。

拔实这一组诗将茅山主峰、山中泉水、林间山房以及竹树环抱的亭子,统统纳入笔端,运用不同体裁(或七言,或五言;或律诗,或绝句)将茅山这一道教名山的道意和仙气刻画得非常生动。

拔实还专门写有呈给茅山道长的《赠集虚宗师》:

> 路入华阳溪水流,仙人琼佩彩云裘。松阴石灶丹烟暖,洞里桃花碧树幽。嗟我尘中回俗驾,无心方外访瀛洲。何当一假茅君鹤,复向三山深处游。

诗中描写道人所居环境之清幽,以烘托对方道法之高深,并恳切地表达自己的慕道之心,希望有朝一日能够再度畅游茅山。我们知道,元代蒙古族统治者最看重的宗教是佛教,蒙元时代的几次佛道大辩论,均以佛教大获全胜而告终。元代文人的交往对象当中,释子的比例也远远高于道士,蒙古族文学家中也是求佛者多过慕道者。然而,凯烈拔实是一个比较特别的蒙古诗人,他现存的诗歌全部与道教有关,说他是道味最浓的蒙古诗人也不为过。许有壬在《四咏轩诗序》中说:"人以功名期彦卿,予独望彦卿于功名之外焉。"看来,他确实是拔实的知音,拔实对"功名之外"特别有兴趣。

7.5　其他蒙古族诗人

除了上述那些存诗较多的蒙古诗人之外,还有一些仅有吉光片羽传世的蒙古诗人,他们中间有的名字流传了下来,有的连姓名我们也已无法得知。这一节中,我们尽可能多地介绍一批存世作品数量少、声名不够彰显的蒙古诗人,其实这些诗人还是留下一些值得玩味的好诗的。

7.5.1　《西湖竹枝集》中的蒙古诗人

元代科举共计 16 科,因此共有 16 位右榜状元,其中最著名者自然是泰不华,其他右榜状元郎也有一些有诗作传世,如元统元年(1333)及第的同同。

同同(1302—?),字同初,蒙古族,居真定(今河北正定)。元统元年(1333)右榜进士第一,授集贤修撰,迁翰林修撰。未几,病卒。同同有诗名,曾参与杨维桢发起的"西湖竹枝词"集咏,杨维桢《西湖竹枝集》小传说:"同同字同初,蒙古人。状元及第,官至翰林待制。诗多台阁体,天不假年,故其诗文鲜行于世。"生平事迹略见《元统元年进士录》、《西湖竹枝集》。

竹枝词,又称竹枝歌或竹枝,本是巴渝一带的民歌,唐代大诗人刘禹锡贬官江州(今重庆市),根据当地民歌改作新词,歌咏当地风光和男女恋情,此后各代诗人常用竹枝词来写恋情。元顺帝至正初年,大诗人杨维桢寓居杭州,因喜爱西湖美景,作竹枝词9首加以刻画,诗坛友人纷纷唱和,杨维桢将他人之作119首和己作汇编为《西湖竹枝集》公诸同好。所收诗作雅俗共赏,在当时具有很大的影响。如杨维桢的作品:

> 劝郎莫上南高峰,劝郎莫上北高峰。南高峰云北峰雨,云雨相催愁杀侬。

此诗堪称情韵俱佳的名篇,从中可以窥见《西湖竹枝集》的风格。

《西湖竹枝集》中收入同同作品一首:

> 西子湖头花满烟,漫郎日日醉湖边。青楼十丈钩帘坐,箫鼓声中看画船。

全诗化用南宋太学生俞国宝的《风入松》词,俞作为:

> 一春长费买花钱。日日醉花边。玉骢惯识西湖路,骄嘶过、沽酒垆前。红杏香中箫鼓,绿杨影里秋千。　　暖风十里丽人天,花压鬓云偏。画船载取春归去,余情寄、湖水湖烟。明日重扶残醉,来寻陌上花钿。

漫郎,指放浪形骸不受世俗拘检之人,是该诗的主人公。这位"漫郎"饱享湖山胜景,"日日醉湖边",似乎给人一种歌舞升平的感觉。但同同作此诗时,大元帝国已是积重难返,状元郎同同笔下的这种沉醉,是否也含有一种借酒消愁的悲凉呢,还是留给读者去评说吧。

《西湖竹枝集》中的蒙古诗人还有不花帖木儿。不花帖木儿,字德新。《西湖竹枝集》称他为"国族,居延王孙也。所为诗落笔有奇语,如云云。亦宫调之体也"。

不花帖木儿存诗《绝句》:

> 玉楼珠箔晚天凉,秋色依稀满建章。金井梧桐霜叶尽,自随流水出宫墙。

这首绝句写的是宫怨题材,不花帖木儿先从气温和色彩下笔,烘托出浓浓的秋意,下联自然地引出秋深的结果——落叶,再从落叶巧妙地过渡到流水。虽然诗中没有进一步明言,但落叶流水,很容易使人联想到唐宣宗时宫女所作的《题红叶》:

> 流水何太急,深宫尽日闲。殷勤谢红叶,好去到人间。

不花帖木儿之诗化用唐诗名篇,自然妥帖,毫无雕琢迹象,这位王孙诗人可谓善于用典者,果然"落笔有奇语"。

7.5.2 《元诗选·癸集》中的蒙古诗人

《元诗选·癸集》是重要的元代诗歌文献,其中存有不少蒙古名字的诗人。但由于元代不少色目人使用蒙古名,还有一些汉人或者南人拥有蒙古语的别名,所以很多时候无法确定这些叫蒙古名字的人是不是真的蒙古人。我们抱着"宁缺毋滥"的态度,仅对明确为蒙古人的诗人进行介绍。

达鲁花赤,生平事迹无考。达鲁花赤是蒙古语,原意为"镇守者",元朝设各级监治官即名达鲁花赤,由蒙古世臣(也有少量色目世臣)充任。元代不少蒙古人曾借以为名字。此达鲁花赤历仕各地,担任过山西闻喜县达鲁花赤,诗存《元诗选·癸集》戊集下、《西天目山志》。

其存诗曰《开化寺避暑二首》:

> 行遍东南二十城,驿亭犹自候鸡声。归来又上寒沙漠,此是云中第一程。

> 西风策马路旁城,人识星郎语笑声。旬日得诗三十首,相逢犹是有官程。

由于资料欠缺,这位达鲁花赤在闻喜任前和任后分别做了哪些官职,我们无从得知。但诗为心声,在他的诗中透露出一些个人信息。如从"行遍东南二十城"中,我们大致可以判断出这位蒙古诗人曾在江浙游宦或者游学。这位诗人虽然存诗仅此两首,但他在世时无疑是一位相当高产的诗人。"旬日得诗三十首",可见他非常喜欢吟诗,每日平均有三首新作问世,如果保持如此速度,一年就能吟诗上千首!但是今天,连那"三十首"也被历史掩埋了。从这个事例,我们也能看出元代蒙古诗人汉文诗作的散佚情况是非常严重的。

《元诗选·癸集》还录有蒙古诗人朵只的一首写景诗。朵只,曾官婺州江山县达鲁花赤。诗名《水帘泉》:

> 山泉当户如垂冰,一派源泉古自今。洞下风吹银溜线,岩前月落玉钩沉。寒生禅席松扉湿,冷浸仙居岁月深。隔断红尘飞不到,水晶帘作老龙吟。

水帘泉又称石大门,乃江山(今属浙江)境内名胜。朵只作为地方军事长官,政事之暇,游览辖区山水,又能感兴赋诗,可见他也是一位雅士。

诗写的是山中泉水,诗的前半写泉水之外在形态,后半则写泉水的精神意蕴,它"隔断红尘",在山中营造出一种寒冷清幽的氛围,似乎有洗净人们心灵的神奇作用。朵只诗中"禅席"、"仙居"相对出现,可见这位蒙古官员对释道两端均有一定好感。

《元诗选·癸集》录有八礼台诗一首,诗前小传称:"八礼台字□□,蒙古人。"

八礼台之诗曰《题梅花道人墨菜图》:

> 时人尽说非甘美,嚼得菜根能几人。莫笑书生清苦意,比来食淡更精神。

梅花道人是元代著名画家吴镇的别号。我国古代有"咬得菜根,百事可做"的警句,吴镇的画无疑包含这种寓意,八礼台的题画诗也是发挥攻苦食淡的精神。元代大量蒙古族人久处中原内地,难免受到儒家文化的熏陶,八礼台的诗就是一个例证。

7.5.3 元代笔记中的蒙古诗人

元代有一位特殊的蒙古族诗人,他的名字已经不传,文献资料一向称之为鞑靼哑御史。"鞑靼"为元代汉族对蒙古族人的一种别呼,这位蒙古族人曾经担任过御史之职,还是一位喑哑人士。我们知道,古代选择官吏,对身体有一定的要求,如果生理不健全很难登上仕途。这位蒙古诗人虽是哑巴,却能担任监察御史之职,肯定和他的国族身份有关。这位哑御史留下一首有趣的汉文诗《戏赠瞽者》:

> 就鞍和袖缩丝缰,也逐王孙出晋阳。人笑但闻夸景物,风来应解审笙簧。马蹄响处无芳草,莺舌调时有绿杨。休道不知春色好,东风桃李一般香。

据元末文人叶子奇的《草木子》记载:"鞑靼哑御史春日与一瞽者并马出游晋阳,因戏赠以诗云云。不待吟讽,亦知其为瞽者之诗也。"诚然,这首诗将描写对象置身于春日出游的马上,对于良辰美景,是只闻其声只觉其香而不见其景,写出了瞽者的特点。诗中这位瞽者生怕别人看轻自己,不甘寂寞地乘马出游,实在有点可笑。据说该诗描写的瞽者就是元代著名盲诗人侯克中。侯克中,字正卿,号艮斋,真定(今河北正定)人,卒年90余,是元代长寿诗人之一。他幼时失明,听别的儿童读书,就暗自记诵下来,年龄稍长就学习写作诗词。侯克中今存《艮斋诗集》14卷,多为写景之作,如"风转忽吹云散尽,树梢一点夕阳红"(《晚晴》),确实是道瞽者之不能道,可见这位盲诗人的性格确实有些执拗的成分,因此策马游春以示自己可以行正常人之事的举动,他应该是会做出来的。这才给我们这位鞑靼哑御史机会,捕捉到这一场景并形之于诗歌。以哑者调笑瞽者,固然不值得提倡,但是作为一位蒙古族人,能以汉文诗歌戏赠汉族诗人,却不能不说是元代文学史上的一段趣话。

此外,《草木子》卷4有这样一条记载:

> 元世祖皇帝思太祖创业艰难,俾取所居之地青草一株,置于大内丹墀之前,谓之誓俭草,盖欲使后世子孙知勤俭之节。至正间,大司农达不花公作官词十数首,其一云:

墨河万里金沙漠,世祖深思创业艰。却望阑干护青草,丹墀留
与子孙看。

达不花此诗内容与柯九思《宫词》内容雷同。柯诗云:"黑河万里
连沙漠,世祖深思创业艰。数尺阑干护香草,丹墀留与子孙看。"然则
达不花"作宫词"可能含有点窜他人诗作的成分,不过,作为蒙古达官
贵人,如此热心文学,虽作品原创性不够,达不花也可列入蒙古诗人
之林。

7.5.4 作品失传的蒙古诗人

根据史料记载,还有一些活跃于元代文坛的蒙古族诗人,他们被
当时的文人群体接纳,并且创作过相当数量的汉文诗作,只是这些作
品已经在历史长河中湮没了,只留下他们的名字以及时人对他们文学
成就的简单评价。

这些作品失传的蒙古族诗人中曾经最为高产的可能是勖实带。
元代前期著名文人程钜夫《炮手军总管克烈君碑铭》云:"君讳勖实带,
蒙古人。"勖实带是克烈人,袭父祖职管辖炮手军。他极为爱好汉文
化,建立伊川书院,割田千亩赡学;晚年大肆于学,手不释卷,与陈天祥、
姚燧、卢挚等交往,改名士希,字及之,号西斋。据程钜夫文中称,勖实
带著《伊东拙稿》,有诗500余篇。勖实带是元代少数编有别集的蒙古
族诗人之一,应该在元代蒙古族文学家中占据比较重要的位置,可惜
历史是这样无情,将他的500余篇诗歌冲刷得荡然无存。

还有阿荣,此人曾被元文宗任命为奎章阁大学士,乃元代蒙古族
达官中在文坛较为活跃的一员。他的朋友宋褧在《燕石集》卷8《送存
初宣慰湖南十首》前面的小序中记录了阿荣的事迹:

存初宣慰,故相野仙不花之孙。由宦族入侍宿卫,出为湖南宣
慰副使,秩满迁湖广省郎中。至治元年,召金会福院事。明年,拜
天官。至元元年春,受命湖南宣慰使。时天子新政,锐意治道,开
经筵,留公侍讲读,力辞,始赐允。四月朔启行。公幼受学先兄弘
夫,性识聪颖,及长遂知好学。涉猎书史,作诗临帖,至于笔札砚
墨,雅好精致。棋槊射猎击毬等事,虽尝间作,亦视之泊如也。予

与之交将十年。前年冬，公特辟书室，延致数月，坐其下。公今年三十三岁始生子，未期。喜诗，学唐，有《海棠曲》，亦得风致。澧阳别业植梅数百本，自号梅月庄主人。厌倦世故，时有隐去意，以年方壮未遂。诗人沅州校官吴陟字子高，公极爱其才调，欲辟署掾属，故并及之。公名阿荣，字存初，国人也。

据宋褧之序，阿荣颇具文人雅士的风流情怀，热心文艺，曾作过"有风致"的《海棠曲》，宋褧组诗的第 7 首也提及《海棠曲》：

> 金闺朝退暮归时，指点铅华尽赋诗。惆怅海棠花底事，有谁题咏有谁知。

在元代大诗人虞集的《道园学古录》卷 2 也有一首《次韵阿荣存初参议秋夜见寄》，则阿荣能诗之证据又不只是《海棠曲》。《元史》143卷本传也说阿荣"闲居以文翰自娱，博究前代治乱得失"，可见这位梅月庄主人作为左榜状元宋本的高足，是一位有学有识、才华全面的蒙古文人，值得我们重视。

再如至正二年（1342）右榜状元郎拜住（又作拜住善、拜术），也是一位能诗之士，元末文人卢琦《圭峰集》中有一首《寄同年状元拜住善御史》：

> 胪唱乍传龙虎榜，绣衣还见上乌台。石头城下题诗遍，天目山前揽辔回。使节照江秋水立，谏书排闼曙云开。东南赤子疮痍甚，日望分司御史来。

从颔联的"石头城下题诗遍"来看，拜住应是诗情豪迈之人，在金陵山水之间留下不少篇章。虽然元代蒙古、色目文人科举并不考诗赋，但拜住既是状元，自然有状元的文采。这位蒙古才子曾给他在国子学的老师、大儒黄溍留下异常深刻的印象，黄溍的《金华黄先生文集》卷19《记梦诗序》中写道：

> 重纪至元之元年春，予忝以非材备员国子学官。其年秋，夜梦观新进士上谢恩表，褒然出班前立者，诸生逊都思其氏，拜术其名，明善其字也。予既竣事而归，则闻明善已预在京荐名，既以上于春官，而科举事遽废，予颇疑梦之不足征。明善退自有司，归就弟子

列,寻以忧去。服阕,而来私试,数占首选,时予犹居国学,其梦如初。私试之法,以入学之先后,贡十人而止,明善适在十人之外,方待年而未及释褐,予益疑梦之不足征。及予请外南还,而中书用台臣之请计奏,被上旨复以科举取天下士,予亦复梦如初。至正改纪之年也,是岁,明善果再荐于京师。二年春,以正奏召入对大廷,遂为进士第一,予之梦始验。

黄溍几次三番梦见拜住考中状元的情景,后来果然应验,这个故事听起来非常神奇,甚至可以说是荒诞不经的。但黄溍是元代"儒林四杰"之一,道德文章为天下所重,很难相信他会编造故事,再说,以黄溍当时之地位,完全没有必要去取悦名位未显的新科进士。合理的解释只能是蒙古学子拜住的才华给国子学官黄溍留下了深刻的印象,使黄溍觉得这个年轻人远远超出一般蒙古学生的水平,将来肯定会有远大前程,科举夺魁不过如探囊取物。拜住果然没有辜负恩师的期许,至正复科[1]之后独占鳌头。黄溍专门写了《记梦诗》以歌颂此事。桂栖鹏的专著《元代进士研究》附有《元代蒙古状元拜住事迹考略》一文,对拜住的生平有较为详细的考证。可惜拜住的作品已经湮灭,给我们留下了不小的遗憾。

在元人别集中还有不少像这样作品没有流传下来的蒙古文人的印迹,应该说元代蒙古族文学家的阵容比我们以前想象的要庞大得多。

7.5.5　族属存疑的蒙古名字的诗人

《元诗选·癸集》中还保存了这样一些诗人的作品,他们均是蒙古名字,如"癸之丁"中有3位诗人,分别是丞相野喇、廉访察罕不花和金事和礼普化。

野喇字□□,□□人。官丞相,按《元史·宰相表》并无此人,俟更考。

---

〔1〕顺帝朝初期,权臣伯颜大权独揽,接受蒙古守旧贵族彻里帖木儿的建议废除科举,公元1336年和1339年连续停了两科,伯颜被罢黜后的至正二年(1342)科举复行。

华藏寺

　　法钟声远透禅关,华藏招提烟雾间。浮世已更新态度,青山不改旧容颜。洞门水湛潜龙卧,松顶风生野鹤还。拟欲敲开名利锁,洗心常伴老僧闲。

察罕不花,字□□,□□人。官肃政廉访使。

千佛崖

　　丹崖琢就玉桓楹,何代人为佛写生。剩喜可瞻还可仰,不惟堪画又堪行。山头树色连云碧,栈下江波彻底清。若使船轮来至此,尽教工巧莫能更。

和礼普化字□□,□□人。官河东山西廉访司佥事。

明月泉

　　古昔蒲子地,今县名隰川。去城十里许,风景分媸妍。莹此岩上月,照彼崖下泉。波光始荡漾,兔影成婵娟。阴气固相孚,阳应何昭然。静观物有感,方知理无偏。心镜生皎皎,德化流涓涓。时备宪府列,忝乘骢马前。适来暮春月,胜赏中秋天。作诗记石壁,恍若人间仙。

　　这些诗都是刻画风景名胜之作,描写得颇为细致,但诗笔并无明显特点。

　　"癸之己"中还有一位燕不花,小传称:"燕不花字孟初,张掖人。出贵胄而贫,贫而有操,不妄请干于人。读书为文,最善持论,尝建月旦人物评,人以其言多中云。"他的存世诗作为《西湖竹枝词》:

　　湖头春满藕花香,夜深何处有鸣榔。郎来打鱼三更里,凌乱波光与月光。

　　应该说燕不花此诗写得有声有色,富有生活情趣,较之上面3首出色得多。

　　以上这几位诗人,虽是蒙古名字,其族属却无法判明。因为元代其他民族人士有不少好用蒙古名字,赵翼《廿二史札记》卷30就有一则"元时汉人多有作蒙古名者":

　　盖元初本有赐名之例。……

自有赐名之例,汉人皆以蒙古名为荣,故虽非赐者,亦多仿之,且元制本听汉人学蒙古语。本纪:至元九年,和礼霍孙奏:"蒙古字设国子学,而汉官子弟未有学者,及官府文移犹用畏吾字。"诏:"自今凡诏令皆用蒙古字,仍遣百官子弟入学。"又赵璧传:帝命蒙古生十人从璧受儒书,又敕璧习国语,译《大学衍义》,时从马上奏之。至元二十七年,河南、福建省臣奏请诏书用汉字,帝命以蒙古语诏河南,汉语诏福建。又程钜夫传:时诏令皆用蒙古字,帝遣钜夫求贤于江、浙,独用汉字书诏。

其实,不仅汉人如此,色目人、南人均有作蒙古名字者,都有史料可稽。这是蒙古国族的优越地位衍生出的一种吸引力,使其他民族人士以取蒙古名字为荣。这样一来,难以从名字本身来判断族属,以至南人文臣欧阳玄非常担心,他说:"精铨选之本,在于严族属之分,以尊吾国人。……今之女真、河西明有著令而自混色目,北庭族属邻于近似而均视蒙古,乘坚策良,并列通显。盖我国人天性浑厚,不自标榜,恐数百年之后,求麟趾之公姓不可复别异矣。"

所以,这些有蒙古名字的诗人究竟是不是蒙古族,还要留待将来考证。我们暂且将这些诗作附于本章末尾,它们也是我们以后研究的一个方向。

8　元代的蒙古族散文作家群体

　　之前我们已经谈到元代蒙古文学家的体裁选择，虽然元曲被王国维先生认定为"一代之文学"，很多现代的元曲研究专家也都指出元曲之通俗自然，以及元代杂剧这种叙事性文学的发展，与蒙古民族入主中原有很大的关系，但是，纵观元代蒙古族文学家的创作实践，以曲名家者并不多见（仅有阿鲁威肆力于曲、杨讷专长于剧），而且较为高雅的词，以及太过通俗的小说，都没有蒙古族文学家的作品传世，绝大多数的蒙古族文学家走在一条在整个封建时代被认为比较正统的道路上，那就是诗文创作。而在诗文创作中，诗人群体的知名度更高，如泰不华可以跻身元代诗坛的前排位置，月鲁不花、达溥化等人也是颇负时名的诗人。相对来说，散文作家队伍名声较小，但如果进行一番细致的文献搜索，并对其中有价值的部分加以仔细考量，我们就会发现，元代蒙古族散文文坛也并不像一般人想象得那么寂寞。

8.1　蒙古族散文创作的起步

　　在第 5 章中，我们已经提到《大丞相贺表》的作者并非一定为伯颜，但也不必因之就悲观地认为元世祖时期蒙古族人还没有产生用汉文进行散文创作者。根据系于忽剌息名下的《武当事迹序》的内容判断，可以确知为其本人所作，且作于至元年间，全文如下：

　　　　朱汉上曰：坎为天地之中，圣人得天地之中，则能与天地日月鬼神合。先天而天弗违，圣人即天地也；后天而奉天时，天地即圣人也。圣人与天地为一，是以作为万物睹。坎，北方之卦也。大元运启于北，眷命自天，统御乾坤，并明日月，山川鬼神亦莫不与。至元庚午冬，元帝现龟蛇瑞相于大都高粱河金水中，此后天而奉天之验也。元帝,北方元武之神也,居尊天一,位镇坎宫,威慑万灵,周行六合。武当山,元帝之所寓,非此山不足以显其灵,此山非元武不足以彰其名。此先天而天弗违之理也。大元、元帝,皆北方之圣人,是以与天地为一圣,作物睹天地之道。

仆蒙古人玖鲁古氏,祖父以拓疆宇之功,分驻东鲁。仆自幼从银青荣禄大夫、行中书省左丞相蒙古台南征,三教之书颇尝涉猎,虽累历仕途,心未敢怠。兹钦奉宣命来守于钧,而武当福地正居境内。到任之初,询问此山事实,所传不同,未堪为信,或告之曰:"此中有前承应刘洞阳,道学进士也,必能知会。"一日访之,乃出所编《武当总真事迹》三卷,实符所愿,盥手阅诵,不出户庭则武当万古之灵踪已遍历矣。至于前代之沿革,佑圣之仙踪,宫观之本末,神仙之隐显,与夫峰峦之秀,溪涧之幽,草木之异,井井有条而不紊,故索之以广其传,愿与四方乐善好事君子共,亦足以彰北方圣人与天地合德之大。

这篇序文保存于清代丛书《古今图书集成》第 195 卷。据文中忽剌息自述,他是蒙古玖鲁古氏,陶宗仪《南村辍耕录》卷 1"氏族"条列举蒙古 72 种,中有"八鲁剌忽",玖鲁古大概是其别译。忽剌息出身军旅世家,参加过宋元战争,但这样一位蒙古将种却"三教之书颇为涉猎,虽累历仕途,心未敢怠",可以称得上是一位文武双全的蒙古将领。忽剌息奉命镇守钧州(今湖北丹江口),道教名山"武当福地正居境内",他努力搜求关于武当之神元帝[1]的相关故事,其原因乃是"大元、元帝,皆北方圣人",为大元帝国的统治从神权角度寻找依据,"彰北方圣人与天地合德之大"。忽剌息可以说是一位格外有心的蒙古人。

活跃于元仁宗时期的按摊不花,重视利用历史人物的榜样作用来推行教化,他的执政理念更加符合儒家传统。

按摊不花,蒙古人,皇庆、延祐间任平江州判官,重教化,掌斯文,与修《成州志》,明隆庆《岳州府志》卷 13 有传。

---

[1]元通玄,元帝即玄天上帝,也就是我国民间熟悉的道教神真武大帝。

按摊不花的散文今存两篇,其一为《忠孝祠记》。忠孝祠,在平江境内,"祀三闾大夫屈原及罗氏二子"。屈原是流芳千古的爱国诗人,忠于国家;罗氏二子则为寻父而死,笃于孝道。"宋县令杨治斋寅以屈忠臣罗孝子,创祠于上公亭址之下,所以激薄俗也。"

　　按摊不花认为:"古人为政,以崇教化、美风俗为先务。教化莫急于扶纲常,风俗莫切于消锼薄。君臣、父子、夫妇之伦是也。锼薄者,尚嚚顽,专把握,讦阴私,乱曲直是也。有一于此,皆为斁教乱俗之民,故古人谨之。"所以他特别推崇杨寅这种以美典型激薄俗的做法,他充满敬意地说:

　　　　不花后治斋七十余年佐政是邦,安能舍公轨则他求绳墨哉!庙葺旧碑勒,其一以公所以律平江者善。平江世代有更,人心无古今。公虽往,其流风遗范不与俱往也。后公生平江者,其义尚存,其忠孝尚古,其庙建宁不如公尹日哉!

　　按摊不花另外一篇《上公亭记》,记录的是自己出力修复上公亭的经过和感慨,其中也寄寓了他的儒治理念:

　　　　上公亭,祀王文正公旦也。亭旧在宝积寺,知信州朱师通记略曰:"公在相位,身致太平,北和番庭,西纳戎夏,海内富实,时调岁成,百职任人,各有攸序。宇量宏大,莫穷其际,秉政十八年,圣治文明,比隆前古,有宋以来,一人而已。"尝以大理评事出宰是邑。先是,正寝有妖魈,人不敢居。一夕,守吏梦白衣来告:"相君至矣,即当避之。"俄而公至,安然无警。又当暑月憩林下,地素多马蚁,公所至蚁皆去席尺余。天生正人以匡天下,固自异焉。知县张仲舒祠公佛舍,适公之侄箧函遗像以来,因肖而像之,以慰邦人士之瞻。宋宝祐癸丑,县令王有先修创,亭在县治西南之巅,市材重修,致景慕之意。归附后,倒塌不存,州判常从仕捐俸鼎建亭一所门楼间,因记之:"时非晋而兰亭之禊不改,人非柳而愚溪之胜自如,岂景物果能自寿哉?其人贤,其事核,后之人因而寿之耳。"

　　　　夫平乃丞相王文正公过化之邦,不花承乏平江州判,与丞相制锦之地适符,今去宋宝祐癸丑后六十年,是为大元癸丑皇庆二年,与令修筑之岁偶合。物换星移,址荒亭没,蓁棘暝迷,莫览仿佛,幸图志可按。越明年甲寅,始得之州治右冈。众惧以起废为难,因捐己俸、募众工,酌土神,誓之曰:"是邦贤相宿临,勋著上公。旧令依而表章之,待州民与嗣来者不薄也。过大梁者仁想夷门,游九京者留连随会,今乃构营,非泛常土木比。叠屋竖槛者尚庶几种德之遗。"不日告成,匠氏骄其工制之雄伟,趋来告曰:"由此治平江者例有上公望矣。"余谢不然。人生行业为要,荣达付命。要者在我,命者在天。史著丞相严重简宽,风格峻整。善断大事、决大疑。时东南抚定无几,公晓计臣曰:"东南民力竭矣。"又曰:"朝廷榷利至矣。"唯恐因渔蠹以断本根。及抑张师德之奔竞,黜买边之立异,不报密院之误印,不使荐引之知恩,皆识度伟拔。逮其捐馆,子素犹未官。高风清操,可立万古,岂但官崇位显,足为仕昌江者美谈哉!今焕新旧规,实于丞相行业有取,于今尹景慕是稽。观于斯者,要当有得于亭之外。匠氏曰:"吾侪小人,不足以知君子。"因竖之记。

按摅不花"捐己俸、募众工",一力修复上公亭并不是为了求取"有上公望"的佳兆,而是出于一种对于前代贤者的敬慕和对于儒治文化的虔诚。像摅不花这样的州县小官,虽然无法仕至上公从而兼济天下,但是怀抱着这种崇教化、厚人伦的理念,不仅可以独善其身,而且必定能够造福一方百姓。

在元代蒙古族文学家中,至治状元泰不华,不仅存世诗歌数量最多,而且艺术水准也是最高的。泰不华也有一些散文传世,堪称诗文兼擅的大家,我们第6章已作了详细介绍。与泰不华同时代的蒙古文士僧家奴,也是诗文兼通。

僧家奴(又作僧家讷),一名均,字元卿,蒙古瀰伲沃鳞氏,居晋。历官中书省山东都转运使,江西行省广东道宣慰使都元帅,江浙行省参知政事,江南行台福建闽海道肃政廉访使,至治、至正间在世。

僧家奴著有《嵊山诗集》,元代大文学家虞集《道园类稿》卷19中有《嵊山诗集序》,序中高度赞扬了僧家奴的道德文章:

天运在国朝,气磅礴于龙朔,人物有宏大雄浑之禀,万方莫及焉。是以武功经营,无敌于天下,简策所传,有不可胜赞者矣。世祖皇帝混一海宇,人文宣旸,延礼巨儒,进讲帷幄,宗亲大臣,多受经义,而经天纬地之文,戡定祸乱之武,于是乎兼举而大备焉。今授政于朝廷,出使于邦域,往往通古今、知治乱,推经术以行吏事,民受其泽焉。于是,则又有发其心声以为歌咏,足以鸣一代之雄盛,时至气化而不能自已者,非偏才小智可冀其万一也。

广东元帅公僧嘉讷元卿,其先本太祖元从,东征西讨,无不在行,威加中原,以晋地之强,留以镇之,今三世矣。元卿受朔易之严正,兼形胜之奇伟,才识超诣,肆力文史。历御史宪府,弹劾不避于贵近,责备每切于文臣。发异端不测之奸,明朝廷谏诤之重,不以细故塞大受也。公事之暇,作为歌诗,无幽忧长叹之声者矣夫!屈宋之辞,远接风雅,盖出于亡国陋邦;建安诸人,亦号奇壮,而所居之朝非世正绪,固不可与今之君子度长比大于当时矣。元卿自河北归,奉太夫人居太原之崞州。有天涯山者,奇伟秀绝,前代未有赋咏者,世传一二篇,皆金人丧乱之余,我朝甫定之日,亦多感慨之言,不如元卿之浩荡英迈也,是以四方颂之。及来广东,政成期月,寇盗悉平,日与宾佐赋诗为乐,安靖治平之美,于斯可见矣。从事于其府者董澜,记而录之,合前后所传,以成若干卷。噫!我朝文化之行,声诗之播,用之邦国,用之民庶,沛然将有取焉。故为序其端如此。抚州路经历黄天觉尝受更生之造于公,无以报也,请刻诸梓,遂以授之。

惜乎《崞山诗集》今天已经失传,使我们无法全面领略僧家奴诗歌的"浩荡英迈"之美,好在他有一些诗句因为刻于金石,得以逃过劫数,使我们今天得以窥见些许风采。清末福建学者陈棨仁编著的《闽中金石略》中录有《道山亭燕集联句》一诗。这次道山亭雅集是由福建廉访司长官、僚属在福州乌石山举行的,参加者有廉访使僧家奴和佥事申屠駉、奥鲁赤、赫德尔,四人宴饮并联句赋诗:

追陪偶上道山亭,叠嶂层峦绕郡青。(申屠駉)万井人家铺地

锦,九衢楼阁画帷屏。(僧家奴)波摇海月添诗兴,座引天风吹酒醒。(赫德尔)久礼危栏频北望,无边秋色杳冥冥。(奥鲁赤)

僧家奴率领僚属诗酒唱和,足见其潇洒的文人情怀,他所作的颔联"万井人家铺地锦,九衢楼阁画帷屏"气象开阔,写出了元代福州的繁盛。与僧家奴唱和的申屠駧为汉人,乃南台御史申屠致远之子,进士出身;赫德尔至顺元年(1330)进士,以名字判断,似为回回;奥鲁赤族属不详,从名字判断,可能为蒙古人。这次雅集人数虽然不多,却是一次多民族文士共同参与的诗酒之会,而多民族文人交往唱和,正是元代文坛一个鲜明的特色。

僧家奴的散文作品也有一些流传下来,使我们可以更好地了解这位功业文章兼备的蒙古文人,如《赵清献公文集序》:

尝闻山岳钟秀,天产英彦,作名臣,为巨公,维持世教,辅毗王化,矧邦家之光,乃天下之福也。惟贤人君子德符凤麟,非一朝一夕易为之有,良由百千年间一二人焉。

予忝台檄,循察省治,核实宪迹,由浙历闽海道,轺过太末郡。郡乃清献公之里也。公宋朝名臣,屹立台端,谠言正操,确乎其不可拔,挺然其不可夺,谏必纳,劾必黜,泰彰臣道,日新君德。虽宪治移牧,宽猛济事。予宿仰休风,咨访公文,得诸郡庠,手阅简集、奏状等篇。如雪冤正法,折大臣陈执中之抗狱;精论明辩,斥宣徽王拱辰之辱命;释絷妇以安外寇,纳欧阳以充内辅,批裂忠肝,张扬义气。他如抨弹权幸,诛锄强悍,挞奸烛幽,发政施令,皎如星月,厉如雷霆,宜哉!公以道自任,当时名流推服,海内同声,亦以斯道与公,宜哉!公在熙、丰间,正色立朝,匡君立世。虽斯文之召观,公之子矶请隧碑铭于朝,哲宗嘉叹骨鲠敢言之气,以爱直名碑,伟哉功烈!俾千载之下,端人正士,起敬起慕。夫死生予夺,固人主之柄,安危利痛,实台察之系。吁!司言秩者,闻铁面之名,挹莲峰之青,不觉凛然。呜呼!山岳精英,凤麟祯瑞,不知何年钟秀当凝而复出斯人也邪?

时至治首元仲冬二十又六日,蒙古晋人僧家奴均元卿拜跋。

这篇序文叙事流畅、议论风发,兼之感情充沛、辞采飞扬,笔者认为足以代表元代蒙古族散文作家的最高水平。按摊不花《上公亭记》歌颂宋代贤相王旦,僧家奴《赵清献公文集序》歌颂的则是宋代"铁面御史"赵忭。按摊不花沉沦下僚,对于王旦的丰功伟绩含有很多羡慕的成分;僧家奴则在行省和廉访司都担任过高级职位,赵忭所经历过的那些政治抉择也是他会亲自面对的,所以僧家奴对赵忭的推崇之情,是既热烈又实在的,"不知何年钟秀当凝而复出斯人"一句,包含着作者真切的体会,像赵忭那样的"铁面御史"是难能可贵的。而僧家奴"历御史宪府,弹劾不避于贵近,责备每切于文臣",他本人何尝不是一位蒙古族的"铁面御史"呢?

僧家奴的《宣圣遗像记》记叙了作者将所藏孔子遗像和尼山、孔林二图,刻石立碑以嘉惠广东学林的情况。僧家奴的目的在于"俾郡士人君子,荒服岛夷,崇仰圣人之高坚前后之风、河岳光灵之辉、庙林文蔚之气,如在邹鲁之邦,岂不有助于风化也钦?"这位广东道宣慰使都元帅,"政成期月,寇盗悉平",才干非凡,而其一片推行教化之心更是值得赞许。

此外,僧家奴还有阙文《仙掌石题名》,文中写到"至正甲申秋,余奉天子之命,来镇广东,适官舍介于仙湖之东",则也是在广东宣慰司任上所作,文后附有一首诗,惜乎残缺不全:

　　　　星鄘文囿剑池头,月池□□□□□。□□壮游推太华,又观仙掌五羊州。

8.2　元代蒙古族进士的文笔

上述那些较早登上文坛的蒙古族散文作家,都是官吏身份,他们长期生活在中原汉地,和汉族士人阶层接触较多,或者出于行政管理的需求,或者受到汉族文化的吸引,自觉学习汉文,进行汉文创作,但在当时毕竟人数很少。到了延祐元年(1314)科举制度复行之后,情况得到了极大的改观。在第3章中我们已经谈到,元代科举实行按族群分配名额的制度,由于四大族群之间名额均等分配,每科蒙古人和色目人、汉人、南人都是 25 人,这对人口相对较少的蒙古族人来说,是一种特别的照顾。录取比例的相对较高,无疑刺激了蒙古士子对通过科举踏上仕途的热情。

元代的科举考试,蒙古人、色目人所试内容相同。乡试和会试均考两天,皆是第一天“试经问五条”,第二天“试策一道”;御试一天,“时务策一道,限五百字以上成”。“经问”考士子对儒家经典的理解,属于基础知识,发挥空间不大;“策”考的则是标准的议论文。因此,蒙古学子为了通过科举考试,实现“一举成名天下闻”的理想,肯定要努力锻炼“策”文写作能力。科举考试极大地促进了蒙古文人的散文写作,使得元代后期涌现出大量蒙古族散文作家,而那些通过考试成为进士的,无疑就是他们中间的佼佼者。我们不妨按照其登第时间先后,来欣赏一下蒙古进士的文笔。第 6 章已经向大家介绍过右榜状元泰不华的文笔,下面我们还是从一位右榜状元郎说起,他就是忽都达儿。

《秘书监志》卷 10《题名》中“著作郎”一项记载:“忽都答儿,赐进士及第,延祐五年十月初二日以□□上。”同条下记载达普华(泰不华)也以至治元年右榜状元当年出任著作郎,可知此著作郎忽都答儿就是延祐五年(1318)右榜状元忽都达儿。《秘书监志》卷 8《表笺》保存有这位状元郎的手笔《皇太子受册贺笺》:

> 延祐六年,忽都答儿
>
> 鸿册东宫,允叶推尊于太极。龙墀南面,膺符储位于前星。宗社无疆,臣民有庆。中贺聪明时宪,刚健日新。遵祖训以绍丕图,宸闱书永。奉慈颜为隆至养,宇宙回春。爱守器之克勤,实肇邦之是赖。臣某等式瞻鹤禁,叨职麟台。华仪如日之方升,休光仰荷。盛典与天而齐久,眷命恢洪。

《全元文》辑有忽都达儿的《重修关王庙记》:

> 经云:事君能致其身,惟忠义之臣。战阵有勇,临难不避,身虽云亡,威名烜赫,千载之下,起敬慕、广庙食,而为神明者,其义勇武安王之谓乎!本传载,王河东人。初,先主合徒众于涿郡,王与张

飞为之御侮,寝则同床,恩若兄弟,随先主同徒众周旋,不避艰险。先主袭杀车胄,使王守下邳,行太守事,而还小沛。建安五年,曹公东征,先主奔袁绍,曹公获王以归,拜为偏将军,礼之甚厚。绍遣大将军颜良攻东郡太守刘延于白马,曹公以王为先锋击之,王见良麾盖,策马刺良于万众之中,遂斩其首以还,绍诸将莫能当之,遂解白马围。曹公即表封王为汉寿亭侯。曹公壮王为人,而察其心无久留意,谓张辽曰:"试以情问之。"既而辽以问王,王叹曰:"吾素知曹公待我厚,然吾受刘君厚恩,誓以共死,不可背之。吾终不留,吾当立效以报曹公乃去。"辽以王言报,曹公义之。王乃杀颜良,曹公知其必去,重加赏赐,王尽封其所赐,拜书告辞而奔先主。呜呼!王之言行可谓忠义者也。

庙在莘之东百有余步,始建岁月惜无俾考,值延祐七年大水为患,檐楹俱圮,阶门倾侧,殆无以展邑人香火之敬。监县明初公至大三年来治莘邑,与令刘克敬同心立政,俱修五事,境内之民,家受其赐。公性慷慨,不拘细行,志勇于义,至若劝课农桑,整齐人物,与夫起废举坠者,视他邑为最盛,与人交,愈久愈厚,所以无贵贱皆得其欢心。今虽代闲,向所谓起废举坠者,心无少已,乃涓吉倡首出橐金,敬请莘好义家以王庙修葺告之,咸乐为助。凡出木市瓦钱粟者,无远近悉至,命工重修,公亲莅之,不两阅月功毕。庙貌复新,筑危堤临大首,三门卓然,层台巍然,古柏森然,实一方之壮观。今而后拜其遗像,想王之英风者,励忠全节,不二其心,庶无愧焉,非若巫觋徼福之祷也。噫!物之隆替,诚自有数,然必贞固明敏之士方见克全,其明初公之谓乎!公持蓟州学正王恒状坚请以文,义不容辞,因为之记。

《秘书监志》卷10《题名》中"秘书郎"一项记载:"那木罕,字从善,赐进士出身,逊都思人,泰定元年六月初二日上。"《秘书监志》卷8《表笺》保存那木罕(又作那么罕)所作《贺皇后笺》:

泰定三年,那么罕

岁集娵訾,茂启三阳之运。春回禁掖,聿开六壶之祥。天地清明,宫闱愉悦。中贺雅存懿范,丕著徽音。翟茀以朝,敏慧夙成于君道。彤管有炜,贤慈式建于母仪。克佐昌辰,允膺繁祉。臣某等职縻东观,班箧内廷。汉殿礼严,愿献椒花之颂。周家化洽,行歌樛木之诗。

这位那木罕和月鲁不花、笃列图兄弟均出身逊都思氏,可见逊都思氏这一大蒙古国时期武功赫赫的部族,至元朝中叶已是文星璀璨了。

我们再来谈谈泰定四年(1327)进士及第的燮理溥化。

燮理溥化,字元溥,蒙古斡剌纳儿氏。曾任舒城县达鲁花赤,历抚州路乐安县达鲁花赤,后至元四年(1338)除南台御史。生平事迹见明万历三年《庐州府志》卷8,清康熙二十三年《乐安县志》卷8,《道园学古录》卷8《舒城县明伦堂记》、卷35《抚州路乐安县重修儒学记》、卷40《题斡罗氏世谱》,《揭文安公全集》卷9《送燮元溥序》。燮理溥化与元代后期的文坛泰斗虞集、揭傒斯交往密切,得到他们的赏识。揭傒斯称燮元溥"敏廉明恕,见许于士君子;赈饥兴学,有恩惠于民",以至"时郡县吏初到官参所部,必举元溥以为劝",乃是当时的一位"名进士"。《全元文》辑得其文两篇。

其一为《乐安县志序》:

> 古之郡国皆有志,所以定区域、辨土壤而察风俗也。肇自黄帝建国,万区九丘,尚矣。唐虞三代地不同,而其书则自《禹贡》以及《周官·职方氏》之所掌,孔子述之,亦以为不可废也。周制,王畿、邦国都鄙之外则为县,立正以掌其教令。春秋时,县大而郡小。暨乎战国,郡大而县小。当时,虽有郡县之名,而未尝废诸侯之封建也。秦裂都会而为郡邑,废侯卫而为守宰,于是,不曰郡国,而曰郡县,则县小而亦可以方古诸侯之建也。故范蔚宗作《郡国志》,犹不失其名。然则受牧民之寄者,其可以县小而视之邪?
>
> 余以元统癸酉至乐安,爱其山高水清,意必有古人之遗迹,而莫之考。或告余曰:"斯邑旧有《鳌溪志》。"因求得数册,乃淳熙及咸淳所辑,编帙散乱,无从批阅,遂以谕鳌溪书院直学李肃精加点校,逐卷增而续之。既成,观其所封畛之广狭,山川之远近,名宦之

游历，文人之咏歌，与夫一民一物、一言一行之有关于世教者，靡不载考。是邑之事迹，一寓目而尽得焉。益信郡县不可无志也。邑士陈良佐率为锓梓，余因是而得风物山川之美，又因是而知斯文之盛、好义乐善者之多也，为题其端云。

燮理溥化在序文中追根溯源大谈修志的意义，从中可以看出，作为一县最高军事长官的他对于文教相当重视。

另一篇《重修南岳书院记》讲的是衡山地方官员重修南岳书院以兴文教之事，开篇论述南岳书院的重要地位：

南岳书院者，唐李邺侯读书之所也。创始于南岳之左。故宋宝庆年间，运使张嗣可以其近市喧杂，地势湫隘，徙之集贤峰下，由是书院之制始备。胡文定公父子讲明《春秋》于此，宦游于此。既而晦庵、南轩相与讲道唱酬其间，湖南道学于斯为盛。国家龙兴之初，太祖皇帝金戈铁马，削平西北；世祖皇帝风飞雷厉，混一海宇。天下龙蟠凤逸之士兴起，倡明道学，于是前代四大书院聿然重兴。其诸先儒过化之区，复赐旧额。斯文之盛，未有过于此时者也。

中间记述衡山各族地方官员同心同德、群策群力重建书院的具体经过。在文章最后，燮理溥化感慨道：

嗟乎！自三光五岳之气分，而天无全才。仲尼圣人也，有德无位，乃删《诗》、《书》，系《周易》，作《春秋》，明先王之道，以贻后世，其功有贤于尧舜者。孟轲氏，学孔子也，亦不得其位，而周流诸国，空言无施，后之学者赖其言，尚知尊孔氏、崇仁义、贵王贱霸，功不在禹下。秦始皇焚书坑儒，尽灭先王之道，以智力法律绳民，不足论也。汉有董仲舒，唐有韩愈，各以其学鸣于时。迨至宋时，周、程、朱、张诸儒相继而作，以续孔孟不传之绪，而道以明。为人臣者不知为学，必以掊克私己为务，事君必不忠；为人子者不知为学，必以悖逆争斗为先，事亲必不孝。夫妇无别也，长幼无序也，朋友无信也，是不知为学之甚也，其可乎哉！传曰：三代之学，皆所以明人伦也。人伦明于上，小民亲于下，此师道之所以立，学校之所以设，其有功于朝廷、生民甚大。今兹书院也，圣人有官，从祀有庑，先贤有祠,师生有室,而田入于豪强,廪稍之不给,尤不能不望于部使者。

燮理溥化从一个小小的书院扩而大之,联想到整个儒家的发展历史,可见燮理溥化对于儒家的熟悉程度。作为蒙古族的有识之士,燮理溥化深刻认识到儒家思想可以帮助统治者稳定他们的政权,所以他才如此热心修复学校、发展教育。

泰定四年(1327)登进士第的蒙古文人中,有作品传世者还有哈剌台。哈剌台,哈儿柳温台氏,苏天爵曾为其祖母作《元故赠长葛县君张氏墓志铭》。据苏文所述,哈剌台的祖父马马曾任池州总把,祖母张氏为黄冈儒者张泰鲁之女。哈剌台登第后,历任方城县达鲁花赤、汉阳州判官、徐州同知及内台御史等职。任职汉阳时,哈剌台曾刊行宋代以来咏歌当地太平兴国寺古柏的诗集《禹柏集》,可见其非常喜爱诗歌。

哈剌台曾为相台许氏的《圭塘欸乃集》作跋,自署"诸生哈剌台",他可能是许有壬的弟子。哈剌台既以许有壬、苏天爵这样的著名文士为师友,其汉文造诣自然不凡。其跋文保存在《四库全书》本《圭塘欸乃集》后。

> 唐国子司业杨侯,以年满七十,白丞相去归其乡。朝之公卿士庶共称其贤,昌黎韩子有文以传于世,以为美谈。御史中丞相台许公,以年老亦白大夫而去。当太行之麓、洹溪之滨,得地数十亩,筑亭凿池,深广有度,树以松、竹、杞、梓,种以菱、芡、芙蕖,水绿掩映。虽极人力,每云收雨止,层峦献翠,活水分清,俨若天钟其秀。公率子弟,或舟楫、或杖屦,荡飏乎清流,徙倚乎亭之左右,更相唱和,殆无虚日,有《欸乃》一集鸣于时,不知杨侯之去有是乐否?今世士大夫宦游中外老归于乡者有之矣,得山川之胜而燕游者有之矣,弟若子俱能文辞者则鲜也。公以明经擢上第,致位廊庙,佐天子出政令几三十年,膏泽被于民物者固多,诸福之美萃于一门,天之施于公者实厚。相之人凡出处去就,一以乡先生为法。是集之鸣也,益著众所谓贤者又不得专美于昔矣。至正辛卯冬至前五日,诸生哈剌台再拜。

哈剌台的叙述简而有法,其中不乏出彩的句子。

与元朝其他右榜状元相比,至顺元年(1330)状元郎笃列图最具传奇色彩,他可以称为"真命状元"。清代陈衍《元诗纪事》卷45录有一条"信州路谶",谶语为:

水打巷村园,永丰出状元。

该谶原出《江西通志》的记载:"笃列图字彦诚,蒙古人。父揭南新,祥兴间镇信州路,得一谶云云,遂家于永丰之进贤坊。生笃列图,登至顺庚午蒙古榜进士第一。"笃列图的父亲揭南新在祥兴(南宋帝昺年号,1278—1279)年间,得到"永丰出状元"之谶,彼时元朝尚未实行科举制度,揭南新却坚信不疑,定居永丰,以己子应谶语,50年后果然梦想成真,真是皇天不负有心人。

笃列图(1312—1348),字敬夫,蒙古族,捏古台氏。至顺元年(1330)右榜进士第一。授集贤修撰,累迁江南行台监察御史,终内台御史。这位笃列图敬夫与月鲁不花之弟笃列图彦诚同名,但其在科举上更为成功,年未弱冠就状元及第,而且得到知贡举的色目名臣马祖常的青睐,成为他的妹夫。身为右榜状元,笃列图的仕途也较为顺利,从集贤修撰到监察御史,虽然品级并不高,但都是具有清望的重要职位。可惜这位状元郎年寿不永,37岁就英年早逝,否则他定会作出更大的成就。

笃列图敬夫流传下来的文章仅《瑞盐记》一篇短文。河东转运司因为"解州盐池预期呈秀"而"答神贶"举行祭祀,笃列图将这一瑞兆归功于新即位的元顺帝妥懽帖睦尔,他说:

圣人首出庶物,德浃仁博,而天锡之福。昔伏羲、大禹之时,河洛出图书。尧、舜、文王之世,凤仪于庭,或鸣于岐。此天人交感之理,为不诬也。今皇帝圣德龙飞,而盐池瑞应,岂苟然哉?凡百有司,各敬其事,以修厥职,共承天休。呜呼!懋哉!

这位状元郎认可的是天人感应那一套,对新帝即位抱有很大的希望。纵观我国历史,历时较为长久的朝代,若汉若唐,都有明主中兴的情况发生过。而大元帝国在当时许多文人的心目中是超唐轶汉的强

盛朝代,如元末文人叶子奇《草木子》卷3称:

> 元朝自世祖混一之后,天下治平者六七十年,轻刑薄赋,兵革罕用,生者有养,死者有葬,行旅万里,宿泊如家,诚所谓盛也矣。

蒙古文人对本民族处于优越地位的帝国充满热爱,笃列图之辈肯定是期望妥懽帖睦尔能够像汉宣帝或者唐明皇那样再造中兴的,可惜这位末代皇帝虎头蛇尾,葬送了大元万里江山。

元代科举共开16科,可惜文献散失严重,今天保存较好的仅有《元统元年进士录》[1]。元统元年(1333)右榜进士第一同同的御试对策,就是借助《元统元年进士录》流传下来的。原文如下:

> 臣对:陛下发德音下明诏,持盈守成之道,远稽三代近祖宗,皆非愚臣所能及也。然先民有言,询于刍荛,臣敢不悉心以对。

> 臣伏读制策曰,古人有言,得天下为难,保天下为尤难。自古持盈守成之君莫盛于三代,夏称启能敬承继禹之道,殷称贤圣之君六七作,周称成康能致刑措。夫以禹之功而惟启,以文武之德而惟成康,贤圣之君之众莫若殷,亦不过六七而已。其后,惟汉之文景而言"文景之治",犹不得比之三代,善继承者,何若斯之难也。臣闻自古之有天下者创业至难,守成尤难,何也?天将有大奉而王天下,必先使之勤劳忧苦,涉险蹈阻,功加百姓,德泽及四海,然后授之大宝,以为天下之谊主。是故人之情伪,事之得失,稼穑之艰难,前代之兴废,靡不历览而周知。盖操心常危,而察理也精,虑患常深,而立法也详,故能平一四海,而无不致治者。守成之君兢兢业业,恪守先王之宪章,犹惧不治,况自深宫而登大位,习于宴安,不复知敬畏。贵为天子,富有四海,便佞日亲,师保日疏。声色、货利、游畋、土木,与夫珍禽异兽,所以惑志而溺心者,不可胜数。管仲所谓宴安鸩毒是也。苟非刚明而大有为者,讵不为其所动。其间有足以有为之资,则其颂功德,称太平,奏丰年,献祥瑞者,投间

---

〔1〕台湾著名学者萧启庆先生曾作《元统元年进士录校注》,对于我们更好地利用这一文献帮助很大。

抵隙，接踵于朝廷。于是志骄气盈，穷□□武，以祖宗之法为不足法，好大喜功，纷更变□，至失厥位，而坠厥宗者比比又如此。是故禹汤文武大圣也，自累世积德而有天下，至难也。以天下相传，大事□□能继禹之功者，惟有启；承文武之德者，惟成康。圣贤之君之于汤，□六七而已。以圣人有天下，能继其后者仅如此。□□景继高帝之治乎？由此言之，继世之君有能持盈守成而不□先王之道者，可谓难也已。《诗》曰："不□□□率由□□。"《书》曰："监乎先王成宪，其永无愆。"此之谓也。

臣伏读制策曰，我祖宗积德累世，至于太祖皇帝肇启土宇，建帝号，又七十余年，世祖皇帝始一天下，以致至元之治，厥惟艰哉。顾予冲人，赖天地、祖宗之灵，绍膺嫡统继承之重，实在朕躬，夙夜兢兢，未获其道。臣惟我国家积德千万世，与天无疆，至太祖皇帝受明命兴王基，建帝号于朔方，又七十有余岁，世祖皇帝圣德天下，以成至元之盛治，王业之成难也。□□□□□□之重，托之臣。皇帝陛□□艰□□之备尝，□数在心之所归。讴歌者咸曰：吾君之子也。□□者咸曰：吾君之子也。先帝之所顾命，慈极之所眷注，王之所推崇，股肱大臣之所翼戴，陛下其时邈在□烟瘴雨之乡，夫岂有黄屋左纛之念哉。昊天成命，默定于苍苍也久矣，推之而不可推，辞之而不可此。飞龙在天，圣作物睹，天下皆以至元之治，复望于今日。陛下所以汲汲有为，以副天下之望者，当何如哉！制策有谓夙夜兢兢，未获其道，臣读至此，顿首称贺，有以见陛下谨持盈守成之心矣。充此心而力行之，行之不已，而求其至焉，虽禹汤文武，无以过也，又岂有不获者哉！《诗》曰："夙夜匪懈。"《书》曰："懋哉，懋哉！"此之谓也。

臣伏读制策曰，子大夫通今学古，其求启之所以敬承，六七君之所以称贤圣，成康之所以致刑措，其道安在？文景之所以不及三代，其故何由？及今日之所以持盈守成，孰先孰后，孰本孰末？何以致刑措称贤圣，继祖宗□□□□□□□□□所隐。臣学不足以考古，识不足以通今，□□□□□何足以及此，而切有志焉。尝闻

□□□□□□□□□治天□□□□□□继之，何敢加毫末？□□□□□过存□□□□□□昔启之继□□□□□□敬承□□□皆禹之旧臣相与辅，□□□□□尊亲而礼任焉。故能继其道而不废，□□□□□可顾又曰，予临兆民，凛乎若朽索。□□□□□□之所以敬承者此也。陛下是以□□□□之敬承之道，无以加矣。臣闻大甲嗣汤，伊□□□阿衡而告戒启沃者，无非成汤日新之功，大甲能守之，继是者能行之，所以继治。《书》曰："苟日新，日日新，又日新。"又曰："顾是天之明命。"贤圣之所以继作者此也。陛下以是力行之，六七君之称贤圣不得专美于商矣。臣闻成王继文武之位，周公作礼乐行王政。成王克遵文武之德，康王又克守之，教化大行，刑措不用。《书》曰："庶狱庶慎。"又曰："心之忧危，若蹈虎尾、涉春冰。"成康之所以致刑措者，此也。陛下以是而力行之，则刑措矣。臣闻治天下莫大于仁政，而仁政莫先于教养。故三代之相承也，莫不制田里、教树畜，命训迪之官，任敦典之责，渐民以仁，摩民以义，节民以礼。民知礼义而不犯法，然后刑罚辅之，以正其不正者耳。无非先德教而后刑罚也。汉高帝得天下，秦俗未尽革，专刑威而弃教化，不事《诗》、《书》，不尚节义，何以为子孙法？文帝继其后，其恭俭慈爱，虽足以化下，然贾谊劝其兴礼乐、行仁义，则辞曰未遑。景帝忠厚之风又不及文帝。文景虽曰能守成，□能守汉之成宪耳，何敢比隆于三代乎？孔子曰："道之以政，齐之以刑，民免而无耻。道之以德，齐之以礼，有耻且格。"由此观之，德礼本也，刑政末□□□□□宜后也。陛下先其本，后其□□□化行，礼乐兴，由之而致刑措，由之而□□□□□而继祖宗之盛□□□□□□。臣切观祖宗所积之□□□□之德，祖宗所成之□□□禹之功，圣圣相承，以继盛治，不特如殷之六七君之贤圣，陛下持盈守成，亦继志述事而已矣。承悦慈极，尊任师傅，博求贤能，修明庶政，进敦笃，退浮华，谨访问，纳规谏，以天下之耳目为己之视听，以天下之心志为己之思虑。万国至广也，吾为天地以容之。万民至众也，吾为日月以照之。人之所欲者安也，吾为行

172

仁政以安之。人之所欲者富也,吾为崇节俭以富之。人之所欲者寿也,吾为隆教化、兴礼让,使之趋善远罪以寿之。立经陈纪,不以小有故而阻挠;发号施令,不以小利钝而变更。次第而行之,强力以守之。念祖宗之勤劳,致王业之不易,慎终如始,必其成功。心即祖宗之心,治即祖宗之治,将见功高大禹,德并文武,日新又新,同符成汤,保天下之事备矣,持盈守成之道至矣。臣愚戆不足以奉大对,惟陛下裁择。臣谨对。

元代御试蒙古、色目的要求是"限五百字以上成",汉人、南人的要求也仅是"限一千字以上成"而已,同同的对策多达二千余字,可见同同在考试当中是游刃有余的。同同从借鉴历史经验和总结本朝经验的角度,为大元帝国的长治久安积极地建言献策。他的对策立论明确、逻辑严密、论证充分,所以才能拔得头筹,成为实至名归的状元郎。

蒙古族进士中有文章流传下来的还有囊加歹。囊加歹,字逢原,蒙古族,居济阳(今属山东)。元统元年(1333)进士,仕至同知制诰兼国史编修。《全元文》所辑的囊加歹《善士郭英助文庙礼器记》乃是一篇实用性很强的短文,但缺乏文学色彩,兹不赘述。

虽然蒙古族人考取进士比之汉人、南人相对容易,但能够及第成名的也只是些千里挑一的幸运儿,更多的蒙古族文人止步于会试甚至乡试,但是科举考试的经历同样给他们带来极大的锻炼,使他们走上散文创作的道路。有些蒙古文人虽然只取得乡贡进士(乡试通过者)的身份,但仍然因为其文学才华受到人们的认可。如乡贡解元蒙古人仝仝,《山右石刻丛编》卷36录有他的《潞州知州张奉议新塑五龙神像记》。文章前半部分详细介绍了地方官员张瞻甫(蒙古名野仙不化)修塑五龙神像以求风调雨顺的事迹,叙事流畅,辞采不凡。后半部分主要是从为民造福的角度论述此举的重要意义:

尝惟天下之事,创始非难,而继述为难。且龙山在郡圻墺中为名镇。而龙居之,亘古而祀事弗泯。故龙之灵有在,而阴佑一方。曩者庙貌虽存,委圮之势,日就崩毁。始也祷雨勃应,报神赐,大新前祠,终又改塑五龙于后殿。昔者作者形于皇宋之熙宁,今乃新其像于大元之至正。举数百年之废坠,为一朝之美,观侯敬神之志为何如? 将见风雨以时,物不疵疠,岁获有年之登,神所以复侯功、笃民祐也渥矣。他日沃壤之民,岁时香火于祠下,则酌龙渊而忆深泽,扪穹碑而思至德,咸曰:"我侯往矣,德泽斯存。俾吾耕凿以利,而享含哺之乐。"呜呼仁哉! 又岂徒作岘山之悲而已。故直书其概,备将来之鉴云尔。其文曰:

太行之岭,有峰蔚焉,雾瀜云蒸,高出乎天。上有灵祠,是曰五龙,昭成祀典,源自慕容。龙乎允灵,维民事之,职司润物,历年久之。壬午亢阳,群姓喧喧,潞之有牧,厥惟菊轩。忧民之忧,子爱弥笃,禾麦将枯,我宁不告。奔走祠下,斋沐宣诚,酌以芬苾,天瓢奄倾。荷神之祺,灵宇皆新,于经于营,赞役于民。龙之像古,艳彩凋落,置彼穹堂,于焉改作。色汇五方,文以金碧,蜿蜒其形,昂峨孔硕。云行雨施,渥我黍稷,神贶昭答,渊乎叵测。伊孰其功,曰侯之力,于万斯春,懋兹昌德。有元至正五年三月乙酉。

全全虽然并没有考取进士,但他的文笔与前面的那些进士相比也是毫无愧色的。可见元代的科举,在蒙古族人中造就了一大批文学之士,这些蒙古文士在汉语文坛留下了他们独特的印记,使得元代文坛增添了一种别样的美丽。虽然四大族群之间均等分配名额对人数众多的汉族并不公正,但从中华民族这个更大的视角来加以考量,我们认为,这一制度对于提高中华民族的整体文化水平和加强各民族之间的文化交流起到了十分积极的作用,绝不能简单地加以否定。

8.3　其他蒙古族散文作家

元代末年,大量蒙古族散文作家涌现出来。其中包括许多蒙古族大吏,这些出身"大根脚"的贵族久濡华风,已能用汉文来进行创作。一些最为显赫的勋贵家族,也产生出能文的雅士。

木华黎家族儒者辈出,是元廷维护汉法的重心所在,前后共出了3

位儒治砥柱。一为至元名相安童（1245—1293）。中统二年（1262）李璮之乱后，元世祖对汉人的忠诚开始怀疑起来，转而重用色目人，但这群色目人大多贪婪粗鄙，好以聚敛掊克为政。安童自至元二年（1265）出任中书右丞相后，援引姚枢、许衡、窦默、商挺等名儒，让他们担任重任，并在自己的"府南开一阁，延进贤士大夫，讲论古今治道，评品人物得失"，在朝中大力推行汉法儒治。他先后力抗阿合马、桑哥、卢世荣等聚敛之臣，"铲除苛暴，开布宽平，抑奢尚俭，薄征厚施"，所作所为颇具儒者风范。

安童之孙拜住（1298—1323）为英宗宰相，自幼其母便令"知文学者陈圣贤孝悌忠信之说开导之"。延祐二年（1315）拜住出任太常礼仪使，常向吴澄、虞集等名儒咨访古今礼乐治乱得失。英宗即位后任命他为中书右丞相，独相天下，他援引张珪、吴元珪、王约等儒士，据说当时"士大夫遭摈弃者，咸以所长收叙，文学之士，待以不次之除"。他大力推行汉法，却因触犯守旧贵族利益，与英宗同在"南坡之变"中遇害。拜住族弟朵儿只（1304—1355），因其父仕宦南方，生于杭州，自幼"喜读书"，"于古今君臣行事，忠君爱民之道，多所究心"。至正八年（1348）出任中书右丞相，据说当时"朝廷无事，稽古礼文之事有坠必学"，在位时举隐逸、汰僧尼，"请赐经筵官以崇圣学，选清望专典陈言以求治道"，是顺帝朝前期的承平贤相。元朝百年时间，木华黎家族在"四大根脚"中最为辉煌，与他们能够与时俱进倡导儒治是分不开的。

除了这些秉政者之外，木华黎家族于儒学见称者不乏其人，安童族侄朵尔直班（1313—1352）是元末有名的儒者，年少时就以好读书受到时人称赞，弱冠入经筵，"独以经术侍帝左右，世以为盛事"。据说他正色立朝，以扶持名教为己任，留心经学，尤好伊洛之书，曾编次道学言论为《治原通训》5卷。又喜为五言诗，于字画尤精。陶宗仪《书史会要》中著录他的名字，与古今名家并列，可称为木华黎家族晚出的一位全才。《全元文》从清刻本《麟溪集》巳卷辑得朵尔直班文一篇，名为《题郑氏义门家范后》：

太山王元戴出金浙东宪，余以书属之曰："浦江郑氏同爨者数世,贤使者宜为风教致意焉。"元戴后行部至其家,徘徊太息,赋诗而去。今观其家规,周详严密,虽唐宋名公卿素号有家法者,亦不是过,宜乎元戴嗟叹咏歌之不能自已也。郑氏之子孙尚世守之,则永无毁废矣。御史中丞朵尔直班书于京师迎阳坊之宝忠堂。

元代浦江郑氏义门,作为一个绵延数世的大家族,得到很多荣誉,许多文坛名士都曾为之赋诗题咏,而朵尔直班以国族贵胄的身份,从留心风教的角度出发,亲自撰写文章以褒崇之,可知其对儒家礼教的认同是相当深的。

特别值得提出的是,朵尔直班作为世臣之后,将别斋冠以"宝忠堂"之名,并曾请大儒黄溍作《宝忠堂记》(《金华黄先生文集》卷14),黄溍在文中写道:"公以宗臣世胄日侍天子清闲之燕,而谦退不伐,克念厥绍,休沐在外,辄与鸿生骏士探讨儒家者流之言,而知忠之为贵,奉以周旋,如恐弗胜。"朵尔直班以忠君爱国为念,其儒臣地位是受到汉族儒士的认可的。

到了元代后期,朝中的蒙古臣工能文者车载斗量,越来越多的蒙古人士担任词臣职位。《全元文》辑录有任秘书卿的蒙古文臣答兰铁睦尔《祀西镇碑记》:

至正十有五年春正月戊午朔,皇帝即位大明殿,既受群臣朝,乃诏中书。若曰:"维西镇吴岳,其遣正议大夫、秘书卿答兰铁睦尔,将仕郎、翰林国史院编修官王武代朕往祀。"盖以遵彝典也。越十有六日癸酉,上御文德殿,举香币南向加额以受焉,所以重礼神而祈休贶也。答兰铁睦尔受诏,以闰月二十有四日辛亥至于祠下,谨斋沐就,以翼日壬子,祗帅守臣陇州官以羊一、豕一祭于大神。执事在列,陪臣在庭,荐裸陟降,悉如仪式,所以重君命而莫敢不虔也。

先是,秦陇以东,关西以西,仍岁旱暵,大无麦禾,黎民阻饥。逮于冬春,雨雪弗降,百种不入,千里扬尘,山川无色,民胥怨咨。即将事之前夕,阴云四兴,霖雨霡霂,既而飞雨大作,万物膏润,草木欣欣向荣,山川为之改观。岂圣天子至诚而无远不通,神之昭答应感而聪民不忒?民之麦秋有望,于是乎在。遂书为之记。

答兰铁睦尔身为秘书卿,写作此类具有应用性质的文章应该是家常便饭,从流传下来的这篇文章来看,他的文笔还是颇为活泼的。

此外,《全元文》还收录了一大批有着蒙古名字的文人的作品,如元贞元年在惠州路为官的唐古台的《登山记》;大德十一年任公安县达鲁花赤兼劝农事的只儿哈郎的《公安县正谊堂记》;至大四年任南台监察御史的别速台的《加封孔子制诏碑阴题名记》;至治二年任廉州路总管府达鲁花赤的伯颜的《海角亭记》;泰定间为洪洞县尹的东原人也速歹儿的《重修皋陶庙记》;后至元间为翰林国史院编修的官乌马儿的《代祀南镇记》;至顺二年任河南河北道肃政廉访副使的僧家奴[1]的《请定给假省亲之制》;元统元年任同知中山府事的兀纳罕的《增修中山府庙学记》、《中山周氏义行铭》;曾任承务郎睢州达鲁花赤,后升嘉议大夫兵部尚书的奴都赤的《野仙德政碑记》;后至元三年任承直郎、南台监察御史,至正二年任奉训大夫、西台监察御史的必申达儿的《栖霞洞题名》、《泾渠图说》;至正五年任岭南广西道肃政廉访副使的妥妥穆尔的《妥妥穆尔题名》;至正七年任河南府路达鲁花赤的也先不花的《祭范文正公文》;后至元二年任潍州判官的笃坚不花的《昌乐重修宣圣庙记》;进士出身,元统三年任晋宁路解县达鲁花赤兼管本县诸军奥鲁劝农事并知渠堰事的野仙的《解州重修孔庙记》。

由于元代其他民族人士喜欢取蒙古名字,所以我们不能确定这些文人是不是蒙古族。从这些文章的题目可以看出,它们大多数是刻碑立石之作,也正因为被刻于碑石,才有幸传到今天。这些作品的内容多数是修庙兴学,也证明了随着蒙古、色目民族在中原生活日久,他们对汉地儒家文化的认同日渐加深。这些蒙古文人或者色目文人,被当地文士委托以撰写修庙兴学之类碑记的重任,除了因为他们牧民官的身份之外,也因为他们的儒学修养和汉文写作能力得到当地士林的认

---

[1]与8.1论述的僧家奴非一人。

可。这就是大元帝国百年文教涵育之功的一种体现,越到元代末年,登上汉语文坛得到汉族文士认可的蒙古、色目文人就越多(在这一点上,蒙古文人要比色目文人明显得多),只是元代一统天下不到百年就落下帷幕[1],使得这一良好的发展态势遭遇急刹车。

─────────

[1]虽然北元政权还打着大元帝国的旗号,其政治、经济、军事各方面实力都大大下降,在文化上的建树更是微乎其微。

9 元末明初的蒙古族文学家

据蒙古族重要文献《蒙古源流》卷5记载,当元顺帝退出大都后,"方大乱时,内外转战蒙古人等四十万内,惟脱出六万,其三十四万俱陷于敌"。随着元帝室的北逃沙漠,散居于中原和江南各地的蒙古国族纷纷撤出汉地,但仍有大量蒙古人士因为种种原因无法离开,像大海退潮后留在沙滩上的贝壳一样,这些蒙古人努力适应在汉族政权统治下完全不同的社会环境,并设法融入其中。明太祖朱元璋在反元战争中,就提出"驱逐鞑虏,恢复中华"的口号;建立明朝之后,推行本土化政策。一方面,扫除汉人中遗留的胡风胡俗,"其辫发、椎髻、胡服、胡语、胡姓,一律禁止","诏衣冠复唐制"。另一方面,立法强制蒙古、色目人汉化,"今后蒙古、色目人士,既居中国,许与中国人结婚姻,不许与本类人自相嫁娶"。

明太祖的同化政策,虽然未必一蹴而就,但是入明之后,蒙古、色目人士失去原有特权,又面临明朝的强制政策,不得不改变身份,自动汉化。明代文人邱濬的《大学衍义补》认为:

> 国初平定,凡蒙古、色目散处诸州者,多已更姓易名,杂处民间,如一二稊稗生于丘陇禾稻之中,久之固已相忘相化,而不易识别之也。

这些蒙古人之中,有一些能文之士,由于世居汉地,早已娴于汉文创作,他们以自己的才华点缀着明初的中华文坛。答禄与权和杨讷就是其中两位非常著名的蒙古族文学家,他们都取得了令人瞩目的文学成就,堪称由元入明的蒙古族文学家中的双星。

9.1　善谐谑的答禄与权

9.1.1　答禄与权的家世

　　答禄与权(约 1311—1382),字道夫,乃蛮人。入明,定居于永宁(今河南洛宁),便以此为籍贯。元顺帝至正二年(1342)进士。至正九年(1349)任秘书监管勾。至正二十一年(1361),以翰林院经历出使福建。回大都述职后,赴战火方炽的河南江北道任肃政廉访司金事。元朝在河南的政权倾覆,他便在洛水上游永宁县山中避乱,并移家于此,所以明代文献都称他为永宁人,他也曾自称"洛上人"或"洛上翁"。明初,元朝故官被集中到金陵接受审查。明太祖洪武六年(1373)二月,答禄与权以荐被任命为秦王府纪善,一个月后改任监察御史。洪武十一年(1378)三月,以翰林应奉致仕。答禄与权为人富于幽默感,《明实录》中的答禄与权小传说他"博学强记,善谐谑",他还擅长模仿不同的方言。他在元朝就是知名诗人,明初所作诗文非常多,有《答禄与权集》10 卷。同时他还有解析儒家经典的专著《窥豹管》;另外据黄曾省《答禄与权集序》,答禄与权另有《雅谈》1 卷,但这些诗文均未流传下来。目前能见到的数十篇诗文主要保存在《永乐大典》残帙之中。在中国文学史上,他是唯一一位有作品流传至今的乃蛮籍诗人。生平事迹见黄溍撰《答禄乃蛮氏先茔碑》(《黄金华集》卷 28)、《明史》卷 136 传记(附于崔亮传后)、《殿阁词林记》卷 8、《明诗纪事》甲签卷 4 等。

　　关于答禄与权可否视为蒙古人仍然存在不同说法。他是乃蛮人这一点是毫无疑问的,有元代著名文臣黄溍所撰《答禄乃蛮氏先茔碑》为证,但乃蛮到底属于色目还是蒙古尚有争议。早在元末陶宗仪的《南村辍耕录》卷 1"氏族"条就摆了一个乌龙:"蒙古七十二种"中记载着"乃蛮歹"和"别帖乞乃蛮歹";而"色目三十一种"中也出现"乃蛮歹"。《元史》卷 77"国俗旧礼"之"射草狗"中记载:"非别速、扎刺尔、乃蛮、忙古台、列班、塔达、珊竹、雪泥等氏族,不得与列。"可见在元朝建立之后,乃蛮是享受国族特别待遇的。我们认为,大蒙古国建立之前,乃蛮本为操突厥语的部族,为蒙古草原西部的一股强大势力。乃蛮的太阳汗曾以"天无二日、民无二主"为借口纠集被铁木真击败的蒙古草原各部残众,讨伐铁木真,可知在地缘上,乃蛮部本来就是蒙古草原游牧族群的有机组成部分。乃蛮被铁木真攻灭后,其部众被分散到蒙古诸王和功臣帐下,乃蛮因此渐渐失去其特殊性,大多融入蒙古民族之中(当然也有一部分跟随屈出律入西辽,后融入中亚民族之中)。从元朝给予乃蛮国族待遇,我们推测到了答禄与权的时代,蒙古族对乃蛮人的同化过程已经完成,除了答禄与权这样的文士还念念不忘祖先出处,大多数的乃蛮民众应已泯然于蒙古国族之中了。《明史》卷136中,就直接写道"答禄与权,字道夫,蒙古人",因此我们将答禄与权视为蒙古族文学家。

"答禄"是蒙古语"掌印"、"执权"、"镇守"之意,答禄与权家族既然以答禄为姓,其出身之高贵不言自明。答禄与权的祖上就是乃蛮部的君主,其四世祖抄思《元史》卷121有传:

> 抄思,乃蛮部人。又号曰答禄。其先泰阳,乃为乃蛮部主。祖曲书律,父敞温。太祖举兵讨不庭,曲书律失其部落,敞温奔契丹卒。抄思尚幼,与其母跋涉间行,归太祖,奉中宫旨侍官掖。

泰阳,即乃蛮末代君主太阳汗,曾与铁木真争夺蒙古草原控制权,在纳忽崖一战中兵溃身死。曲书律,即太阳汗之子屈出律,他在乃蛮国灭亡后,率领部分乃蛮人逃到西辽,后伺机攫取了西辽末代君主——菊儿汗耶律直鲁古的政权,并一度成为西域霸主,直到公元1218年被哲别率领的蒙古军队攻灭。敞温也在战乱中死去,抄思的母亲康里氏虽是一介女流,然而在国破家亡之际,她作出了一个艰难而理智的选择,投奔正在冉冉兴起的铁木真家族,成为黄金家族的仆役。这位母亲的决定,给答禄家族带来了复兴的机会。抄思成年后,追随拖雷到处征战,立下汗马功劳,虽然因为窝阔台在汗位,压制拖雷系的实力,抄思未能得到相应的封赏,但是与拖雷家族的这种关系对答禄氏日后在元朝的发展却是十分有利的。抄思之子名叫别的因,事迹附见《抄思传》。

> 别的因在襁褓时,父抄思方领兵平金,与其祖母康里氏在三

·欧·亚·历·史·文·化·文·库·

皇后庭。戊申,父抄思卒,母张氏迎别的因以归。祖母康里氏卒。张尝从容训之曰:'人有三成人,知畏惧成人,知羞耻成人,知艰难成人。否则禽兽而已。'"别的因受教惟谨。

"知畏惧成人,知羞耻成人,知艰难成人",这就是答禄家族历史上著名的"三成人"家训。女性成员在答禄家族的发展过程中起到了非常重要的作用,而这两位女性,一为色目康里氏,一为汉族张氏,都不属于蒙古部族,却在答禄家族生死存亡的重要关头,发挥她们的聪明才智,教导子孙成为有用之才。别的因不负祖母和母亲的训导,长大后继承父亲的事业,成为一名智勇双全的名将,立下很多战功,而且在各地镇守之时,皆有惠政。尤其值得一提的是,他在信阳时,还曾为民设法除去虎患,有亲自"射杀山中白额虎"的经历。元朝著名诗人廼贤的《金台集》中有《答禄将军射虎行》,就是专门称赞别的因射虎壮举的:

> 答禄将军,世为乃蛮部主。归国朝,拜随颍万户。平金有功,事载国史。其出守信阳,射虎之事尤伟。曾孙与权举进士,为秘书郎官,与余雅善,间言其事,因征作歌。虎既剖,见明镞正贯于心中。

> 将军部曲瀚海东,三千铁骑精且雄。久知天命属真主,奋身来建非常功。世祖神谟涵宇宙,坐使英雄皆入彀。十年转战淮蔡平,帐下论功封太守。信阳郭外山嵯峨,长林大谷青松多。白额於菟踞当道,城边日落无人过。将军闻之毛发竖,拔剑誓天期杀虎。弯弓走马出东门,倾城来看夸豪武。猛虎磨牙当路噪,目光晱晱斑尾摇。据鞍一叱双眦裂,鸟飞木落风萧萧。金弰雕弓铁丝箭,满月弦开正当面。雕翎射没锦毛摧,崖石崩腾腥血溅。万人欢笑声震天,剖开一箭当心穿。父老持杯马前拜,祝公眉寿三千年。将军立功期不朽,奇事相传在人口。可怜李广不封侯,却喜将军今有后。承平公子秘书郎,文场百步曾穿杨。咫尺风云看豹变,鸣珂曳履登朝堂。

别的因射虎和李广射虎不同,他不是与猛虎狭路相逢,被迫自救,而是主动出击,为民除害,"明知山有虎,偏向虎山行",可见这是一位武勇过人的猛士。但别的因并不因为身为将种,就放松对子孙的文化教育。他的子孙身处和平时代,纷纷舍弓马而事诗书。其子答禄文圭为最早到江南为官的蒙古族人之一,由于文献的缺乏,我们无从得知文圭是否进行过汉文创作,但是他得到汉族文士的认可则毫无疑问,在元初文人方回《桐江续集》中就有一首《题答禄章瑞净香亭》的诗。章瑞为文圭之字,而所谓"净香亭",单从这个名称来看,主人应该具有一定的汉语言文学修养。其孙守恭、守礼分别登泰定四年(1327)和至顺元年(1330)进士第,答禄家族至此已经可以称为书香门第了。

9.1.2　答禄与权的文学活动

答禄与权在科举方面不愧父辈,他于顺帝至正二年(1342)登进士第,开始其仕宦生涯。在到处为官的过程中,他结交各族文士,进行文学活动。元末著名文臣贡师泰的《玩斋集》中有一篇《春日玄沙寺小集序》,就记录了一次有答禄与权参与的多族文士诗酒唱和活动:

> 至正二十一年春正月廿六日,宣政院使廉公公亮崇酒载肴,同治书李公景仪、翰林经历答禄君道夫、行军司马海君清溪游玄沙,且邀予于城西之香严寺。是日也,气和景舒,生物怡遂,花明草褥,禽鸟下上。予因缓辔田间,转入林坞,裴回吟咏,不忍遽行。及至,则四君子已坐久饮酣,移席于见山之堂矣。既见,则皆执酒欢迎,互相酬酢。廉公数起舞,放浪谐谑。李公援笔赋诗,佳句捷出,时亦有盘礴推敲之状。道夫设险语,操越音,问禅于藏石师,师拱默卒无所答。清溪虽庄重自持,闻道夫言辄大笑。予素不善饮,至此,亦不觉倾欹嗷兀,为之抵掌顿足焉。日暮将散,乃执盏敛容而相告曰:"方今宽诏屡下,四方凶顽犹未率服,且七闽之境,警报时至,而吾辈数人,果何暇于杯勺间哉?盖或召或迁,或以使毕将归,治法征谋,无所事事,故得从容,以相追逐一遣其羁旅怫郁之怀。然而谢太傅之于东山,王右军之于兰亭,非真欲纵情丘壑泉石而已也。夫示闲暇于抢攘之际,寓逸豫于艰难之时,其于人心世道亦岂无潜孚而默感者乎?他日当有以解吾人之意者矣。"乃相率以杜工部"心清闻妙香"之句分韵,各赋五言诗一首,而予为之序。

·欧·亚·历·史·文·化·文·库·

这次聚会虽参加人数不多,却堪称元代多民族文士雅集的一个经典案例。与会5人之中,除了行军司马海清溪族属无法确定外,有蒙古人答禄与权(字道夫),色目人廉惠山海牙(字公亮),汉人李国凤(字景仪),南人贡师泰(字泰甫),各具代表性。而且,贡师泰为当时闽中文坛祭酒,廉公亮乃出身高昌廉氏的封疆大吏,李国凤也是奉命经略江南的南台重臣,这次聚会的档次是相当高的。答禄与权在这样的场合如鱼得水,显得非常随性。他"设险语,操越音",表现出在语言方面的天赋。答禄与权出身北方将门,一直在朝中为官,到南方游宦为时不久,连"越音"(应该就是今天的吴方言的前身)这样的方言他都已经能够掌握,也许在福建时间长了,连闽中方言也没有问题了。而且他与老禅师参禅问道,竟使"师拱默卒无所答",足见其机锋之犀利,思维之敏捷,他逗得同行者"闻道夫言辄大笑"。答禄与权虽然只是从五品的翰林院经历,爵位不能和宣政院使(从一品)廉惠山海牙、治书侍御史(正三品)李国凤、户部尚书(正三品)贡师泰等大吏相比,但他却以独有的才华为这次雅集增色不少。日后他得到明朝洪武皇帝的宠幸,也在很大程度上因为他诙谐风趣的个性,《明实录》就说他"博闻强记,善谐谑"。

但就是这个喜欢谐谑、看似玩世不恭的答禄与权,内心还是非常严谨的,他在政治上追求的是儒家礼乐教化那种传统的价值,后世学者还是很认可答禄与权的儒臣身份的。明代中叶文人黄省曾《答禄与权集序》说:

> 我闻之皇典,洪武七年秋八月,监察御史答禄与权上书,请行禘礼,乃知与权者亦慕古而愿举君王于三代者也。又得其集于鬻市,读之喜,始知其出处之贤。间以咨之博藏之家与夫洛之人,罔有识其名姓者,况其文乎?览昔声之不朽,尝获传于知己……何洛之人宜传而不传也!且夫昭金匮而信将来者,莫若国史。士之弹冠于朝,殚精劬思,以效尺寸之见者,庶几竹帛之光也。今观与权诸疏,若定治体,庙三皇,备坊官,牧国子,以至修北平三关之屯田,皆章章乎矢谟之大者,而不少见录于史,则是左右之书亦不能必

其公而采也。呜呼！士之取苦当年，而欲垂空名于人代也，亦难矣。与权之逝且百有六十余年，仅此线发之余尔。虽然一卷之编，数翻之纸，其亡与泯亦甚易也。使复湮烂而灰烬，则穷壤之间，不睹斯人经国之衷也。不惟其文，惟其志，其有好而存之，同予心而闵之者乎？别有《雅谈》一卷，掇菁指奥，可为作述之镜。其希尚之心，此可表见。惜其多艰而未遑也。文画多谬，方兹正之，将俾从集而行也。

答禄与权原有文集10卷，但正如黄省曾所说"宜传而不传"，今天黄氏曾经拜读的《答禄与权集》已经失传。如贡师泰《玩斋集·拾遗》中有《和达道夫寄李经略韵》，但答禄与权寄给李国凤的原作已不存。好在《永乐大典》著录答禄与权诗作50余篇，清初朱彝尊所编的《明诗综》也录有答禄与权的作品，使我们可以尝鼎一脔。如《偶成》：

> 夜气沉沉万象幽，长杨憔悴几经秋。星眸月面无人识，露泣风啼总是愁。

从字面来看，写的是宫怨，但我国古典诗歌向来有借"美人香草"寄托政治情怀的传统，谁又能说答禄与权此诗只是嘲风弄月呢？

再如《杂诗》：

> 寒蝉响不息，宛在庭树丛。朝饮叶间露，夕吟木杪风。浮游尘埃外，蜕形浊秽中。尸解等仙游，凡类孰与同。

> 蜣蛆杂粪壤，反以安其躬。斥鷃笑鹏鸟，奋翼翔蓬蒿。物类有清浊，世道有污隆。怅然拂衣起，目送天边鸿。

这两首就是比较正统的言志之诗了，从中不难看出从阮籍《咏怀》到陈子昂《感遇》这一类诗作的影子。答禄与权作为蒙古人，在社会生活中享有不少特权，况且他又是右榜进士，仕途较为顺利，在元朝的地位非同一般，在感情上肯定是希望元朝不要灭亡。但是生逢元末乱世，他没有能力去改变什么，只好逃进永宁山中，做一个隐士，年未60就自称"洛上翁"，大概心中所怀的就是一种看透世事的沧桑情怀吧。从这两首诗的内容来看，它们极有可能是在乱世中写就的。世道人情在答禄与权眼中已然看得很淡，但是作为蒙古人，元朝鼎革，带给他的还有一种"覆巢之下无完卵"的忧虑。这种情绪又不能直接表达出来,于是就成了一种"目送归鸿"般难描难画的惆怅了。现存我们所知的答禄与权的事迹,大多是入明之后的,但是和杨讷一样,蒙古才士答禄与权的根是深深扎在元朝的,在明朝的功业只不过是"出墙桃李"罢了。

答禄与权现存作品,绝大多数作于元末,进入新朝之后的只有保存在《潜溪录》卷5中的《送宋承旨致政还金华》:

> 金华之山,巍乎莫测,乃在牛女之墟、天池之北。自昔初平牧羊处,至今灵气钟名德。圣人立极开文明,贤佐乃有宋先生。先生读书逾万卷,雄才独擅文章名。至尊临轩时顾问,皇子传经当绣楹。汉室旧闻疏太傅,明廷今见桓五更。先生行年几七十,新春诏许还乡邑。诰词御制焕奎文,子孙簪笔当朝立。先生种德非常伦,圣明天子优老臣。从兹一往三千春,高风长与初平邻。

这首诗歌颂"明初第一文臣"宋濂的功业文章,虽雕绘满目,但给人一种应酬的感觉,已然失去了在元朝时所作诗篇的那种真实而深刻的感情。

9.1.3 答禄与权入明后的活动

答禄与权后半生的道路和绝大多数入明的蒙古、色目文人不同,他虽然曾在元朝官至正五品的肃政廉访司佥事,被明太祖召到南京加以甄别,可是他却受到新朝皇帝的礼遇,被任用为秦王府纪善。秦王乃明太祖次子朱樉,封地在西安,但秦王于洪武十一年(1378)才到藩地,答禄与权洪武六年(1373)为纪善,因此他并没有离开帝都南京,不久就改任监察御史。答禄与权在御史任上积极建言献策,多被明太祖采纳。据《明史》卷136《答禄与权传》记载:

> 答禄与权,字道夫,蒙古人。仕元为河南北道廉访司佥事。入明,寓河南永宁。洪武六年用荐授秦府纪善,改御史。请重刊律令。盱眙民进瑞麦,与权请荐宗庙。帝曰:"以瑞麦为朕德所致,朕不敢当,其必归之祖宗。御史言是也。"明年出为广西按察佥事。未行,复为御史。上书请祀三皇。下礼官议,遂并建帝王庙。且遣使巡视历代诸陵寝,设守陵户二人,三年一祭,其制皆由此始。

又请行禘礼,议格不行。改翰林修撰,坐事降典籍,寻进应奉。十一年以年老致仕。禘礼至嘉靖中始定。

答禄与权做御史时,最值得称道的有三件事:第一是请求将盱眙(明太祖朱元璋祖籍,也是明代祖陵所在地)所献瑞麦荐之宗庙,既合于礼法,又合乎孝道,因此深得明太祖赞许。第二是请祀三皇。三皇,一般指伏羲氏、神农氏、轩辕氏,乃中华民族的共同祖先,其中黄帝轩辕氏又是"人文初祖",祭祀这些古圣先王,有上承五千年帝统的含义,怎能不打动乞丐出身的明太祖的心,这位草根皇帝索性慷慨大方地为历朝历代的帝王修缮陵寝并规定"三年一祭",这样一来明代以前的300多位皇帝全都照顾到了。这些曾经富有天下的皇帝们,在位时威风赫赫,何曾想到死后会受到一位蒙古文人的"恩惠"呢?第三是请行禘礼。禘,是古代帝王举行的大祭。《礼记·丧服小记》称:"王者禘其祖之所自出,以其祖配之。"就是对始祖的一种祭祀,三代(夏、商、周)之时就有了这样的传统。禘礼被孔孟以来的儒家作为"周礼"的精华记录下来,施行禘礼也成为儒臣"举君王于三代"政治理想的一个重要组成部分。然而,明初复行禘礼的倡议,却自答禄与权这样一个蒙古族人发出,这实在是一件值得大书特书的事情。它有力地表明了,经过蒙元百年涵育,蒙古族中产生了能够融会贯通儒家思想的文化精英,他们虽是蒙古人,但从文化角度已经超越了蒙古族这一身份,而是作为中华民族中的一份子,成为以儒家思想为主体的中华传统文化的守护者。西方汉学家司律思在其《洪武朝中国的蒙古人》一书中,曾汇集《明实录》中有关答禄与权的记录,为之作传,他认为答禄与权屡次建言恢复古礼,其用意在于和汉儒争胜。

明太祖朱元璋以雄猜著称,洪武一朝的政治文化气氛,正如《儒林外史》楔子中借王冕之口所说的那样"一代文人有厄"。高启被腰斩、宋濂遭流放,而蒙古族人答禄与权却得以终其天年,大概也是"善谐谑"懂得明哲保身的结果吧。

洪武朝文渊阁大学士朱善的《赐应奉答禄与权致仕敕文》(《朱一斋先生文集》卷7)乃是代天子立言,从中可以看出明太祖对答禄与权

·欧·亚·历·史·文·化·文·库·

的观感：

> 朕闻古之圣君，立贤无方，苟利国家，虽出自胡虏，亦必举而用
> 之。故秦穆公举由余于西戎，汉武帝举金日磾于厮养，而唐太宗亦
> 知契苾何力之忠，特加委用。朕有天下，凡四夷慕义而来者，靡不
> 收录。独卿以戎狄之人，读中国之书，讲圣贤之学，吐辞为文，略有
> 可观，非与夫悍夫劲卒、裸股肱决射御者比。故置之侍从之列，出
> 则从游，入则燕闲，朝夕论思，庶几有补。而乃年齿高迈，筋力衰
> 耗。昨者闻卿何往，乃云头目眩晕，不能久立。朕闻斯言，恻然动
> 心，故特令卿致仕。卿其务进饮食，怡养精神，以终余年，称朕安老
> 优贤之意。

答禄与权身为蒙古人，又深通儒家文化，且滑稽多智讨人喜欢，所以才能在洪武朝被树立为归化中华文化的一个典型，受到明太祖朱元璋的宠遇。在明朝初年，答禄与权是一个相当特殊的现象，值得研究者深加探究。

9.2 乐府出人头地的杨讷

9.2.1 从杨景贤到杨讷

杨讷入明后的生活和答禄与权有所不同，虽然他也曾受到过明代帝王礼遇，但他却没有因此走上仕途，而是选择了一条纯粹的文学家道路。

杨讷（生卒年不详），原名暹，后改名讷，字景贤，一字景言，别号汝斋（本书一般情况下以杨讷称呼他）。杨讷大约生活在元顺帝至正至明成祖永乐年间，是元末明初著名的蒙古族杂剧散曲作家。他的生平经历，据明初贾仲明所撰《录鬼簿续编》记载：

> 杨景贤，名暹，后改名讷，号汝斋。故元蒙古氏，因从姐夫杨镇
> 抚，人以杨姓称之。善琵琶，好戏谑，乐府出人头地。锦阵花营，悠
> 悠乐志，与余交五十年。永乐初，与舜民一般遇宠。后卒于金陵。

据此可知杨讷是蒙古人，因依从姐夫杨镇抚生活而得汉姓杨。杨

讷喜爱音乐,擅长散曲创作。众所周知,明代开国皇帝明太祖朱元璋以"驱除鞑虏,恢复中华"为政治口号,以华夏正统自居,对蒙古、色目人非常敌视。在他统治期间,很多蒙古、色目人受到迫害,有的避处山林海隅,有的被迫改用汉姓,处境十分艰难。有研究者认为,清初的一位著名文学家——如皋才子冒襄(就是与董小宛生死相恋的冒辟疆),就是蒙古血统,其祖先可以追溯到本书第7章述及的居延王孙不花帖木儿。但是在如皋冒氏家谱当中,元末明初的前三代祖先的姓名却付之阙如。可能就是因为这个出身显赫的蒙古家族为了在明初不利的政治条件下生存,采取隐姓埋名的策略,将祖上使用的蒙古名字从家谱中删去,避免触犯洪武皇帝的忌讳,但是为了纪念自己的宗族来源,他们会选取祖先名字中的某个字,来作为自己的姓氏,于是就产生了"冒"这样一个汉族人不曾有过的姓氏。这一个似是而非的"汉姓"保护了居延王族在新朝的政治安全,使他们可以安稳地留在中原内地。从某种角度来说,明初严厉的同化政策虽不能否认其消极的主要方面,但是另一方面,也间接地加速了塞内的民族融合。

杨讷改用汉族姓名是从何时开始已经失考,元代蒙古文士不少采用汉名与汉族文人交往,如阿鲁威之称"鲁东泉"、泰不华之称"达兼善"、答禄与权之称"答道夫",均为自愿使用,且本名继续流传。杨讷的情况有点特殊,以汉名流传后世,而本名湮没不闻,恐怕与洪武年间的政治环境有一定的关系。朱元璋在位31年,加上建文帝在位3年,这么多年时间的政治是一脉相承的。杨讷"锦阵花营、悠悠乐志"的生活,固然不能排除其本身天性淡泊、不乐仕进的可能,但联系洪武朝蒙古、色目人士的总体处境来看,他也许过得是一种"大隐隐于市"的生活,即隐藏在市廛繁华的深处,与乐工歌伎厮混,而把主要精力放在剧曲创作上。他的"乐府出人头地",可能是元朝的"国家不幸"造就的"诗人幸"吧。

明成祖朱棣通过"靖难之役"夺得侄子建文帝朱允炆的皇位,由于其政权得来的合法性值得怀疑,所以倡导文治以安抚人心,如其重用姚广孝、解缙等文臣,编纂《永乐大典》,使得天下文艺之士,济济乎咸

·欧·亚·历·史·文·化·文·库·

集于都城,借以点缀升平,趁机收买人心。文化政策骤然宽松,再加之北元政权日渐陵替,实力大不如前,永乐天子乐得显示"天下一家"的大度,于是蒙古文士杨讷也得到机会,被招至京师,与汤式(字舜民)一同得到皇家的恩遇。

汤式著有《笔花集》流传至今,是由元入明的元代散曲作家中留存作品最多的一位,被后世视为元曲的殿军。汤式早年曾在元朝为小吏,长期落魄江湖,入明后在洪武朝也并不得志,永乐时方才受到朝廷重视。但我们应该注意,明成祖对他的"宠遇甚厚",也包含着汤式"为人滑稽"的因素,这和前文杨讷"好戏谑",应该存在某种联系。明成祖对汤式和杨讷,似乎只是将他们作为词臣甚至弄臣看待,并未委以重用,所以杨讷不久就辞归旧居之地浙江杭州,汤式在《送景贤回武林》的散曲中说他"酒中遇仙,诗中悟禅。有情燕子楼,无意翰林院"。大概杨讷是体会到官场的无奈,而刻意退隐。这和他在作曲中所流露出的不满官场倾轧、追求隐居修仙的思想是一致的。

9.2.2　杨讷的散曲

杨讷的"好戏谑"在他的小令〔中吕·红绣鞋〕《咏虼蚤》中有所体现:

> 小则小偏能走跳,咬一口一似针挑。领儿上走到裤儿腰。眼睁睁拿不住。身材怎生捞?翻个筋斗不见了。

虼蚤之为物,虽则微小却极为刁钻,令人难以应付。杨讷的这首小令,完全是一种民间小曲的风味,体现出作者对生活观察得细致入微,他运用通俗风趣的笔调,活灵活现地刻画出可恼的害虫形象。同时似乎也是对世上某些善于钻营的人的一种嘲讽,让人读后在莞尔之余也会略有所思。

〔朱履曲〕《慨古》显示出元曲的自然本色,语言直白畅快,借古讽今之意表露无遗:

> 李太白能文善写,蒯文通骗口张舌。有一个姜吕望古今绝。气昂昂唐十宰,雄赳赳汉三杰。似这等英雄汉何处也?

古代的英雄豪杰,靠才华建功立业而流芳千古,足为后世之楷模。

杨讷作为一名蒙古族人,对这些汉族先贤大加赞赏,可知他对身处的现实社会是非常不满的。所以在〔朱履曲〕《叹世》中他慨叹道:

> 谁不待金章紫绶,谁不待拜将封侯,谁不待身荣要出凤凰楼?谁不待执象简,谁不待顶幞头,谁不待插金花饮御酒?

正所谓"世皆竞进以贪婪",在这样的乌烟瘴气之中,作为一名封建文人,杨讷既不愿意同流合污,又找不到内心的平静,只好沉沦诗酒,苦苦问天了。

再如〔普天乐〕《听命》:

> 结鹑衣,修丹事。安排我处,正在何时?酒扫愁,诗言志。仰问天公三桩事,腆着脸也索寻思:为甚么夷齐饿死,颜回短命,伯道无儿?

伯夷、叔齐,义不食周粟,采薇首阳山;颜回,箪食瓢饮不改求学之乐;邓攸在西晋末年战乱中弃子保侄。这些圣贤之辈却无法得到命运的眷顾,使得杨讷只好发牢骚说反话要"听命",去"修丹事"而寻求独善其身了。

除了这些关注社会生活的小令外,杨讷也有一些写景的作品。如〔朱履曲〕《题五羊昭氏凝翠楼》:

> 水云乡天开画图,海珠寺地拥金沙。绿阴深处有人家。窗间凝翠霭,槛外落红霞。说蓬莱那是假。

看标题虽为应酬之作,但笔下描画的这样一种美好景象,体现出作者对生活中美好事物的观察能力。

另外一首小令〔朱履曲〕《松江道中》:

> 金灿烂高低僧刹,翠模糊远近人家。数声啼鸟唤韶华。麦风翻翠浪,桃木散红霞,游人驰骏马。

该曲写松江道中的旖旎风光、繁荣景象,将金、翠、红几种色彩交织在一起,用佛寺、民居、啼鸟、麦浪、桃树、游人、骏马构成一幅动静结合的暮春画卷,明丽之中充满着勃勃生机,展示了高超的写景技巧。

而套数〔商调·二郎神〕《怨别》则以萧瑟秋景来衬托离情别绪:

> 景萧索,迤逦秋光渐老。隐隐残霞如黛扫。暮天阔烟水迢迢。

数簇黄花开烂熳,败叶儿渐零零乱飘。无聊。绿依依翠柳,满目荒芜衰草。

〔梧叶儿〕凄凄凉凉恹新病,悠悠荡荡魂魄消。失溜疏剌金风送竹频摇。渐渐的黄花瘦,看看的红叶老。题起来好心焦。恨则恨离多会少。

〔二郎神幺篇〕记伊家幸短,枉着人烦烦恼恼。快快归来入绣幕,想薄情镇日魂消。乍离别难弃舍,索惹的恹恹瘦却。

〔金菊香〕多应他意重我情薄?既不是,可怎生雁帖鱼缄音信杳!相别时话儿不甚好。恨锁眉梢,越思量,越思想,越添焦。

〔浪来里煞〕情怀默默越焦躁,冷冷清清更漏迢。盈盈业泪不暂交。画烛盈盈,他也学人那珠泪儿般落。畅道有几个铁马儿铎,琅琅的空聒噪。响珊珊梆梆的寒砧捣。呀呀的塞雁南飞,更和着那促织儿絮叨叨更无了。

这支套数开头曲描绘了一幅残霞暮水、败叶黄花、荒芜衰草的萧索图画,为思妇的出场设置了很典型的伤感环境。接下来的几支曲子承接开头,从不同的侧面刻画女子因思念游子而造成的苦闷心境。结尾曲更将深夜的蜡烛、檐马、寒砧、塞雁、蟋蟀等众多令人容易产生孤独感觉的意象交混在一起,从而制造出一种"明朝且作莫思量,如何过得今宵去"的深切怨情。可见杨讷对于借景抒情的手法,是相当熟练的。正因为杨讷如此擅长景物刻画,朱权才会在《太和正音谱》中称赞他的曲风"如雨中之花"。

9.2.3 杨讷的杂剧

9.2.3.1 杨讷的杂剧《刘行首》

杨讷的散曲具有一定的成就,但为他取得更大文学声誉的无疑是杂剧。如果说散曲是单打独斗的话,杂剧无疑就是部队作战了,要想写好难度自然更高。王国维先生在《宋元戏曲史》中说:"传奇虽小道,凡诗、赋、词、曲、四六、小说家,无体不备。"杨讷"乐府出人头地",必须掌握多种文字创作技巧。据贾仲明《录鬼簿续编》记载,杨讷创作的杂剧共有 18 种:《西游记》、《刘行首》、《天台梦》、《偬时救驾》、《生死夫妻》、《玩江楼》、《西湖怨》、《为富不仁》、《待子瞻》、《三田分树》、《红白蜘蛛》、《巫娥女》、《保韩庄》、《盗红绡》、《鸳鸯宴》、《东岳殿》、《海棠亭》、《两团圆》。可惜其中只有《西游记》、《刘行首》两剧全本传世，《天台梦》尚存佚曲 3 首，其余均只存剧目、正名而已。

《刘行首》题目正名为："北邙山倡和柳梢青，马丹阳度脱刘行首"，全剧四折，属于神仙教化剧，写的是道教神仙度脱风尘中人的故事。刘行首本是鬼仙，遇全真祖师王重阳求道，被点化后投胎刘家，说好 20 年后度脱。届时马丹阳奉师命前去度脱，刘行首却眷恋尘世繁华不肯修行求道，最后马丹阳设法点破玄机，将一个送往迎来的烟尘妓女，劝化为"草庵内设玄妙，蒲团上讲道德"的出家人。此剧宣传的是荣华富贵不足为凭的道教思想，歌颂隐居生涯和求道之乐，如剧中曲子《天下乐》所宣称："端的便谁识蓬莱洞里人？你则待贪也波嗔，红尘里空自滚，遮莫恁有金资怎离三尺坟。君不见霸王强，君不见汉主狠，他每都向北邙山内隐。"

但我们应该辩证地看待，作者如此宣扬消极出世的思想，也是间接地在表达对黑暗现实的不满。在剧中，作者刻画的以烟花为业的老鸨刘婆婆和试图抛弃发妻以金钱取得刘行首的林员外，这些市井人物为了自身的饮食男女之欲，或巧取或豪夺，使得社会生活看起来无比灰暗。作者在剧中借马丹阳之口，对他们痛加斥责：

〔梅花酒〕呀！你今日悔后迟！可笑愚痴，不辨高低，畅道扬疾。人无害虎心，虎有伤人意。你可便甚所为将亲女做娼妓，逼的她觅衣食。漫天网四方围，陷人坑当面砌。

〔忆江南〕呀！当日个敲人骨髓剥人皮，今日个餐刀吃剑有谁知？争如俺粗衣淡饭在山崖，又不图着甚的，毕竟是哪一个得便宜？

然则所谓神仙教化剧的教化，并不是基于山林之乐，而是红尘之苦，隐居山崖并不是甘心粗衣淡饭、学仙慕道，而是某种意义上的全身远祸和避害趋利。

9.2.3.2 杨讷《西游记》杂剧的思想内容

奠定杨讷在文学史上地位的主要是其杂剧作品《西游记》。

《西游记》杂剧是杨讷的代表作,大约写成于明初。全剧六本二十四折,是一部充满奇思妙想的神话剧作。主要描写的是孙悟空保护唐僧西天取经,沿途降服各种妖魔鬼怪的故事。《西游记》中唐代玄奘和尚赴西天取经的故事,是在真人真事的基础上发展起来的,从玄奘自述的《大唐西域记》到冥祥的《大唐故三藏法师传》、道宣的《续高僧传》、慧立的《大唐大慈恩寺三藏法师传》以及《旧唐书·方伎传》中的玄奘传,玄奘取经的故事越来越具有传奇的色彩,夹杂了不少编造的奇迹,但在唐代还只是唐玄奘一个人取经的故事。南宋末年话本小说兴起,出现《大唐三藏取经诗话》,唐僧取经的故事变得远远脱离历史事实,吸收了大量神话传说,如入鬼子母国、过女人国等。而且书中出现了猴行者,他化身白衣秀士保护唐僧西行,一路上降妖除怪,成为后来孙悟空形象的来源。当然这个话本情节还比较简单,艺术上也很粗糙。此外,陶宗仪《南村辍耕录》中记载的金元时期院本名目在"和尚家门"下载有《唐三藏》一例,钟嗣成《录鬼簿》记载吴昌龄有《西天取经》一剧,可惜二本均已失传,不过从一些介绍资料来判断,它们的情节仍然是比较简略的。

而杨讷的《西游记》杂剧,堪称鸿篇巨制。它打破了杂剧一本四折的传统体例,创作出六本二十四折的大部头,这在现存所有元明杂剧中是篇幅最长的。而且他集此前西游题材创作之大成,使整个故事更加丰富和系统。胡适在《西游记考证》一文中说:"元代已有个很丰富的西游记故事了。……大概此类故事,当日还不曾有大规模的定本,故编戏的人可以运用想象力,敷演民间传说,造为种种戏曲。那六本的《西游记》已可算是一度大结集了。"而明代中叶的小说家吴承恩"得了玄奘的故事的暗示,采取了金元戏剧的材料,加上他自己的想象力,居然造出了一部大神话来!"可以说蒙古族文学家杨讷的《西游记》杂剧,在西游故事从简单到丰富的这一文学发展过程中,起到了承前启后的重要作用,从而为长篇小说《西游记》这一巨著的诞生作出了特有的贡献。联想到清代蒙古族文学家尹湛纳希借鉴《红楼梦》的艺术经验,创作长篇小说《一层楼》,我们可以看出蒙古民族进入中原以后,蒙古文学和汉族文学之间一直就存在着一种良性的互动,对推动中华民族文学的整体发展起到了不可低估的作用。

这本精彩大戏各本内容如下,第一本:贼刘洪杀秀士,老和尚救江流;观音佛说因果,陈玄奘大报仇。第二本:唐三藏登路途,村姑儿逞嚣顽;木叉送火龙马,华光下宝德关。第三本:李天王捉妖怪,孙行者会师徒;沙和尚拜三藏,鬼子母救爱奴。第四本:朱太公告官司,裴海棠遇妖怪;三藏托孙悟空,二郎收猪八戒。第五本:女人国遭险难,采药仙说艰难;孙行者借扇子,唐僧过火焰山。第六本:胡麻婆问心字,孙行者答空禅;灵鹫山广聚会,唐三藏大朝元。

我们通过这些标题大概可以知道杨讷在前人的基础上取得了哪些进展,也大致可以清楚《西游记》小说的艺术起点所在。而这,正是杨讷的继往开来之功。

《西游记》杂剧乃佛教剧,写的是唐僧取经的故事,具有歌颂佛法、劝诫世人向佛的思想。这与元代蒙古族统治者崇尚佛教有一定关系,作者的思想受到时代的局限,掩盖在宗教的外壳下。但是我们如果仔细探寻,还是能够发现其中存在不少思想上的闪光之处,并不能简单地以佛法教化剧视之。

首先,作品中塑造的最闪光的形象不是历经磨难修成正果的唐三藏,而是充满反抗精神的美猴王孙悟空,他机智勇敢,幽默乐观,藐视压迫,不怕困难,而且喜欢打抱不平,经常为人排忧解难。在一定程度上,孙悟空的艺术形象体现了封建统治下人民的理想,他天不怕地不怕的斗争精神,对于鼓舞人民反抗暴政具有一定的积极意义。

其次,作品中描写了大量光怪陆离的神魔鬼怪。有的是妖怪占山为王,独霸一方,对人民的正常生活造成严重影响。黄风山、黑风山上的这些魔王,很容易让人联想到现实生活中鱼肉一方的恶霸豪强。有的是神仙夺权失败,下到凡间称王。例如铁扇公主,本是“天宫风部下祖师”,因与王母不和“反却天宫”,连天宫也奈何她不得!想一想元代中后期,自公元 1294 年到 1333 年,40 年间,一共换了 10 位皇帝,其中不但有称兵夺位的现象,而且母后干政、权臣跋扈不一而足,甚至还有阴谋弑君的,正是乱纷纷你方唱罢我登场。至高无上的皇权,早已经失去了维系人心的力量。到了顺帝末年,从中央到地方皆是乱象横生,统治阶级上层四分五裂,多少军阀不听皇室号令,割据一方,就连顺帝父子之间都因争权夺利而反目。以至有学者认为"元不亡于明,而亡于其阀阅巨族"。杨讷在杂剧中描写的乱象,无疑有其现实生活的基础。

此外,这部杂剧虽然歌颂佛法,但却经常通过剧中人物之口或者所行之事对佛教进行调侃,比如孙悟空皈依佛门之后,经常讽刺佛法乃至佛祖,猪八戒和沙和尚在女人国已经破戒近了女色——这是以后《西游记》小说所不作保留的情节——反映出作者对佛家禁欲主义的嘲弄。这也许跟元代蒙古族信奉佛教密宗,并不实行禁欲的风气有关,也说明作者本人根本就不是什么虔诚的宗教信徒。

9.2.3.3 《西游记》杂剧的艺术特点

《西游记》杂剧不仅内容丰富,在艺术手法上也推陈出新。在结构布局、人物塑造、语言运用等方面都有独特的风格,显示了较高的艺术水平。

在《西游记》杂剧出现之前,元人杂剧一般均为一本四折,当然也有长篇特出的,比如大家耳熟能详的《西厢记》就是五本二十折,《西游记》的六本二十四折可谓在王实甫开拓的道路上又推进了一步,成为元代篇幅最长的杂剧。明代戏曲评论家"弥伽弟子"就注意到这一现象,对杨景贤赞不绝口,称:"自《西厢》而外,长套者绝少。后得是本(指《西游记》杂剧——引者),乃与之颉颃。嗟乎,多钱善贾,长袖善舞,非元人大手笔,曷克臻此耶!"《西厢记》和《西游记》这两部大戏,一属元代前期,一属元代后期,一写儿女之情,一写鬼怪神佛,如同遥相呼应的两座奇峰,分外惹人注目。

《西游记》杂剧每本前面都有四句歌颂性的七言诗作为引子,后面有四句总结性的六言骈文作为"正名",每折则有一个四字标题。例如第一本,前面四句颂诗为:"湛露尧甍一叶新,宝筵祥霭丽仙宸。三元同降天王节,万国均瞻化日新。"这为作品定了基调。末尾正名"贼刘洪杀秀士,老和尚救江流;观音佛说因果,陈玄奘大报仇。"归纳剧情梗概。四折还分别有小标题为"之官逢盗"、"逼母弃儿"、"江流认亲"、"擒贼雪仇"。六本的格式莫不如此,使人能对剧情一目了然。此前的元代杂剧,均无每折的标题,而南戏则是每出有标题,显然因为杨讷生长在元末,且长期生活在江浙,对南戏的艺术形式有一定的了解,并成功地将之移植到杂剧创作中来。这样的变化,无疑会对吸引南方读者,从而延续杂剧在南方的艺术生命起到一定作用。杨讷的匠心于此可见一斑。

《西游记》杂剧在唱腔上也打破了元代杂剧一本由一个角色独唱到底的常规,每本安排多人演唱,以适应人物多、剧情长的要求,使得演员的负担得到分散,也让多数演员都有了演唱的机会,通过唱来表达角色的内涵。这也是向南戏一本之中多人演唱的形式靠近的结果。

此外,《西游记》杂剧取得的突破还表现在宫调使用上。元代杂剧都是一折一调,因为每个宫调都有自身独特的艺术表现力,声情各异,音乐韵律皆可从其宫调中显现,元人燕南芝庵《唱论》指出,"大凡声音各应于律吕"。分作六吕十一调,共计十七宫调。其声情特色分别如下:

> 仙吕宫唱清新绵邈。南吕宫唱感叹伤悲。中吕宫唱高下闪赚。黄钟宫唱富贵缠绵。正宫唱惆怅雄壮。道宫唱飘逸清幽。大石唱风流蕴藉。小石唱绮丽妩媚。高平唱条畅晃漾。般涉唱拾缀坑崭。歇指唱急并虚歇。商角唱悲伤宛转。双调唱健捷激袅。商调唱凄怆怨慕。角调唱呜咽悠扬。宫调唱典雅沉重。越调唱陶写冷笑。

由于一折一调,且由一人独唱,使得元杂剧每折都有一个基调,剧情的展开都在一个确定的调子里进行,不利于表现曲折复杂的内容。《西游记》杂剧既然是多人开唱,且每折之中演唱的人物身份各异、性情迥别,自然难以限定在某一宫调之中,因此杨讷因势利导,剧中宫调的转换借用之处甚多,以声情去适应词情,适应人物表现的需要,也避免了音乐旋律的平板,使得剧曲跌宕生姿、曲折变化。而且杨讷在剧中还大胆尝试了一些元杂剧不常用的宫调。

《西游记》杂剧对元杂剧的表演形式进行改进,以适应时代的发展,这种改进是多方面的,而且受到后人认可。这样一种杂剧领域开拓性质的工作,却由蒙古文人杨讷来完成,不能不说是我国古代民族文学交流史上炫目的一笔。

在人物塑造方面,《西游记》杂剧善于通过幽默诙谐的语言描写,造成一种滑稽戏谑的风格。如第二本第六出《村姑演说》,通过胖村姑少见多怪的眼睛,来描写唐僧取经出发时万人空巷、围观膜拜的场景,语言活泼生动,切合人物身份。胖村姑说:

〔一緺儿麻〕不是胖姑儿偏精细,官人每簇捧着大擂椎。擂椎上天生得有眉共眼。我则道,瓠子头,葫芦蹊跷!(甚么唐僧唐僧,早是不和爷爷去看哩,枉了这遭)恰便是不敢道的东西,枉惹得旁人笑耻。

〔梅花酒〕那的他唤作甚傀儡,黑墨线提着红白粉儿,妆着人样的东西,飕飕胡哨起,咚咚地鼓声催,一个摩着大旗。他坐着吃堂食,我立着看宴席,两只腿板僵直,肚皮里似春雷。

这就将唐僧受到的隆重礼遇,用村姑的好笑语言轻松地刻画出来。

还有第三本第十一出《行者除妖》中,孙行者遇到还是妖怪的沙和尚,行者云:"你姓什么?"沙和尚云:"我姓沙。"行者云:"我认得你,你是回回人河里沙。"沙和尚云:"你怎么知道?"行者云:"你嘴脸有些相似。"这种拿回回人体貌特征来开的玩笑,恐怕只有多民族遍地杂居的元明之际开起来才会别有风味,我们今天读来,仍会不禁莞尔一笑,当年舞台演出的现场效果肯定更佳,自然能引起全场会心的哄笑。接下来的情节也比较有趣,沙和尚抓住铜筋铁骨的孙行者就要咬他,行者云:"别人怕你吃,恁爷不怕你吃。铜筋铁骨,火眼金睛,鍮石屁眼,摆锡脏头,你有铜牙铁齿,你便来寻我!"这个孙行者连生死搏斗之际也忘不了调侃对手两句,说着畅快淋漓的脏话,这正是具有杨氏特色的孙行者。

第四本第十五出《导女还装》中，孙悟空要降服猪八戒，却穿上裴小姐的衣服，坐在小姐闺房内，等猪八戒闯进来一摸，说："呀，好粗腿也！"行者唱道："你想象赋高唐，我云雨梦襄王。咱正是细棍逢粗棍，长枪对短枪。"在杀气腾腾的降妖除魔过程中，却杂以如此诙谐的唱词，使得紧张气氛之中透露出一种活泼，不禁使读者对事情向好的方向发展充满信心。再如第五本第二十一出《女王逼婚》，唐僧念起紧箍咒，孙悟空头上的金箍紧得他头疼难耐，他还不忘打诨道："疼出几般蔬菜名来，头疼得发蓬如韭菜，面色青似蓼芽，汗珠儿一似酱透的茄子。"试问吴承恩《西游记》小说里的齐天大圣被咒时何尝有这种闲情！第六本第二十一出《贫婆心印》中，天竺贫婆考问孙悟空《金刚经》内容，孙悟空本来不懂什么《金刚经》，却借机信口开河，拿佛法开起了玩笑。他说："你道我不省得金刚经？我也常听师父念：过去心不可得，未来心不可得，见在心不可得。怎么我不省得，你且买一百文胡饼来，我点了心呵，慢慢和你说经。"贫婆见孙悟空在自己这个行家面前班门弄斧，问道："点你那过去心也？未来心也？见在心也？……你有心也无？"悟空答道："我原有心来，屁股宽屙掉了也。"气得贫婆大骂："这猢狲无礼！"孙行者的佛学素养到底如何，吴承恩《西游记》小说中写得不甚分明，倒是杨讷《西游记》杂剧，坦坦荡荡地表明这个猢狲是"半瓶子醋"。

这些语言幽默诙谐，带着杨讷"好戏谑"的鲜明印记。不仅《录鬼簿续编》点出杨讷的这一特点，明朝中期的著名剧作家李开先也指出："诗禅取容于东方朔，而朔始滥觞。鲍照、张可久及我朝杨景言，皆千枝一本，千叶一源者也。"将杨讷置于以诙谐滑稽著称的古今名人之列。杨讷在汉语文学上的巨大成就，几乎使人忘记了他的蒙古族身份，这不仅是他个人的成功，也是元朝100余年蒙汉文化交流结出的硕果。我们不妨试想，如果元朝不是百年而亡，蒙古族和汉族涵化更久，蒙古族文学家的汉文创作成就肯定还会更多更大。

9.2.3.4 杨讷《西游记》杂剧对后世的影响

《西游记》杂剧比吴承恩一百回《西游记》小说早出近200年，对元代以前的唐僧取经故事做了一次集大成的工作,为吴承恩的小说提供了比较成熟的文学蓝本。这种相互关系,已经有不少研究者注意到。中国社会科学院文学研究所编写的《中国文学史》就指出:"这个剧(指杨讷《西游记》杂剧——引者)对吴承恩的小说《西游记》的形成有着明显的影响。"至于具体的影响,中央民族大学的蒙古族学者云峰教授在《元代蒙汉文学关系研究》一书中有较为详细的分析,我们借鉴了他的成果,概述如下:

第一,杨讷《西游记》杂剧为吴承恩《西游记》小说提供了丰富多彩、惊险曲折、引人入胜、完整系统的故事情节。

《西游记》杂剧用第一本四出的大量篇幅写江流儿(玄奘)的出世、寻母、报仇等早期经历。第一出《之官逢盗》中观世音说:"见今西天竺有大藏金经五千四十八卷,欲传东土,争奈无个肉身幻躯的真人阐扬。如今诸佛议论,着西天毗卢伽尊者托化于中国海州弘农县陈光蕊家为子,长大出家为僧,往西天取经阐教。"《西游记》小说中所说唐僧乃"金蝉子化身,十世修行的原体",投胎凡世,经观音菩萨点化前往西天取经。杂剧描写玄奘父亲陈光蕊以儒业出身,考取状元一举成名,得授洪州知府,其母为大将殷开山[1]之女。陈光蕊携有身孕的妻子赴任,途中被水手刘洪所害,葬身水底,刘洪凭借印信假冒洪州知府,殷氏也被他强占为妻。殷氏为了腹中胎儿,忍辱偷生,后婴儿降生,刘洪逼迫殷氏抛弃,殷氏忍痛将婴儿放于木匣中,写下血书说明婴儿来历,并起名江流儿放入江中。木匣被一老农捞起,送给金山寺丹霞禅师收养。江流儿长大后,丹霞禅师告诉他实情,送他到洪州认母,并协助江流儿告官捕杀刘洪。江流儿本人因观世音举荐到京城祈雨救民,被大唐皇帝赐予金襕袈裟、九环锡杖,封为三藏法师,遣赴西天取经。小说描写的玄奘出身大致沿袭这一套路,而这些情节在杨讷之前的《西游记平话》中是看不到的。宋元有一出戏文名曰《陈光蕊江流和尚》,已经失传,单从题目来看,可能讲到玄奘出身,但应该是独立在取经的故事之外

[1]殷开山历史上实有其人,乃唐太宗设像于凌烟阁的二十四功臣之一。

的一个单篇,只有杨讷将江流儿的故事和玄奘西天取经故事有机地结合起来,将之作为《西游记》的开篇部分。而杨讷杂剧中的很多详细情节,吴承恩的小说全盘接受下来。

杂剧第五出《村姑演说》,通过胖村姑之口写唐僧出发赴西天取经前百官设宴饯行的热闹场面。唐僧临别说道:"小僧无根要有根,有相若无相。我若取经回,松枝往东向,朝西呵是去时,朝东呵回至。"小说第十二回《玄奘秉诚建大会,观音显象化金蝉》也描写了唐王和百官欢送场景,玄奘临别也说:"徒弟们,我去之后,或三二年,或五七年,但看那山门里松枝头向东,我即回来;不然,断不回矣。"

杂剧第七出《木叉售马》写唐僧收白龙马的故事。白龙马本是南海火龙,因为行雨差错,被玉帝惩罚,要去斩龙台施行,观音菩萨求见玉帝,救出此龙,着他化身白马,让弟子木叉假扮卖马人,赊给唐僧驮他去西天取经。小说第十五回《蛇盘山诸神暗佑,鹰愁涧意马收缰》说白龙马"本是西海敖顺之子,他为纵火烧了殿上明珠,他父告他忤逆,天庭上犯了死罪",也是观音亲见玉帝,求情讨他到下界给唐僧做个脚力。所不同的是,杂剧写的是唐僧先收白龙马后收孙悟空,小说则是收了孙悟空再收白龙马,但从杂剧中可以明显看到小说中白龙马的诸多特征。

杂剧第九出《神佛降孙》介绍孙悟空的身世说:"一自开天辟地,两仪便有吾身。曾教三界费精神,四方神道怕,五岳鬼兵嗔。六合乾坤混扰,七冥北斗难分。八方世界谁尊,九天难捕我,十万总魔君。"孙悟空的形象由此定下了天不怕地不怕、富有反抗精神的基调。杂剧写孙悟空大闹天宫的事:"玉皇殿琼浆咱得饮。我盗了太上老君炼就仙丹,九转炼得铜筋铁骨、火眼金睛。我偷得王母仙桃百颗,仙衣一套,与夫人穿着,今日作庆仙衣会。"玉帝派李天王点起八百万天兵天将布下天罗地网到花果山捉拿孙悟空,哪吒三太子打头阵被孙悟空打得大败,后请来二郎神诸神协力才捉到孙悟空。这样,《西游记》小说最精彩的部分——孙悟空大闹天宫,盗御酒、盗仙丹、偷仙桃,以及在太上老君八卦炉中炼就铜筋铁骨、火眼金睛等情节——杂剧中已经基本具备了。自

·欧·亚·历·史·文·化·文·库·

然具体细节也有不同之处,比如杂剧中,孙悟空被拿住之后,不是被如来压在五行山下,而是被观音菩萨压在花果山下。我们可以看出,吴承恩在创作《西游记》小说时,对杂剧的基本情节进行了艺术的取舍,其中最精彩的部分得到吸收和保存,某些细节之处则得到了修改和提升。

杂剧第十出《收孙演咒》写唐僧西行数月后,来到花果山下,救出孙猴子,收为弟子,赐名悟空,并送给他皂直裰、戒刀和铁戒箍。此三种物品实为观音菩萨所赠,其中戒箍戴在头上之后,一念咒语孙悟空就会头痛难忍,是专门为了控制他而设计的。小说情节与此相同。不同的是,杂剧中写的是唐僧从山上放出孙悟空,悟空产生吃唐僧的念头,唐僧设法让他戴上金箍,加以控制。小说则是唐僧收了悟空后,由于言语不合,悟空返回东海花果山,经菩萨劝化回头才戴上金箍的,但唐僧用金箍来控制孙悟空则是两者一致的。

杂剧第十一出《行者除妖》写孙悟空降服沙僧的情况。唐僧、悟空西行至流沙河,遇到一个吃人妖怪。此妖"血人为饮肝人食,不怕神明不怕天。不奉玉皇诏旨,不依释老禅规。怒则风生,愁则雨到,喜则驾雾腾天,闲则搬沙弄水。人骨若高山,人血如河水",脖子上挂着九颗死人骷髅。与孙悟空交手被擒后,自称:"小圣非是妖怪,乃玉皇殿前卷帘大将军,因带酒思凡,罚在此河,推沙受罪。"孙悟空放了他,他也做了唐僧的徒弟,得名悟净,加入了取经队伍。小说第二十二回《八戒大战流沙河,木叉奉法收悟净》中沙僧也是"项下骷髅悬九个,手持宝杖甚峥嵘"的吃人妖怪模样,也说是玉皇殿前卷帘大将军,因打破玉杯被贬下仙界,与杂剧大同小异。同样,杂剧中的猪八戒原是"摩利支天部下御车将军","生得喙长项阔,蹄硬鬣刚","潜藏在黑风洞里,隐显在白雾坡前,自号黑风大王"。他摄得裴家庄裴小姐在洞中,被孙悟空假扮裴小姐在闺房中降服。《西游记》小说第十八、十九两回写降服猪八戒的经过,也是悟空藏在闺房假扮小姐擒拿八戒,与杂剧情节基本相同。

此外,杂剧中还写了降服红孩儿、过火焰山、过女人国等情节,这几个故事也是小说中最精彩的章节。由此可见,杨讷《西游记》杂剧以突破杂剧传统的超大容量，描写了一个从唐僧出世到孙悟空大闹天宫，再到师徒四人西天取经，历经诸多艰难，终于取得真经返回东土大唐的完整故事，为吴承恩长达百回的《西游记》小说提供了蓝本。考虑到杂剧是服务于舞台表演的，篇幅和情节都要受到舞台条件的限制。杨讷能够将这么多的内容糅合在一起，变成可供现实演出的剧本，是相当不容易的。吴承恩在他的基础上加以演绎，同时发挥小说不受现实限制的特点，设计出九九八十一难的曲折过程，才最终形成我国古典小说艺术的一大高峰，留给后人景仰。

第二，杨讷《西游记》杂剧从数量和性格上确定了取经故事的人物形象，为吴承恩《西游记》小说的人物刻画提供了一个稳定的蓝图。

杨讷杂剧出现以前，取经故事的人物还很不稳定，如《大唐三藏取经诗话》中，取经不是4个人而是7个人，7人中除了唐僧、悟空外，猪八戒还没出现，沙僧还叫做深沙神，其余几个人都是随从，无关紧要。到了杨讷杂剧中，取经团队定型为唐僧、悟空、八戒、沙僧4人，外加1匹白龙马。而且在《大唐三藏取经诗话》中，是以唐僧为故事主角的，孙悟空只是辅助角色，到了杨讷杂剧里，孙悟空挑起了大梁，唐僧退居次要地位。如果以唐僧为主角，情节势必比较贴近史实，要强调他作为一个虔诚的佛教徒，为了取得真经百折不挠、勇往直前的精神。但一旦孙悟空这个虚拟人物做了主角，故事就可以摆脱史实的束缚，极大地发挥艺术想象力，突出孙悟空降妖伏魔、排忧解难的英雄气概，从而使情节更多地具有神奇和浪漫色彩，这无疑为《西游记》小说的艺术再加工起了一种"导夫先路"的启迪之功。

《西游记》杂剧把唐僧写成一个虔诚的佛教徒，墨守佛教戒律，念念不离善心，结果往往好坏不分，人妖不辨，经常上当受骗。如在第十二出《鬼母皈依》中，唐僧师徒在深山中碰到红孩儿变成的小孩在哭泣，唐僧不辨真伪怕小孩儿迷路被豺狼毒虫坏了性命，令悟空背着送他回家。悟空告诫师父："山林中妖怪极多，不要多管。"唐僧听了却责骂悟空："你这个猢狲，又不听我说，定要你背他。"结果落得自己被红孩儿拿去的下场，害得悟空费了很大的精力才将其解救出来。而且，杂

·欧·亚·历·史·文·化·文·库·

剧里把唐僧写得不再像《大唐三藏取经诗话》里那样信心坚定、不惧艰险，而是往往在困难面前犹豫不决、长吁短叹，比如来到火焰山前时，他一迭声对悟空叫嚷："如何得过，怎生是好？"当被妖怪捉住后只会叫喊："谁救贫僧也？孙悟空救我！"小说里的唐僧也在一定程度上具有这些特点。

杂剧把孙悟空写成一个具有反抗精神、神通广大、经常为人排忧解难的英雄人物。他大闹天宫的经历，降妖伏魔的能力，机智幽默的性格，都接近小说中的形象。但是他的称号还不是齐天大圣，而是通天大圣，而且还具有相当程度的野性甚至妖气。比如在花果山称王时，他曾霸占金鼎国公主为妻；在唐僧从花果山下救他出来后，他还产生过吃掉唐僧的念头；途经女儿国时若不是金箍作用差点就破了色戒。这些不良行为都被吴承恩在创作小说时加以摒弃，《西游记》小说对杂剧作了批判性的继承，使得孙悟空的形象更加光彩照人。

第三，杨讷《西游记》杂剧幽默诙谐、风趣活泼的艺术风格对吴承恩《西游记》小说艺术风格的形成具有一定的影响。

杨讷《西游记》杂剧的语言运用方面具有独特的风格，幽默诙谐、风趣活泼之处甚多，前文已经举例，兹不赘述。这种滑稽戏谑的风格，跟杨讷作为蒙古族人的特殊身份有一定的关系。元室北遁，杨讷深居南国，未能返回塞北草原，只能留在新朝低调生活。特别是在明初洪武朝严厉的民族政策下，杨讷的生活肯定是相当压抑的，在天翻地覆般的政治角色转换面前，蒙古族文人不可能直抒胸臆尽情宣泄，只能采取隐晦曲折的表达方式，加以嬉笑讽刺。而吴承恩生活在明代中后期，科场蹭蹬，怀才不遇，生活贫苦，心情愤慨。他对社会现实的认识是和杨讷有共同点的，因此在创作小说时，理所当然地借鉴了杨讷杂剧诙谐风趣的艺术风格，在光怪陆离的神魔世界之中尽情调侃嘲弄，以发泄对现实生活的深沉不满。这方面的例子是很多的，如小说第二十六回《孙悟空三岛求方，观世音甘泉活树》中猪八戒会见福、禄、寿三星一段。"那八戒见了寿星，近前扯住，笑道：'你这肉头老儿，许久不见，还是这般洒脱，帽儿也不带个来。'遂把自家一个僧帽，扑的套在他头上，拍着手呵呵大笑道：'好！好！好！真是加官进禄也！'那寿星把帽子掼了，骂道：'你这个夯货，老大不知高低！'八戒道：'我不是夯货，你等真是奴才。'福星道：'你道是个夯货，反敢骂人是奴才！'八戒又笑道：'既不是人家奴才，来道叫做添寿、添福、添禄？'"写洞天福地神仙之间的事情，却如此互相调侃打趣，让神仙们带上了浓烈的生活气息。再如第三十八回《婴儿问母知邪正，金木参玄见假真》，孙悟空想让猪八戒下水捞取乌鸡国国王的尸体，就骗他水下有宝贝，猪八戒发现上当之后非常懊恼，唐僧问他背的是什么，他说"行者的外公，教老猪驮将来了"。第四十五回《三清观大圣留名，车迟国猴王显法》，孙悟空师兄弟三人，化身"三清"享用虎力大仙等供奉的祭品后，却撒尿冒充圣水，捉弄这些道教信徒，使得这场斗法颇具喜剧气氛。

最值得一提之处，还有第九十八回《猿熟马驯方脱壳，功成行满见真如》中，唐僧师徒历经千难万险好不容易见到佛祖，佛祖让阿傩和伽叶两位大弟子向唐僧传经。"阿傩、伽叶引唐僧看遍经名，对唐僧道：'圣僧东土到此，有些甚么人事送我们？快拿出来，好传经与你去。'"佛门高足竟公然索要贿赂，唐僧回答说路途遥远不曾准备，阿傩、伽叶竟用无字经书故意刁难他们。唐僧等人一心向往的西天佛门圣地尚有如此龌龊之事，可见小说里面的思想和杨讷杂剧之中孙悟空的呵佛骂祖是一脉相承的。

综上所述，杨讷《西游记》杂剧，对吴承恩《西游记》小说的影响是多方面的，是西天取经故事发展演变过程中的重要环节，值得研究者更多的关注。

杂剧作家杨讷，以其巨大的汉文文学创作成就，为元代蒙古族文人群体增添了一种辉煌。大学者王国维在《宋元戏曲史》中说："蒙古色目人中，亦有作小令套数者，而作杂剧，则唯汉人。"显而易见，这种说法是不准确的，是因为王国维没有见到杨讷《西游记》杂剧[1]而造成

---

〔1〕《西游记》杂剧传世本原藏日本内阁文库，1928年经日本斯文会排印才得以广泛流传，那时王国维先生已经逝世。

的偏见。杨讷的杂剧创作,不仅为元代蒙古族文学家增添了一种文学形式,而且像《西游记》杂剧这样体大思精的精彩大戏,不仅仅是蒙古族文学史上的名著,置之元代杂剧之林,仍然具有不可替代的独特魅力。如今,《西游记》杂剧已经成为中国古典戏曲研究领域无法绕开的话题。

蒙古族入主中原,给中华民族提供了一个长达百年的充分融合的机会,答禄与权和杨讷就是民族融合的成果。从某种意义上说,这些祖先来自漠北的蒙古族文学家,已经不能仅仅以蒙古族身份加以限定,而应该称之为中华民族的文学家。近代以来,越来越多的学者开始认可元代在我国历史发展进程中的积极作用,已经有很多学者认为元代乃是多元一体的中华民族形成的关键时期。从伯颜到郝天挺,从泰不华到月鲁不花,从答禄与权到杨讷,通过对这些蒙古族文学家的文学道路的认识,我们不难理解中华民族多元一体的文化共性。

参考书目

〔明〕宋濂. 元史. 北京:中华书局,1976.

〔元〕苏天爵. 元朝名臣事略. 北京:中华书局,1996.

〔元〕王士点. 秘书监志. 商企翁,编次. 杭州:浙江古籍出版社,1992.

〔元〕熊梦祥. 析津志辑佚. 北京:北京古籍出版社,1983.

〔清〕钱大昕. 元史氏族表. 北京:中华书局,1991.

〔清〕顾嗣立. 元诗选. 北京:中华书局,1987.

〔清〕顾嗣立,席世臣. 元诗选癸集. 北京:中华书局,2001.

〔清〕钱熙彦. 元诗选补遗. 北京:中华书局,2002.

〔元〕苏天爵. 元文类. 上海:上海古籍出版社,1993.

〔元〕耶律楚材. 湛然居士文集. 谢方,校点. 北京:中华书局,1986.

〔元〕赵孟頫. 赵孟頫集. 任道斌,校点. 杭州:浙江古籍出版社,1986.

〔元〕许有壬. 圭塘欸乃集. 上海:商务印书馆,1939.

〔元〕王恽. 玉堂嘉话. 北京:中华书局,2006.

〔元〕陶宗仪. 南村辍耕录. 北京:中华书局,1985.

〔元〕孔齐. 至正直记. 上海:上海古籍出版社,1987.

〔元〕叶子奇. 草木子. 北京:中华书局,1959.

〔清〕胡应麟. 诗薮. 上海:上海古籍出版社,1979.

〔清〕何文焕. 历代诗话. 北京:中华书局,1981.

〔清〕丁福保. 历代诗话续编. 北京:中华书局,1983.

〔清〕陈衍辑. 元诗纪事. 上海:上海古籍出版社,1987.

隋树森. 全元散曲. 北京:中华书局,1964.

唐圭璋. 全金元词. 北京:中华书局,1979.

李修生. 全元文. 南京:凤凰出版社,2004.

王德毅,潘柏澄. 元人文集珍本丛刊. 台北:台湾新文丰出版公司,1985.

陈高华. 元代画家史料. 上海:上海人民美术出版社,1980.

孙楷第. 元曲家考略. 上海:上海古籍出版社,1981.

朱荣智. 元代文学批评之研究. 台北:台湾联经出版事业公司,1982.

萧启庆. 元代史新探. 台北:台湾新文丰出版公司,1983.

姜一涵. 元代奎章阁及奎章人物. 台北:台湾联经出版事业公司,1985.

许凡. 元代吏制研究. 北京:劳动人事出版社,1987.

王德毅,李荣村,潘柏澄. 元人传记资料索引. 北京:中华书局,1988.

陈高华. 元史研究论稿. 北京:中华书局,1991.

邓绍基. 元代文学史. 北京:人民文学出版社,1991.

萧启庆. 蒙元史新研. 台北:台湾允晨文化实业股份有限公司,1994.

李修生. 元杂剧史. 南京:江苏古籍出版社,1996.

史卫民. 元代社会生活史. 北京:中国社会科学出版社,1996.

张帆. 元代宰相制度研究. 北京:北京大学出版社,1997.

杨镰. 元西域诗人群体研究. 乌鲁木齐:新疆人民出版社,1998.

萧启庆. 元朝史新论. 台北:台湾允晨文化实业股份有限公司,1999.

陈垣. 元西域人华化考. 上海:上海古籍出版社,2000.

桂栖鹏. 元代进士研究. 兰州:兰州大学出版社,2001.

李修生,查洪德. 辽金元文学研究. 北京:北京出版社,2001.

韩儒林. 穹庐集. 石家庄:河北教育出版社,2002.

李治安. 元代政治制度研究. 北京:人民出版社,2003.

杨镰. 元诗史. 北京:人民文学出版社,2003.

方龄贵. 元史丛考. 北京:民族出版社,2004.

刘海峰,李兵. 中国科举史. 上海:中国出版集团东方出版中心,2004.

陈高华. 元史研究新论. 上海:上海社会科学出版社,2005.

王晓清. 元代社会婚姻形态. 武汉:武汉出版社,2005.

邓绍基,杨镰. 中国文学家大辞典·辽金元卷. 北京:中华书局,2006.

刘晓. 元史研究. 福州:福建人民出版社,2006.

余大钧. 蒙古秘史. 石家庄:河北人民出版社,2007.

韩儒林. 元朝史(修订本). 北京:人民出版社,2008.

陈高华,张帆,刘晓. 元代文化史. 广州:广东教育出版社,2009.

后　记

　　2008 年 9 月,本人有幸进入中国社会科学院研究生院,师从杨镰先生,攻读中国古典文献学专业博士学位,具体方向为元代诗文文献。说实话,入学之前,我对元代文学的了解并不深,仅仅留存在"关白马郑"等杂剧名家的层面。在杨师指导下,大量阅读原始文献之后,我才深切地领略到元代文学的独特魅力所在。

　　元代文学的舞台是如此之大,从茫茫西域到泱泱东海,前代诗人笔下的塞外在元代成了域内;元代文坛的演员又是如此之多,从汉人、南人到蒙古国族,乃至有来自海西大秦的胡客用汉文写下佳作。这一幅壮丽的画卷,在一百多年的历史进程中缓缓展开,越出越奇,越到后来越加鲜妍精彩,却又因大明王朝的兵临大都——中国历史上第一次成功的北伐战争——戛然而止,给人留下无限的想象空间。如果元代可以像明清那样长祚,那么元代文学又会是何等的精彩!即使如此,元代留下的文学遗产已经足够炫目,来自不同族属、具有不同信仰的文学家们,不仅维持着传统文学形式——诗歌和散文的繁荣,而且在小说和戏剧两大较新领域辛勤耕耘,培育出叙事文学的奇葩,使得中国古代文学第一次出现四大体裁齐头并进的奇观!

　　陈垣先生在其名著《元西域人华化考》之卷 5 中充满赞颂之情地写道:

　　　　以论元朝,为时不过百年,今之所谓元时文化者,亦指此西纪一二六〇年至一三六〇年间之中国文化耳。若由汉高、唐太论起,而截至汉、唐得国之百年,以及由清世祖论起,而截至乾隆二十年以前,而不计乾隆二十年以后,则汉、唐、清学术之盛,岂过元哉!

　　　　且元时并不轻视儒学,至大元年,加号孔子为大成至圣文宣王;延祐三年,诏春秋释奠,以颜、曾、思、孟配享;皇庆二年,以许衡从祀,又以周、程、张、朱等九人从祀;至顺元年,以董仲舒从祀;至正廿一年,以杨时、李侗从祀。又并不轻视文学,延祐五年七月,加封屈原为忠节清烈公;致和元年四月,改封柳宗元为文惠昭灵公;后至元三年四月,且谥杜甫为文贞。其崇尚文儒若此。

这位史学大师将元朝文化置于中国文化的范畴之中进行观照,将元代历史作为中华文明史的有机环节进行考量,得出的结论是无可辩驳的。我们有理由这样认为:正是在蒙元时代的短短一百余年间,正是由于蒙古民族协同色目诸族对中原地区的强势而深刻的介入,使得中国文化由单一的汉族文化演进为中华民族文化!元代文化的成就是不容低估的。元代文学也是如此。元代蒙古族文学家群体以其精彩纷呈的创作,点缀着元代文学的天空,值得我们充分重视和深入研究。

在这本书即将付梓之际,我要衷心地感谢将我领入元代文学研究领域的业师杨镰先生,以及在本书写作过程中给予大力支持的丛书主编余太山先生。

囿于笔者学识,本书必有许多不当之处,敬请读者朋友批评指正。

2011 年 12 月 12 日
顾世宝于北京牡丹园

· 欧 · 亚 · 历 · 史 · 文 · 化 · 文 · 库 ·

索　引

·欧·亚·历·史·文·化·文·库·

欧亚历史文化文库

已经出版

林悟殊著:《中古夷教华化丛考》　　　　　　　　　定价:66.00 元

赵俪生著:《弇兹集》　　　　　　　　　　　　　　定价:69.00 元

华喆著:《阴山鸣镝——匈奴在北方草原上的兴衰》　定价:48.00 元

杨军编著:《走向陌生的地方——内陆欧亚移民史话》定价:38.00 元

贺菊莲著:《天山家宴——西域饮食文化纵横谈》　　定价:64.00 元

陈鹏著:《路途漫漫丝貂情——明清东北亚丝绸之路研究》

　　　　　　　　　　　　　　　　　　　　　　　　定价:62.00 元

王颋著:《内陆亚洲史地求索》　　　　　　　　　　定价:83.00 元

〔日〕堀敏一著,韩昇、刘建英编译:《隋唐帝国与东亚》定价:38.00 元

〔印度〕艾哈默得·辛哈著,周翔翼译,徐百永校:《入藏四年》

　　　　　　　　　　　　　　　　　　　　　　　　定价:35.00 元

〔意〕伯戴克著,张云译:《中部西藏与蒙古人

　　——元代西藏历史》(增订本)　　　　　　　　定价:38.00 元

陈高华著:《元朝史事新证》　　　　　　　　　　　定价:74.00 元

王永兴著:《唐代经营西北研究》　　　　　　　　　定价:94.00 元

王炳华著:《西域考古文存》　　　　　　　　　　　定价:108.00 元

李健才著:《东北亚史地论集》　　　　　　　　　　定价:73.00 元

孟凡人著:《新疆考古论集》　　　　　　　　　　　定价:98.00 元

周伟洲著:《藏史论考》　　　　　　　　　　　　　定价:55.00 元

刘文锁著:《丝绸之路——内陆欧亚考古与历史》　　定价:88.00 元

张博泉著:《甫白文存》　　　　　　　　　　　　　定价:62.00 元

孙玉良著:《史林遗痕》　　　　　　　　　　　　　定价:85.00 元

马健著:《匈奴葬仪的考古学探索》　　　　　　　　定价:76.00 元

〔俄〕柯兹洛夫著,王希隆、丁淑琴译:

　　《蒙古、安多和死城哈喇浩特》(完整版)　　　定价:82.00 元

乌云高娃著:《元朝与高丽关系研究》　　　　　　　定价:67.00 元

杨军著:《夫余史研究》　　　　　　　　　　　　　定价:40.00 元

梁俊艳著:《英国与中国西藏(1774—1904)》　　　　定价:88.00 元

〔乌兹别克斯坦〕艾哈迈多夫著,陈远光译:

　　《16—18 世纪中亚历史地理文献》(修订版)　　　定价:85.00 元

成一农著:《空间与形态——三至七世纪中国历史城市地理研究》

　　　　　　　　　　　　　　　　　　　　　　　　定价:76.00 元

杨铭著:《唐代吐蕃与西北民族关系史研究》　　　　定价:86.00 元

殷小平著:《元代也里可温考述》　　　　　　　　　定价:50.00 元

耿世民著:《西域文史论稿》　　　　　　　　　　　定价:100.00 元

殷晴著:《丝绸之路经济史研究》　　　定价:135.00 元(上、下册)

余大钧译:《北方民族史与蒙古史译文集》　定价:160.00 元(上、下册)

韩儒林著:《蒙元史与内陆欧亚史研究》　　　　　　定价:58.00 元

〔美〕查尔斯·林霍尔姆著,杨军译:《伊斯兰中东——传统与变迁》

　　　　　　　　　　　　　　　　　　　　　　　　定价:75.00 元

〔美〕J.G. 马勒著,王欣译:《唐代塑像中的西域人》　　定价:58.00 元

顾世宝著:《蒙元时代的蒙古族文学家》　　　　　　定价:42.00 元

敬请期待

周伟洲著:《西域史地论集》

杨铭编:《国外敦煌学、藏学研究——翻译与评述》

〔俄〕Т.Б.巴尔采娃著,张良仁、李明华译:

　　《斯基泰时期的有色金属加工业——第聂伯河左岸森林草原带》

李鸣飞著:《玄风庆会——蒙古国早期的宗教变迁》

马小鹤著:《光明的史者》

许全胜著:《黑鞑事略汇校集注》

张文德著:《朝贡与入附——明代西域人来华研究》

尚永琪著:《胡僧东来——汉唐时期的佛经翻译家和传播人》

筱原典生著:《西天伽蓝记》

桂宝丽著:《可萨突厥》

张小贵著:《祆教史考论与述评》

贾丛江著:《汉代西域汉人和汉文化》

王冀青著:《斯坦因的中亚考察》

王冀青著:《斯坦因研究论集》

王永兴著:《敦煌吐鲁番出土唐代军事文书考释》

薛宗正著:《汉唐西域史汇考》

李映洲著:《敦煌艺术论》

牛汝极著:《新疆文化的现代化转向》

蓝琪著:《16—19世纪中亚各国与俄国关系论述》

许序雅著:《唐朝与中亚九姓胡关系史研究》

叶德荣著:《汉晋胡汉佛教论集》

〔俄〕波塔宁著,〔俄〕奥布鲁切夫编,吴吉康译:《蒙古纪行》

王颋著:《内陆亚洲史地求索》(续)

〔德〕施林洛甫著,刘震译校:《叙事和图画
    ——欧洲和印度艺术中的情节展现》

王冀青著:《斯坦因档案研究指南》

刘雪飞著:《上古欧洲斯基泰文化巡礼》

汪受宽著:《骊轩梦断——古罗马军团东归伪史辨识》

〔前苏联〕巴托尔德著,张丽译:《中亚历史》

徐文堪编:《梅维恒内陆欧亚研究文选》

〔前苏联〕K.A.阿奇舍夫、Г.A.库沙耶夫著,孙危译:
    《伊犁河流域塞人和乌孙的古代文明》

徐文堪著:《古代内陆欧亚的语言和有关研究》

刘迎胜著:《小儿锦文字释读与研究》

李锦绣编:《20世纪内陆欧亚历史文化研究论文选粹》

周晶著:《纷扰的雪山》

李锦绣、余太山编:《古代内陆欧亚史纲》

郑炳林著:《敦煌占卜文献叙录》

陈明著:《出土文献与早期佛经词汇研究》

李锦绣著:《裴矩〈西域图记〉辑考》

王冀青著:《犍陀罗佛教艺术》

王冀青著:《敦煌西域研究论集》

李艳玲著:《公元前2世纪至公元7世纪前期西域绿洲农业研究》

许全胜、刘震编:《内陆欧亚历史语言论集——徐文堪先生古稀纪念》

张小贵编:《三夷教论集——林悟殊先生古稀纪念》

李鸣飞著:《横跨欧亚——马可波罗的足迹》

杨林坤著:《西风万里交河道——明代西域丝路上的使者与商旅》

杜斗诚著:《杜撰集》

林悟殊著:《华化摩尼教补说》

王媛媛著:《摩尼教艺术及其华化考述》

〔日〕渡边哲信著,尹红丹、王冀青译:《西域旅行日记》

李花子著:《长白山踏查记》

王冀青著:《佛光西照——欧美佛教研究史》

王冀青著:《霍恩勒与鲍威尔写本》

王冀青著:《清朝政府与斯坦因第二次中国考古》

芮传明著:《摩尼教东方文书校注与译释》

马小鹤著:《摩尼教东方文书研究》

段海蓉著:《萨都剌传》

〔德〕梅塔著,刘震译:《从弃绝到解脱》

郭物著:《欧亚游牧社会的重器——鍑》

王邦维著:《玄奘》

冯天亮著:《词从外来——唐代外来语研究》

芮传明著:《内陆欧亚中古风云录》

王冀青著:《伯希和敦煌考古档案研究》

王冀青著:《伯希和中亚考察研究》

李锦绣著:《北阿富汗的巴克特里亚文献》

〔日〕荒川正晴著,冯培红译:《欧亚的交通贸易与唐帝国》

孙昊著:《辽代女真社会研究》

赵现海著:《明长城的兴起
　　——"长城社会史"视野下明中期榆林长城修筑研究》

华喆著:《帝国的背影——公元 14 世纪以后的蒙古》

〔前苏联〕伊·亚·兹拉特金著,马曼丽译:《准葛尔汗国史》(修订版)

杨建新著:《民族边疆论集》

〔美〕白奁克著,马娟译:《大蒙古国的畏吾儿人》

余太山著:《内陆欧亚史研究自选论集》